汽车销售技术

主　编　李金艳　李玉婷
副主编　涂志军　王钰斌

ZHEJIANG UNIVERSITY PRESS
浙江大学出版社

高等职业教育汽车类专业“工学结合”系列教材

编写委员会

聂　进　黄冈职业技术学院
贾建波　荆州职业技术学院
郭金元　武汉船舶职业技术学院
涂志军　武汉商学院
陶　阳　黄冈职业技术学院
黄　伟　黄冈职业技术学院
黄爱良　黄冈职业技术学院
曹登华　湖北交通职业技术学院
梁学军　随州职业技术学院
覃娅娟　武汉航海职业技术学院
程　俊　黄冈职业技术学院
程洪涛　襄阳职业技术学院
熊其兴　武汉职业技术学院

前言

PREFACE

随着汽车工业的快速发展，我国已成为全球最大的汽车生产和消费大国。到2014年年底，我国汽车保有量已经达到1.54亿辆。随着中国经济的稳步发展、人民生活水平的不断提高，以及用车环境的进一步改善，中国汽车的产销量还将进一步增长，这些都带来了对于汽车营销人才的旺盛需求。

汽车销售顾问应该具备哪些知识和技能，才能适应岗位需求和未来职业迁移的需要呢？本书主要围绕汽车销售顾问所应掌握的工作流程、方法和技巧展开，包括认识汽车销售、潜在客户开发、汽车销售准备、客户接待、客户购车需求分析、车辆展示与介绍、试乘试驾、价格商谈、客户异议处理、新车交付、售后跟踪与服务、汽车销售延伸服务十二个任务。

本书在编写中贯彻“必须、够用”的原则，围绕汽车销售的核心流程展开，融入优秀的企业真实案例。每个任务分为学习目标、任务分析、相关知识、任务训练、思考与练习五大部分。通过知识学习、案例分析、任务训练等环节，让读者掌握汽车销售的核心技能，培养良好的职业素养。

由于编者水平有限，书中难免存在不足之处，恳请广大读者批评指正。

编者

2015年10月

目　录

CONTENTS

1 任务一 认识汽车销售

【学习目标】

1. 了解汽车销售的基本流程，知道汽车销售流程的重要性。
2. 熟悉汽车销售顾问的岗位职责。
3. 了解汽车销售顾问应该具备的基本素质。
4. 了解汽车销售顾问培训的内容。

【任务分析】

汽车销售业绩直接决定着汽车企业经营的成败。面对激烈的市场竞争，销售人员不称职的东一榔头西一棒子的不规范行为，则会导致销售业绩不佳和客户流失。企业因此表现为对外无法获得客户的“满意度、忠诚度和回头率”，对内缺乏规范的科学管理。因此，规范产品的销售流程，提升销售人员的营销技能，成为当今各汽车公司及其4S店追求的目标。

本次任务主要是通过介绍汽车销售的基本流程、汽车销售顾问的岗位职责和素质要求，让学生对汽车销售顾问的工作有个基本了解，树立学习的兴趣和信心，为后面任务的开展打下基础。

【相关知识】

1.1 汽车销售的基本流程

汽车销售是指客户在选购汽车时，帮助客户购买到汽车而进行的所有服务性工作。一般来说，我们可以把汽车销售过程总结为八大环节，分别是：销售准备、客户接待、需求分析、产品介绍、试乘试驾、报价成交、新车交付、客户跟踪(如图 1-1 所示)。下面分别介绍汽车销售各个环节的概况。

图 1-1　汽车销售流程

1. 销售准备

汽车销售竞争日益激烈,作为一名销售顾问,想要给客户留下良好的第一印象,尽快取得客户信任,做好售前准备工作非常重要。在客户来店前,销售顾问营造出舒适、温馨、整洁的展厅氛围,使客户心情舒畅,再辅以销售顾问职业化的形象和专业化的服务,建立客户对我们的信任,促进交易。

2. 客户接待

客户接待有两种情况,即来电接待和来店接待。来电接待是指客户向 4S 店致电咨询车辆信息、促销信息而进行的双向、快捷的沟通。来店接待是指在客户进入展厅的前几分钟内,在进行实质性的洽谈之前,销售顾问与客户进行的初步沟通进而相互了解的过程。

客户接待的目的是建立起客户对自己所经销的汽车及公司的品牌、车型和销售商的认同,拉近与顾客的距离,获得顾客在下一步销售流程中的配合。

3. 需求分析

现在的销售是以客户为中心的顾问式销售,在当今激烈的市场竞争情况下,销售人员要给客户提供一款适合他的个性化需求的车型,所以,销售人员要了解客户的购买动机,对他们的需求进行分析,准确获取客户的购车需求是进行产品介绍的前提和基础。

4. 产品介绍

在汽车销售过程中,产品介绍是完成销售非常关键的环节,也是说服顾客的重要一步。产品介绍环节的重点就是要针对客户的需要、客户的喜好和客户关心的地方等有针对性地进行产品介绍,并让客户亲身体验,增加其购买欲望。我们一般采用六方位绕车介绍的方法进行汽车产品的全面介绍。

六方位绕车介绍法是指环绕汽车产品对汽车的六个部位进行介绍,以此来展示汽车产品。六方位绕车介绍法有助于销售人员更容易有条理地记住所要介绍的具体内容,并且更容易向潜在客户介绍最主要的汽车特征和好处。在进行环绕介绍时,销售人员应确定客户的主要需求,并针对这些需求进行讲解。

5.试乘试驾

试乘试驾是顾问式销售汽车流程的重要环节,是汽车产品介绍的延伸,是客户亲自感受体验车辆性能是否符合其需求,驾驶能否为其带来满足的最佳途径。通过试乘试驾,动态地向客户介绍和展示车辆,使客户感性地了解车辆信息,动态感知车辆的性能。客户通过切身体验,确认车辆性能情况,加深对汽车销售顾问口头说明的认同,为促成交易增加砝码。

6.报价成交

在成交环节中,主要是汽车销售顾问在即将成交的这个环节上所面临的“临门一脚”的问题。在和客户进行价格谈判时,销售顾问不仅要掌握价格谈判的方法和技巧,还要能够把握客户的谈判心理,能够抓住时机促成交易。

7.新车交付

在汽车销售流程中,交车环节是客户最兴奋的时刻。按约定的时间交付给客户所预订的洁净、无缺陷的车是汽车销售顾问工作的宗旨和目标,也将会提高客户满意度并强化客户对经销商的信任感。如果客户有了愉快的交车体验,就为长期合作奠定了积极的基础。销售顾问要树立一个非常重要的观念:交车的服务过程就是与客户建立紧密的朋友关系,准备进入到新一轮客户开发的过程。

8.客户跟踪

对于保有客户,销售顾问应该运用规范的技巧进行长期的维系,以达到让客户替你宣传、替你介绍新的意向客户来看车、购车的目的。因此,售后服务是一个非常重要的环节,可以说是一个新的开发过程。客户跟踪的要点是在客户购买新车与第一次维修服务之间继续巩固双方的关系,以保证客户会返回经销店进行首次保养。新车出售后对客户的跟踪是联系客户与企业的桥梁,因而售后对客户跟踪非常重要,也非常必要。

【案例 1-1】

把握好汽车销售流程的每一步技巧

美国中部一个普通城市里有一家比较知名的车行。这个车行展厅内有六辆各种类型的越野车。这天下午,阳光明媚,展厅看起来格外明亮,店中的几个销售人员都在忙着各自的事情。

这是一个普通的工作日,一对夫妻带着两个孩子走进了车行。凭着做了 10 年汽车销售的直觉,销售人员乔治认为这对夫妻是真实的买家。

乔治热情地上前打招呼(这是汽车销售的第一个步骤),并用目光与包括两个孩子在内的所有的人交流,在目光交流的同时,他做了自我介绍,并与夫妻分别握手。之后,他看来是不经意地抱怨天空逐渐积累起来的云层,以及周末可能到来的雨雪天气,似乎是自言自语地说,也许周末的郊游计划要泡汤了。这显然是很自然地转向了他需要引导的话题,他诚恳地问:“两位需要什么帮助?”(消除陌生感,拉近陌生人之间距离的能力)。

这对夫妇说他们现在开的是福特金牛,考虑再买一辆新车,他们对越野车非常感兴趣。乔治开始了汽车销售流程中的第二个步骤——收集客户需求的信息。他开始耐心、友好地询问:什么时候要用车?谁开这辆新车?主要用它来解决什么困难?在彼此沟通之后,乔治开始了汽车销售的第三个步骤——满足客户需求,从而确保客户将来再回到自己车行的可能性得到提高。他们开始解释说,周末要去外省看望一个亲戚,他们非常希望能有一个宽敞的四轮驱动的汽车,可以安全以及更稳妥地到达目的地。

在交谈中,乔治发现了这对夫妻的业余爱好,他们喜欢钓鱼。这样的信息对于销售人员来说是非常重要的。这种客户信息为销售人员留下了绝佳的下一次致电的由头。销售不是一个容易学习和掌握的流程性的工作,它不像体育运动,体育运动只要按照事先规定的动作执行,执行到位就可以取得比一般人好的成绩,而在销售工作中既有流程性质的内容,也有非常灵活的依靠某种非规则性质的内容。比如,了解及掌握客户业余爱好的能力,也可能被大多数销售人员所忽视,甚至根本就不会去考虑。在优秀的销售人员中,他们一直认为自然界中"变色龙"的技能对销售过程最为有用。客户由此感知到的将是一种来自销售人员的绝对真诚、个性化的投入和关切,在这种感知下,客户会非常放心地与销售人员交往。由此,在上述的案例中,乔治表现出自己也对钓鱼感兴趣,至少可以获得一个与客户有共同兴趣的话题,从而建立起与客户在汽车采购以外的谈资。

乔治非常认真地倾听来自客户的所有信息,以确认自己能够完全理解客户对越野车的准确需求,之后他慎重而缓慢地告诉他们,车行现在的确有几款车可以推荐给他们,因为这几款车比较符合他们的期望。销售流程中的第四个步骤——产品展示。他随口一问,计划月付多少车款。此时,客户表达出先别急着讨论付款方式,他们先要知道所推荐的都是些什么车,到底有哪些地方可以满足他们的需要,之后再谈论价格的问题。(客户的水平也越来越高了)乔治首先推荐了"探险者",并尝试着谈论配件选取的不同作用。他邀请了两个孩子到车的座位上去感觉一下,因为两个孩子好像没有什么事情干,开始调皮,这样一来,父母对乔治的安排表示赞赏。

这对夫妻看来对汽车非常内行。他推荐的许多新的技术、新的操控,客户都非常熟悉,由此可见,这对夫妻在来之前一定收集了各种汽车方面的资讯。目前,这种客户在来采购之前尽量多地收集信息的现象越来越普遍了。40%的汽车消费者在采购汽车之前都会通过互联网搜索足够的有关信息来了解汽车。这些客户多数都是高收入、高学历,而且多数倾向购买较高档次的汽车(如越野车),从而也为车行带来更高的利润。其实,客户对汽车越了解,对汽车销售人员就越有帮助,但现在有许多销售人员都认为这样的客户不好对付,觉得客户太内行,也就没有任何销售利润了。乔治却认为,越了解汽车的客户,越没有那些对汽车一窍不通的客户所持的小心谨慎和怀疑态度。

这对夫妻看来对"探险者"非常感兴趣,但是,乔治也展示了"远征者",一个较大型的越野车,因为后者的利润会多一些。这对夫妻看了一眼展厅内的标有价格的招牌,说超出了他们的预算。这时,乔治开了一个玩笑:"这样吧,我先把这个车留下来,等你们预算够了的时候再来。"客户哈哈大笑。

乔治此刻建议这对夫妇到他的办公室来详细谈谈。这也就是汽车销售流程中的第五个步骤——协商。协商通常都是价格协商。在通往办公室的路上，他顺手从促销广告上摘了两个气球下来，给看起来无所事事的两个孩子玩，为自己与客户能够专心协商创造了更好的条件。

汽车行销售人员的办公桌一般都是两个倒班的销售人员共同使用的，尽管如此，乔治还是在桌上放了自己以及家人的相片，这其实是另外一个与客户有可能谈到的共同话题。他首先写下夫妻俩的姓名和联系方式，通常采购汽车的潜在客户都不会是第一次来就决定购买，留下联系方式，以便将来有机会在客户到其他车行都调查过后，再联系客户成功的可能性会高许多。他再一次尝试着先问了客户的预算是多少，但客户真的非常老练，反问道，“你的报价是多少?”乔治断定他们一定已经通过多种渠道了解了该车的价格情况，因此乔治给了一个比市场上通常的报价要低一点的价格，但是，客户似乎更加精明，面对他们的开价，乔治实际只能挣到65美元，因为这个价格仅比车行的进价高1%。乔治表示出无法接受，于是，乔治说，如果按照他们的开价，恐怕一些配置就没有了。于是，乔治又给了一个比进价高6%的报价。经过再次协商，乔治最终达成了比进价高4%的价格。对于乔治来说，这个价格利润很薄，不过还算可以了，毕竟，客户第一次来就能够到达这个步骤已经不错了，而这个价格则意味着车行可以挣到1000美元，乔治的提成是250美元。

乔治非常有效率地做好了相关的文件，因为需要经理签字，只好让客户稍等片刻。通常，对于车行的销售经理来说，最后检查销售人员的合同予以确定是一个非常好的辅导缺乏经验的销售人员的机会。乔治带回经理签了字的合同，但在这时，客户却说他们还需要再考虑一下。此时，乔治完全可以使用另外一个销售中的技巧，那就是压力签约，他可以运用压力迫使客户现在就签约，但是他没有这样做，他宁愿让他们自由地离开。这其实也是这个车行的自我约束规则，这个规则表示，如果期望客户再回来，那么不应使用压力，应该让客户在放松的气氛下自由地选择。(受过较高的教育的客户绝对不喜欢压力销售的方式)乔治非常自信这个客户肯定会回来，他给了他们名片，欢迎他们随时与他联系。

两天以后，客户终于打来电话，表示他们去看了其他车行的车，但是没有购买，也没有说明理由。他们准备向乔治购买他们喜欢的车，虽然价格还是高了一点，但是可以接受。他们询问何时可以提车，令人高兴的是，车行里有现车，所以乔治邀请他们下午来。

下午客户来了，接受了乔治推荐的延长保修期的建议，乔治安排了下一次维护的时间，并且介绍了售后服务的专门人员，即汽车销售流程的最后一个步骤——售后服务的安排。并由专门的维护人员确定了90天后回来更换发动机滤清器。此流程实际上是要确定该客户购车以后的维护和保养都会回到车行，而不是去路边廉价的小维修店。

1.2　汽车销售顾问的岗位职责

汽车销售顾问是指为客户提供顾问式的专业汽车消费咨询和导购服务的汽车销售服务人员，其工作范围实际上也就是从事汽车销售工作，但其立足点是以客户的需求和利益为出发点，向客户提供符合客户需求和利益的产品销售服务。汽车销售顾问不仅要按照汽车销售流程的要求，完成销售准备、客户接待、需求分析、产品介绍、试乘试驾、报价成交、新车交付、客户跟踪等基本过程，在工作中还要涉及汽车分期付款、汽车保险、上牌、汽车装潢、保险理赔、年检等业务的介绍或者代办。从汽车销售顾问的工作范围可以归纳出汽车销售顾问的岗位职责，主要有以下几个方面：

1.收集信息

信息是企业在市场竞争中取得有利地位的关键因素。真实有效、及时持续的信息有利于企业提高产品和服务质量。汽车销售顾问要收集的信息主要包括客户的信息和市场的信息。其中客户信息不仅包括已经购买产品或服务的客户，还包括潜在客户的情况。汽车销售顾问通过与客户的沟通收集其需求的状况、对产品的意见和要求、对企业的意见和建议，进而了解消费者的特征和结构方面的情况。市场信息包括汽车市场的供求关系及其变化趋势，更重要的是要了解市场上同类产品的情况，了解竞争对手的产品表现，进而提高自身的业务水平。

2.产品销售

汽车经销商的主要营销活动就是产品的销售，汽车销售顾问通过寻找潜在客户、对客户进行需求分析、产品介绍等最终完成产品销售工作。汽车销售顾问要帮助客户选择适合客户的汽车，同时也将企业的汽车产品最终转移到客户的手中，实现资金的回笼，为企业再次进货销售提供条件。

3.提供服务

除了汽车销售工作外，汽车销售顾问还应为客户提供相应的服务，包括售前服务、售中服务、售后服务。

(1)售前服务通常包括帮助客户确认需求、解决客户疑问、为客户提供尽可能多的选择、为客户购买决策过程提供咨询和帮助等。售前服务是进行销售的前提。

(2)售中服务包括为客户提供买车咨询、提供贷款、保险、上牌及办理各种手续的帮助。售中服务是销售成功的关键。

(3)售后服务包括产品的安装、调试、维修、保养、技术咨询、配件供应以及各种保证或许诺的兑现等。这些服务不仅能够增强客户的满足感，巩固与客户的关系，而且有利于树立良好的企业形象，增强企业的竞争力。

4.客户关系管理

目前中国市场对汽车销售顾问的门槛设置较低，只要是“俊男美女”、“能说会道”，能够把车卖出去就是一个合格的汽车销售顾问，至于卖出去后怎么样根本不在考虑范围内。实际上，汽车销售确实是汽车销售顾问的主要职能，但是如何开发新客户、维系客户关系、提高客户满意度、建立客户档案等也是销售顾问的主要职能。它直接关系到产品的市场占有率、销售机会的多少。

目前，很多汽车经销商提出要和客户成为朋友、进行关系营销等理念，目的就是与客户建立起长期的友好联系，提供优质售后服务留住老客户，不断挖掘新客户，让客户从潜在客户变成现实客户和忠诚客户，从而增加企业利润。汽车销售顾问是第一个接触客户的人，显然在客户关系管理中，汽车销售顾问占据着重要的地位。

5. 树立企业形象

在汽车销售过程中，汽车销售顾问作为联系客户与企业的纽带，承担着将企业产品、服务销售给客户，把客户的信息反馈给企业的重任，是企业形象的直接塑造者。

1.3　汽车销售顾问应该具备的素质能力

汽车销售顾问是汽车销售的主体，在汽车经销店从事汽车销售活动，在汽车经销企业和客户之间发挥着桥梁和纽带作用。汽车销售顾问一方面要对经销企业负责，另一方面也要对客户负责，这种负责不仅仅在于要深入了解客户的需求，帮助客户选择合适的汽车，还在于在客户买完汽车后的用车环节中能提供优质的售后服务。因此，作为汽车销售顾问，其素质能力的高低直接影响为客户服务的质量，影响客户的满意度。

一、汽车销售顾问的基本素质

汽车销售顾问需要具备以下基本素质：

(1)具有丰富的销售经验及熟悉本企业的业务流程；

(2)熟悉各车型的报价组成；

(3)具有汽车专业理论，熟悉汽车构造；

(4)熟悉一条龙服务规则；

(5)了解相应的政策、法规、制度；

(6)了解顾客的心理，善于与顾客沟通。

二、优秀的汽车销售顾问应该具备的心态

1. 销售顾问要真诚

态度是决定一个人做事能否成功的基本要求，作为一个销售人员，必须抱着一颗真诚的心，诚恳对待客户、对待同事，只有这样，别人才会尊重你，把你当作朋友。业务代表是企业的形象、企业素质的体现，是连接企业与社会、与消费者、与经销商的枢纽，因此，业务代表的态度直接影响着企业的产品销量。

2. 销售顾问要有自信心

信心是一种力量，首先，要对自己有信心，每天工作开始的时候，都要鼓励自己，要能够看到公司和自己产品的优势，并把这些熟记于心，要和对手竞争，就要有自己的优势，就要用

一种必胜的信念去面对客户和消费者。作为销售顾问,你不仅仅是在销售商品,你也是在销售自己,客户接受了你,才会接受你的商品。

被称为汽车销售大王的世界吉尼斯纪录的创造者乔·吉拉德,曾在一年中零售推销汽车1600多辆,平均每天将近5辆。他去应聘汽车推销员时,老板问他,你推销过汽车吗,他说,没有,但是我推销过日用品,推销过电器,我能够推销它们,说明我能够推销自己,当然也能够推销汽车。知道没有力量,相信才有力量。乔·吉拉德之所以能够成功,是因为他有一种自信,相信自己可以做到。

3.销售顾问要做个有心人

"处处留心皆学问",要养成勤于思考的习惯,要善于总结销售经验。每天都要对自己的工作检讨一遍,看看哪些地方做得好,为什么?做得不好,为什么?多问自己几个为什么,才能发现工作中的不足,促使自己不断改进工作方法,只有提升能力,才可抓住机会。

机遇对每个人来说都是平等的,只要你是有心人,就一定能成为行业中的佼佼者。中国台湾企业家王永庆刚开始经营自己的米店时,就记录客户每次买米的时间,记住家里有几口人,这样,他算出客户家的米能吃几天,快到吃完时,就给客户送过去。正是王永庆的这种细心,才使自己的事业发展壮大。

作为一个销售顾问,客户的每一点变化,都要去了解,努力把握每一个细节,做个有心人,不断地提高自己,去开创更精彩的人生。

4.销售顾问要有韧性

销售工作实际上是很辛苦的,这就要求业务代表具有吃苦、坚持不懈的韧性。销售工作的一半是用脚跑出来的,要不断地去拜访客户,去协调客户,甚至跟踪消费者以提供服务。销售工作绝不是一帆风顺,会遇到很多困难,但要有解决的耐心,要有百折不挠的精神。

美国明星史泰龙在没有成名前,为了能够演电影,在好莱坞的各个电影公司一家一家地去推荐自己,在他碰了1500次壁之后,终于有一家电影公司愿意录用他。从此,他走上影坛,靠自己坚忍不拔的韧性,演绎了众多的硬汉形象,成为好莱坞最著名的影星之一。

销售顾问每天所遇到的问题,难道比史泰龙遇到的困难还大吗?没有。

5.销售顾问要有良好的心理素质

具有良好的心理素质,才能够面对挫折、不气馁。每一个客户都有不同的背景,也有不同的性格、处事方法。自己受到打击要能够保持平静的心态,要多分析客户,不断调整自己的心态,改进工作方法,使自己能够去面对一切责难,只有这样,才能够克服困难。同时,也不能因一时的顺利而得意忘形,须知"乐极生悲",只有这样,才能够胜不骄、败不馁。

6.销售顾问要有良好的交际能力

每一个人都有长处,不一定要求每一个销售顾问都八面玲珑、能说会道,但一定要多和别人交流,培养自己的交际能力,尽可能地多交朋友,这样就多了机会,要知道,朋友多了路才好走。另外,朋友也是资源,要知道,拥有资源不会成功,善用资源才会成功。

7.销售顾问一定要热情

热情是具有感染力的一种情感,他能够带动周围的人去关注某些事情,当你很热情地去和客户交流时,你的客户也会"投之以李,报之以桃"。当你在路上行走时,正好碰到你的客户,你伸出手,很热情地与对方寒暄,也许,他很久没有碰到这么看重他的人了,或许,你的热情就会促成一笔新的交易。

8. 销售顾问的知识面要宽

销售顾问要和形形色色、各种层次的人打交道，不同的人所关注的话题和内容是不一样的，只有具备广博的知识，才能与对方有共同的话题，才能谈得投机。因此，要涉猎各种书籍，无论天文地理、文学艺术、新闻、体育等，只要有空闲，养成不断学习的习惯。

9. 销售顾问要有责任心

汽车销售顾问的言行举止都代表着公司，如果你没有责任感，你的客户也会向你学习，这不但会影响你的销量，也会影响公司的形象。作为一个销售顾问，你的责任心就是你的信誉，你的责任心决定着你的业绩。

10. 销售顾问要具备谈判力

其实销售顾问无时不在谈判，谈判的过程就是一个说服的过程，就是寻找双方最佳利益结合点的过程。在谈判之前，要搞清楚对方的情况，所谓知己知彼，了解对方越多，对自己越有利，掌握主动的机会就越多。

孙子曰，“知己知彼，百战不殆”。谈判力的表现不是你能够滔滔不绝地说话，而是你能够抓住要点，首先满足客户的需求，再满足自己的需求，在双方都有异议时，就看你平时掌握了客户多少信息，那么，你掌握的信息越多，你的主动权就有可能更好地运用。谈判力的目的是达到双赢，达到互惠互利。

一个销售顾问要养成勤于思考、勤于总结的习惯，你每天面对的客户不同，就要用不同的方式去谈判，去和客户达成最满意的交易，这才是你谈判的目的。

【案例 1-2】

乔·吉拉德销售秘诀

乔·吉拉德，因售出 13000 多辆汽车创造了商品销售最高纪录而被载入吉尼斯大全。他曾经连续 15 年成为世界上售出新汽车最多的人，其中 6 年平均每年售出汽车 1300 辆。销售是需要智慧和策略的事业。在每位推销员的背后，都有自己独特的成功诀窍，那么，乔的推销业绩如此辉煌，他的秘诀是什么呢？

一、250 定律：不得罪一个顾客

在每位顾客的背后，都大约站着 250 个人，这是与他关系比较亲近的人：同事、邻居、亲戚、朋友。

如果一个推销员在年初的一个星期里见到 50 个人，其中只要有两个顾客对他的态度感到不愉快，到了年底，由于连锁影响就可能有 5000 个人不愿意和这个推销员打交道，他们知道一件事：不要跟这位推销员做生意。

这就是乔·吉拉德的 250 定律。由此，乔得出结论：在任何情况下，都不要得罪哪怕是一个顾客。

在乔的推销生涯中，他每天都将 250 定律牢记在心，抱定生意至上的态度，时刻控制着自己的情绪，不因顾客的刁难，或是不喜欢对方，或是自己心情不佳等原因而怠慢顾客。乔说得好：“你只要赶走一个顾客，就等于赶走了潜在的 250 个顾客。”

二、名片满天飞:向每一个人推销

每一个人都使用名片,但乔的做法与众不同:他到处递送名片,在餐馆就餐付账时,他要把名片夹在账单中;在运动场上,他把名片大把大把地抛向空中。名片漫天飞舞,就像雪花一样,飘散在运动场的每一个角落。你可能对这种做法感到奇怪。但乔认为,这种做法帮他做成了一笔笔生意。

乔认为,每一位推销员都应设法让更多的人知道他是干什么的,销售的是什么商品。这样,当他们需要他的商品时,就会想到他。乔抛撒名片是一件非同寻常的事,人们不会忘记这种事。

当人们买汽车时,自然会想起那个抛撒名片的推销员,想起名片上的名字:乔·吉拉德。同时,要点还在于,有人就有顾客,如果你让他们知道你在哪里,你卖的是什么,你就有可能得到更多生意的机会。

三、建立顾客档案:更多地了解顾客

乔说:“不论你推销的是何东西,最有效的办法就是让顾客相信——真心相信——你喜欢他,关心他。”如果顾客对你抱有好感,你成交的希望就增加了。要使顾客相信你喜欢他、关心他,那你就必须了解顾客,收集顾客的各种有关资料。

乔中肯地指出:“如果你想要把东西卖给某人,你就应该尽自己的力量去收集他与你生意有关的情报……不论你推销的是什么东西。如果你每天肯花一点时间来了解自己的顾客,做好准备,铺平道路,那么,你就不愁没有自己的顾客。”

刚开始工作时,乔把收集到的顾客资料写在纸上,塞进抽屉里。后来,有几次因为缺乏整理而忘记追踪某一位准顾客,他开始意识到自己动手建立顾客档案的重要性。他去文具店买了日记本和一个小小的卡片档案夹,把原来写在纸片上的资料全部做成记录,建立起了他的顾客档案。

乔认为,推销员应该像一台机器,具有录音机和电脑的功能,在和顾客交往过程中,将顾客所说的有用情况都记录下来,从中把握一些有用的材料。

乔说:“在建立自己的卡片档案时,你要记下有关顾客和潜在顾客的所有资料,他们的孩子、嗜好、学历、职务、成就、旅行过的地方、年龄、文化背景及其他任何与他们有关的事情,这些都是有用的推销情报。

所有这些资料都可以帮助你接近顾客,使你能够有效地跟顾客讨论问题,谈论他们自己感兴趣的话题,有了这些材料,你就会知道他们喜欢什么、不喜欢什么,你可以让他们高谈阔论、兴高采烈、手舞足蹈……只要你有办法使顾客心情舒畅,他们不会让你大失所望。”

四、猎犬计划:让顾客帮助你寻找顾客

乔认为,干推销这一行,需要别人的帮助。乔的很多生意都是由“猎犬”(那些会让别人到他那里买东西的顾客)帮助的结果。乔的一句名言就是“买过我汽车的顾客都会帮我推销”。在生意成交之后,乔总是把一叠名片和猎犬计划的说明书交给顾客。说明书告诉顾客,如果他介绍别人来买车,成交之后,每辆车他会得到25美元的酬劳。

几天之后,乔会寄给顾客感谢卡和一叠名片,以后至少每年他会收到乔的一封附有猎犬计划的信件,提醒他乔的承诺仍然有效。如果乔发现顾客是一位领导人物，其他人会听他的话，那么，乔会更加努力促成交易并设法让其成为猎犬。

实施猎犬计划的关键是守信用——一定要付给顾客25美元。乔的原则是：宁可错付50个人，也不要漏掉一个该付的人。猎犬计划使乔的收益很大。

1976年，猎犬计划为乔带来了150笔生意，约占总交易额的三分之一。乔付出了1400美元的猎犬费用，收获了75000美元的佣金。

五、推销产品的味道：让产品吸引顾客

每一种产品都有自己的味道，乔·吉拉德特别善于推销产品的味道。与“请勿触摸”的做法不同，乔在和顾客接触时总是想方设法让顾客先“闻一闻”新车的味道。他让顾客坐进驾驶室，握住方向盘，自己触摸操作一番。如果顾客住在附近，乔还会建议他把车开回家，让他在自己的太太、孩子和领导面前炫耀一番，顾客会很快地被新车的“味道”所陶醉。根据乔本人的经验，凡是坐进驾驶室把车开上一段距离的顾客，没有不买他的车的。即使当即不买，不久后也会来买。新车的“味道”已深深地烙印在他们的脑海中，使他们难以忘怀。

乔认为，人们都喜欢自己来尝试、接触、操作，人们都有好奇心。不论你推销的是什么，都要想方设法展示你的商品，而且要记住，让顾客亲身参与，如果你能吸引他们的感官，那么你就能掌握他们的感情了。

六、诚实：推销的最佳策略

诚实，是推销的最佳策略，而且是唯一的策略，但绝对的诚实却是愚蠢的。推销容许谎言，这就是推销中的“善意谎言”原则，乔对此认识深刻。诚为上策，这是你所能遵循的最佳策略。可是策略并非是法律或规定，它只是你在工作中用来追求最大利益的工具。因此，诚实就有一个程度的问题。

推销过程中有时需要说实话，一是一，二是二。说实话往往对推销员有好处，尤其是推销员所说的，顾客事后可以查证的事。乔说：“任何一个头脑清醒的人都不会卖给顾客一辆六汽缸的车，而告诉对方他买的车有八个汽缸。顾客只要一掀开车盖，数数配电线，你就死定了。”如果顾客和他的太太、儿子一起来看车，乔会对顾客说：“你这个小孩真可爱。”这个小孩也可能是有史以来最难看的小孩，但是如果要想赚到钱，就绝对不可这么说。

乔善于把握诚实与奉承的关系。尽管顾客知道乔所说的不尽是真话，但他们还是喜欢听人拍马屁。少许几句赞美，可以使气氛变得更愉快，没有敌意，推销也就更容易成交。

有时，乔甚至还撒一点小谎。乔看到过推销员因为告诉顾客实话，不肯撒个小谎，平白失去了生意。顾客问推销员他的旧车可以折合多少钱，有的推销员粗鲁地说：“这种破车。”乔绝不会这样，他会撒个小谎，告诉顾客，一辆车能开上12万公里，他的驾驶技术的确高人一等。这些话使顾客开心，赢得了顾客的好感。

七、每月一卡：真正的销售始于售后

乔有一句名言：“我相信推销活动真正的开始在成交之后，而不是之前。”推销是一个连续的过程，成交既是本次推销活动的结束，又是下次推销活动的开始。推销员在成交之后继续关心顾客，将会既赢得老顾客，又能吸引新顾客，使生意越做越大，客户越来越多。

“成交之后仍要继续推销”，这种观念使得乔把成交看作是推销的开始。乔在和自己的顾客成交之后，并不是把他们置于脑后，而是继续关心他们，并恰当地表示出来。

乔每月要给他的1万多名顾客寄去一张贺卡。1月份祝贺新年，2月份纪念华盛顿诞辰日，3月份祝贺圣帕特里克日……凡是在乔那里买了汽车的人，都收到了乔的贺卡，也就记住了乔。正因为乔没有忘记自己的顾客，顾客才不会忘记乔·吉拉德。

三、汽车销售人员的专业培训

要成为一名优秀的汽车销售顾问，除了应提高自身的素质外，接受专业的培训也是必不可少的。众所周知，经济效益是企业一切活动的中心，而销售是实现经济效益的主要途径。汽车经销店里面的汽车要送到用户手里就必须通过商品交换，而商品交换必须通过销售人员的劳动才能实现。因此，销售工作成了整个经销店里必不可缺的一个重要组成部分。汽车销售人员只有在优胜劣汰的市场竞争中，认识市场、适应市场、驾驭市场，才能赢得市场，从而为经销店获得更大的利润。而销售人员的技能要提高，我们自然而然会想到给销售人员提供专业的培训。那么，培训就需要有合适的内容辅助，否则一切皆为空谈。

1. 产品涉及的知识

产品知识是最重要也是最基本的培训内容，它可能涉及公司所有产品线、品牌、产品属性、用途、可变性、使用材料、包装、制造方法、损坏的原因及其简易维护和修理方法等。产品知识培训可能不限于受训人员具体推销的那些产品，除了本公司的产品外，可能还需要了解竞争产品在价格、构造、功能以及兼容性等方面的知识。销售人员掌握产品知识的一个主要目的是，能够向潜在顾客提供理想决策所需要的信息。如果产品知识是有效的、可靠的，销售人员就能增加对产品的自豪感和信任感，在推销过程中，也能使顾客了解产品的操作和使用方法，从而提高顾客对产品的购买欲。

专业的汽车销售顾问必须具备全面的知识，有自己独到的见解，能够与顾客建立信任，并帮助他们建立倾向于自己所销售汽车产品的评价体系与评价标准。当然，还要做到比汽车设计师还要了解汽车。销售最大的难点是每位销售人员必须对自己所销售的汽车产品有一个全面、深入的了解，对竞争品牌的产品有深入的认识，非常熟悉汽车相关的专业知识。现在，已经上市的汽车品牌繁多，加上每个品牌有多个规格和型号，销售人员要面对的汽车产品不胜枚举。因此，销售人员花在产品认识上的时间与精力就比销售其他的产品要多得多。如果对自己的销售工作没有一个正确的认识，不肯花大量的时间进行这方面的研究，就会一知半解，不利于自己的销售。从顾客的决策过程看，他们在决定购买前，一定会要求销售人员对他们提出的任何问题给予一个满意的答复，只要有一点不认可，就会让整个的销售工作前功尽弃。所以，丰富的产品专业知识是汽车销售核心的问题。要想成为一个专业的、高效率的汽车销售人员，应注意掌握以下方面的知识：

(1)汽车品牌的创建历史，该品牌在业界的地位与价值；

(2)制造商的情况：包括设立的时间、成长历史、企业文化、产品的升级计划、新产品的研发情况、企业未来的发展目标；

(3)汽车产品的结构与原理，与其他竞争产品相比较的优势与卖点；

(4)应用于汽车的新技术、新概念：如 ABS、EBD、EDS、GPS、全铝车身、蓝牙技术等；

(5)对某些追新求异的顾客，应该在新技术的诠释上超过竞争对手；

(6)世界汽车工业发展的历史：对一些影响汽车工业发展的历史事件要知根知底；

(7)汽车贷款常识，汽车保险常识，汽车维修与保养常识，汽车驾驶的常识，汽车消费心理方面的专业知识，其他与汽车专业相关的知识。只有全面深入地掌握比竞争对手更多的产品专业知识，才有超越竞争对手、赢得销售成功的条件。

与此同时，汽车销售人员必须围绕竞争汽车产品，了解竞争对手以下几个方面的情况：

(1)品牌优势：包括品牌历史、品牌知名度和影响力、品牌给予顾客的附加价值等；

(2)产品优势：产品的技术特点、性能水平、重要差别等各类产品销售情况、相对的优缺点等；

(3)特殊销售政策：正在进行或已经举行过的销售活动，经销店对顾客的承诺；

(4)销售商的情况：该销售商的成长历史、企业文化现状、经营现状、企业领导人的特质、销售人员的专业能力情况、顾客对他们的评价等。

在一般情况下，顾客在选购汽车产品的时候，会要求销售人员对同类产品进行比较，此时如果销售人员不清楚竞争产品与竞争商家的情况，很难向顾客阐明自己的销售主张，从而影响他们的决策。当顾客要求比较和评价时，切忌做出负面的评价，这是专业汽车销售基本的常识，但也不能对竞争产品倍加赞赏。从消费心理看，如果按照顾客的要求说明竞争对手的劣势，他们会从心理上拉大与销售人员的距离，不利于打消他们的异议。特别是对顾客已经认同的竞争对手、竞争产品进行评价时，起到的负面作用更加明显。因而，汽车销售的一大禁区就是，任何的销售人员绝对不要去说竞争对手的坏话，必须运用化解顾客异议的技巧有效地处理这方面的问题。

2. 公司相关信息

比老板更了解自己的公司。一旦顾客确定了品牌和车型，他们接下来的事情就是选择经销商。此时他们最关注的一个问题就是将要合作的这家公司是什么样的公司、实力如何、会存活多长时间、是否值得他们依赖、未来会得到哪些保障等问题。为此，销售人员必须了解公司的发展历史、企业文化、规模、经营现状、股东情况、未来的发展方向与目标、顾客对自己所在公司的评价与口碑，借此来强化顾客的认同。

在顾客选择经销商的过程中，他们除了直接地向销售人员询问外，还会根据外部调查的情况进行佐证。他们会非常注意细节的方面，因而不可忽略的是他们会在与销售人员的接触中，通过销售人员不经意的一些言谈举止对该公司的情况进行评价。此时，销售人员对自己所在企业的好感会直接影响到顾客的决策。如果汽车销售人员对公司的成长历史、现在所取得的成就、未来的发展远景、公司的文化等方面没有一个清晰认识，没有比公司的老板对有利于影响顾客决策的部分更深刻的了解，将无法赢得顾客的信赖。只有通过对企业发展前景的描绘增强客户的购买信心，通过对公司热爱、对公司老板敬佩等方面真实情感的表露，让顾客感觉到这是一家说到做到、有良好企业文化和发展前景的企业，促使他们尽快做出购买决定。

这里特别要提醒的是，即使对公司有任何的意见和不满，或负面的看法，在顾客面前绝不允许谈及。如果销售人员在与顾客沟通的过程中，有意无意地透露了一些负面的情况，势必会加大顾客的心理负担与压力，促使他们在合作中产生更多的顾虑。反之，如果该销售人员对自己所在公司的评价都是积极的、正面的，这种情绪会从正面直接影响到顾客选择的倾向性。所以，如果顾客不与自己成交，并非他们的错，而要反思自己是否在销售伊始已经在顾客的大脑中注入了不良的信息。

另外，销售人员通过对自己所在公司的深入了解，认真总结出自己公司的优势与特点，在销售中能够针对顾客提出的一些异议及时进行化解。这里需要强调的是，公司的优势应该用顾客能够熟知的一些标准和公布的结果来说明，对于一些未公开但的确独树一帜、与众不同的内容也要提供给顾客作为参考。譬如说，顾客很关心售后服务的问题，为了说明公司在售后服务方面的能力与水平，可以列举某个时间同行业的维修技术练兵和比武的情况，如果本公司赢得了该比赛的第一名，就应该通过该情况的描述让顾客认同自己的企业。如果顾客对企业的专业能力表示怀疑，可以列举企业内各类人员的文化程度、公司对员工培训的情况、所有维修人员从事专业维修的总年限来说明。一句话，要让顾客消除异议，事实就是最好的回答，比竞争对手更了解自己。知己知彼方能百战不殆，这是孙子兵法阐述的兵家制胜原理，也是商战中必须把握的原则。

公司知识的训练一般包括：公司的历史和成就、公司现有地位和战略目标、组织结构、主要负责人、企业理念以及公司开展销售活动的有关政策。公司政策是新销售人员最感兴趣的内容之一，因为它要涉及报酬制度、公司利益等有关敏感问题。此外，在销售活动中，销售人员经常会遇到顾客要求降价、修改产品、更快交货以及提供更优惠的信用条件等问题。对这些情况的处理，必须借助公司政策的指导。

3.市场与产业知识

市场与产业知识可分为广义和狭义两方面。广义知识与产业如何在经济中的表现有关。例如，经济波动对顾客购买行为会产生影响，顾客在经济高涨和经济衰退时期会有不同的购买模式和特征。随着经济环境的变化，销售人员应该随时调整销售技巧。假如环境处于通货膨胀时期，销售人员可以此来劝说顾客提前购买。如果销售人员还要参与销售预测和销售计划制订，那么广义知识就是非常必要的。狭义知识主要包括目前顾客的知识。销售人员需要了解客户的采购政策、购买模式、习惯偏好以及客户提出的产品服务。在某些情况下，销售人员还需要了解客户的服务对象，即客户的顾客。例如，批发商面对的是零售商、零售商面对的是消费者等。

4.推销和谈判技巧

销售人员应当要做到比顾客自己更了解顾客，比他们的知识面更广。如果销售人员问顾客："您了解自己的需求吗?"顾客一定会说："废话，这还要问?"特别是对汽车产品极不专业的顾客，当问及他们需要选购什么样的汽车产品时，会提出一些不相关甚至是不切实际的要求。的确，顾客从萌发购车的欲望到最终完成购买，会经历一个相对漫长的过程，从"初期的羡慕"、"心动"、"想要"到"需要"，在前三个阶段中，只是一种想法而已，并不可能落实到行动上。此时，销售人员要做的工作就是如何让这个过程缩短、加速顾客购买心理的变化，抢在竞争对手之前让他们的需求与欲望明确化，最终达到销售的目标。要实现这种变化，销售人员就必须能够透视顾客心理、明确顾客的需求，也就是说比顾客对他们自己的了解还要深入、还要准确。此外，顾客是各种各样的，他们的职业经历、职业背景、专业特征各不相同，与他们沟通必须因人而异，根据他们的特征针对性地做出处理。因而，市场营销知识及其培训可以帮助销售人员面对复杂的市场情况、准确把握顾客的需求，企业管理知识有利于销售人员与高层次的顾客建立同感，财务知识可以帮助顾客提高投资效率、降低购买成本。

所以，销售人员要最终实现产品的销售，必须掌握和运用一些基本的推销技术和谈判技巧。这些技巧包括：

第一，识别潜在顾客。识别潜在顾客可以有许多线索来源，如现有顾客、供应商、产业协会、工商名录、电话簿、报纸杂志等。

第二，准备访问。在识别出潜在顾客后，就要确定访问的目标客户，尽可能多地收集目标客户的情况，并有针对性地拟定访问时间、访问方法和销售战略。

第三，确定接近方法。销售人员应该准备好初次与客户交往时的问候，以自己良好的行为举止促使双方关系有一个良好的开端。

第四，展示与介绍产品。销售人员应知道如何才能引起客户注意、使客户产生兴趣、激发客户的购买欲望，最后使之付诸购买行动。

第五，应对反对意见。销售人员在向顾客介绍和推销产品时，顾客一般会产生抵触心理，并提出反对的看法。这时销售人员就需要应用相应的技巧，引导顾客的情绪，使他们放弃反对意见，接受自己的建议和观点。

第六，能够帮助客户投资理财。在汽车消费中有相当一部分是家庭消费投资，对于这类顾客，他们手中的资金有限，如何有效利用有限的资金达成更高的购买目标是他们关注的。如果销售人员具备较为专业的投资理财方面的知识，提供一些这方面的技巧，将会在消费者购车的过程中帮助他们选择适合自己的车型、购车的付款方式，协助顾客以最有效的投资组合方式获得多方面的投资效益。

第七，达成交易。销售人员需要掌握如何判断和把握交易时机的技巧，他们必须懂得如何从顾客的语言、动作、评论和提出的问题中发现可以达成交易的信号。

第八，后续工作。交易达成后，销售人员就需要着手认真履行合同，保证按时、按质、按量交货，并就产品的安装、使用、保养、维修等做好指导和服务。这些后续工作是使顾客满意、实现重复购买的必要条件，销售人员必须充分重视，以积极的态度、不折不扣的精神去完成。顾客一旦对产品产生了兴趣，双方就要着手就价格、信用、交货时间等条件进行谈判。交易能否最终达成，谈判技巧很重要，这里包括何时开始谈判、明确谈判战略和战术等。

【任务训练】

1. 训练任务

通过网络、书籍等收集优秀销售顾问的成功案例。

2. 训练目的

通过收集资料，锻炼学生获取信息的能力；通过对优秀的销售顾问成功案例的讨论，让学生掌握销售顾问应该具备的素质和能力。

3. 训练所需工具及材料

电脑、手机等上网的设备。

4. 训练步骤

(1)训练：将学生分为若干团队，选出组长，以小组为单位进行案例的收集和整理工作，并讨论优秀的销售顾问成功的原因。

(2)展示:小组派代表介绍案例并说明可以学习的地方。

(3)评估:教师根据汇报结果,对每个小组的工作进行点评,并总结优秀的销售顾问成功的秘诀。

【思考与练习】

1.汽车销售的基本流程是什么?

2.汽车销售顾问的岗位职责有哪些?

3.一名合格的汽车销售顾问应该具备哪些基本素质?

4.汽车销售顾问应该保持怎样的心态?

5.有人说“卖车先卖自己”,你赞同吗?请说明理由。

2

任务二 潜在客户开发

【学习目标】

1. 掌握潜在客户的开发原则，能够识别潜在客户。
2. 熟悉客户开发的方法。
3. 掌握大客户开发的方法。
4. 能制订一份潜在客户开发的方案。

【任务分析】

目前，汽车行业竞争越来越激烈。无论是汽车的品种、款式、价格还是服务的质量，供顾客选择的范围越来越广泛，顾客的选择也呈现出流动性的趋势。客户开发是汽车销售顾问分析能够成为潜在客户的条件以及寻找潜在客户的方法，确认谁是潜在顾客。只有掌握寻找、挖掘潜在客户的各种方法和渠道，并尝试与客户进行广泛的接触，才能够获得更广泛的客户资源，为实现销售奠定基础。潜在客户就是那些准备购买汽车的人，可是，那些准备买车的人不会把“我想买车”写在脸上，销售顾问必须掌握客户开发的方法，发现自己的潜在客户。

本次任务主要介绍销售顾问客户开发的方法和技巧，首先要明确开发客户的渠道，找到客户；然后确定开发客户的优先等级，并且了解汽车的特点、购买事项、竞争对手、客户需求等信息，做好开发客户的准备工作；制订客户开发方案时，要明确各个要素，要有耐心和毅力，要把握好与客户见面的时间和技巧，并且利用数字目标进行管理。在开发客户的过程中，要与客户建立互信的关系，还要注意一系列的细节。“万事开头难”，客户开发是汽车销售的第一个环节，没有客户就谈不上销售。

【相关知识】

2.1 寻找潜在客户

在实际的汽车销售工作中，有人认为最大的难题就是不容易获得客户；还有人认为在销售过程中最大的难题就是不知道应该怎样去寻找客户，这两个难题是我们在汽车销售的过程中经常遇到的问题。如何解决这些难题呢？

首先要找到客户。要将汽车产品销售出去，首先要找到客户。企业拥有再好、再多的车，如果没有客户，就不能形成销售，从而造成积压。过去那种所谓的“酒香不怕巷子深”的说法，在当今的市场经济条件下遇到了严峻的挑战。

其次要根据产品特征锁定客户。客户在哪里，是专营店乃至每一个汽车销售顾问所面临的一个非常重要的问题。对于这个产品和客户，我们应怎样去定位？根据产品的特征来锁定客户，是我们在寻找客户之前首先要做的事情。即首先了解你所要销售的汽车产品，这款汽车的客户群在哪里。在一般情况下，不同的产品有不同的客户群。比如，你要了解你所销售的汽车产品属于哪一个档次，是高档车、中档车，还是低档车？汽车的排量是大排量、中排量，还是小排量？是商用，还是乘用？是属于哪一类人群使用的？只有在开发客户之前明确这些问题，你才能有目标地去寻找和开发客户。

一、寻找潜在顾客的原则

作为销售人员，要有效地利用时间和精力，以求在最短的时间内获得最多的销售量，为此，销售人员必须练就能准确辨别真正潜在顾客的本领，在寻找顾客的同时就要注意对他们的情况进行分析评价，评价潜在顾客的原则可以参考“MAN”原则。

1. M(money)代表“金钱”

评估潜在顾客的第一个要素是 money，即“钱”。也就是说，我们需要考察该顾客是否有购买力，是否有消费该产品或服务的经济能力。有时会发现，某位顾客根本没有能力去购买如此大宗的消费品。在销售过程中，应学会准确判断一个人是否真的有足够的资金来购买汽车，所选择的对象必须有一定的购买能力。

2. A(authority)代表购买“决定权”

评估潜在顾客的第二个要素是 authority，即“决定权”。也就是说，自己所极力说服的对象是否有购买决定权。

在成功的销售过程中，能否准确地了解真正的购买决策人是销售的关键。例如，有一对年轻夫妻来看车，他们有不菲的收入，也有心购买一部比较高级的家庭轿车，然而在最后的时候却对望一眼，很抱歉地对汽车销售人员说：“真不好意思，我们要回去跟父亲商量一下。”可见，他们的一家之主仍然是老当益壮的老先生，这对夫妇虽然有强烈的购车欲望，却没有决策权，因此仍不能成交。汽车销售人员先前那些精彩的介绍全部白费了。虽然最终还有一线渺茫的希望，但是如果那位老先生在场，也许这笔生意就做成了。

有的时候碰到这种情况确实很令人泄气，明明看到了希望，却一下子又重新跌入到万丈深渊。为了避免此类事件的发生，还是应先对购车人是否拥有决策权做相应调查。毕竟，找不到关键人士，销售只会事倍功半。

3. N(need)代表“需求”

需求是指存在于人们内心的对某种目标的需求或渴望，它由内在或外在的、精神的或物质的刺激所引发。

顾客有需求是销售成功的重要条件。影响需求的因素很多，关键是我们所销售汽车的用途和特性是否符合顾客的需求。人们的需求是多种多样的，有时是千变万化的。例如，我们在等公交车的时候，等了好久就是等不到，或者车上已经挤满了人，这时看到别人开着私家车自由自在，想去哪里就去哪里，就会不由自主地想，要是自己有辆车多好；而当马路拥堵的时候，看到那些汽车动弹不得，自己却能凭着身体不占多大空间的优势，穿梭在车流的缝隙间，这时候有可能会想，还是走路、骑车好。

由此可见，需求不是一成不变的。作为优秀的汽车销售人员，必须对需求有正确的认识，需求不仅可以满足，而且可以创造。事实上，普通的汽车销售人员总是去满足需求、适应需求，而优秀的汽车销售人员则是善于去发现需求、创造需求。

作为销售人员应根据以上所提到的“MAN”原则，采取相应的营销策略，留下真正的潜在顾客。

二、准确判断顾客购买欲望与购买能力

准确的市场定位是成功的基础。事实上，销售人员所销售的任何产品都有相应的顾客群体，所以销售人员最好不要奢望购买桑塔纳轿车的顾客会付款购买奔驰轿车。

1. 准确判断顾客的购买欲望

判断顾客购买欲望的大小，应从以下几方面考虑：

(1)对车辆的关心程度：如对车辆的大小、性能、配置、价格等。

(2)对购买的产品的关心程度：如对车辆的购买合同、付款方式、保险、维修及售后服务等。

(3)是否能符合各项需求：如家用、上下班用等。

(4)对车辆是否信赖：对企业品牌、款式、质量是否满意等。

(5)对销售企业是否有良好的印象：顾客对销售人员印象的好坏左右着潜在客户的购买欲望。

2. 准确判断顾客的购买能力

判断潜在顾客的购买能力，应从以下几方面考虑：

(1)信用状况：可从职业、身份地位等收入来源的状况，判断其是否有购买能力。

(2)支付计划：可从顾客期望一次付款，还是要求分期付款，以及支付首期金额多少等判断顾客的购买能力。

经由顾客购买欲望及购买能力的两个因素判断后，能够决定顾客的购买时间，并做出下一步计划。

2.2 客户开发的方法与技巧

一、寻找客户的渠道

做好充分的准备之后，销售人员就可以制订开发客户的方案。制订方案时，目标一定要明确，即明确要寻找的客户。

1. 一般渠道

寻找客户的渠道比较多，大概可分为“走出去”和“请进来”两种。

(1)走出去。走出去是指利用各种形式的广告、参加车展、召开新闻发布会、进行新车介绍、进行小区巡展、参加各类汽车文化活动、发送邮件、进行大客户的专访、参与政府或一些企业的招标采购等。

(2)请进来。请进来主要是指在展厅里接待客户，邀请客户前来参加试乘试驾，召开新车上市展示，或接受客户电话预约等。

2. 特有渠道

除了上述的一般渠道，4S 店开发客户还有一些特有渠道。

(1)定期跟踪保有客户。这些保有客户也是我们开发客户的对象，因为保有客户的朋友圈子、社交圈子也是我们的销售资源。

(2)定期跟踪保有客户的推荐。

(3)售后服务站外来的保有客户。比如，奔驰汽车的维修站也会修沃尔沃、宝马车等，而这些客户也是我们开发的对象。

二、确定开发客户的优先等级

有了客户以后，我们还要确定开发客户的优先等级。例如，一个客户上个星期购买一辆车后，他的朋友觉得他所购买的车不错，也想买一辆。那么，这个客户介绍来的新客户应获得优先等级，要抓住这个信息赶快去做工作。因为那个人既然想买车，就喜欢货比三家，如果你不主动，他就有可能成为其他汽车公司的客户。

三、客户开发的准备工作

不管你采用哪一种方式去开发客户，你都必须事先做好准备工作，否则，你就达不到预期的目的。

那么，销售顾问要做哪些准备工作呢？

第一，要详细了解和熟悉产品的品牌、车型、技术参数、配置等。要做到在与客户交流的时候，对于客户提出的相关问题，你都能流利地回答。

第二，要熟悉本公司对这个汽车产品销售的政策、条件和方式。

第三，要详细了解汽车销售过程中的各项事务，如付款方式、按揭费用的计算、上牌的手续、保险的内容、保险的费用等。

第四，要了解竞争对手的产品与你所售车型的差异。有的时候客户会谈论某款车比你的车好，那个车有什么装备，你有没有？这个时候你就要了解对方，事先了解了以后，你才能有应对的策略。

第五，了解客户。你要了解客户属于哪种类型，这样，你在与客户进行交流的时候，就会有的放矢，占据主动。常见的汽车客户类型如图 2-1 所示。

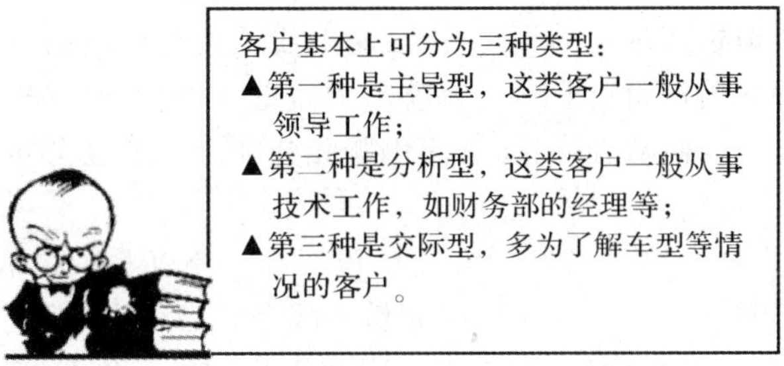

图 2-1 常见的汽车客户类型

第六，了解客户真实的购买动机、付款能力、采购时间等。

四、如何制订客户开发方案

制订客户开发方案的具体内容如下：

1. 明确各个要素

首先要确定开发客户的对象，考虑与他接触的方式，是打电话，还是请进来，还是登门拜访，这些都需要你去选择。同时，还要选择时间、地点、内容，找出从哪里切入比较容易找出话题以及与客户拉近距离的捷径，确定谈话的重点和谈话的方式，这些都是事先要在你的准备方案里明确的。

2. 要有耐心和毅力

在进行客户开发的时候，方案制订出来并不能确保这个方案一定能成功。在实际工作中，都是经过了反复的努力才成功的，特别是汽车销售工作。目前市场上有两大商品：一个是住房；另一个是汽车。因此，客户在购买汽车时，不会那么草率地决定，他总是会反复斟酌的。所以，汽车销售人员要有充分的耐心和毅力。

【案例 2-1】

在销售过程中有“三难”，即面难见、门难进、话难听。要想解决这些问题，你就得有常人所没有的耐心和毅力。

例如，当你给客户打电话而客户拒绝接听时，你可以改一种方式——寄邮件；寄邮件石沉大海了也不要灰心，心里面一定要说：“我一定要见到他。”不行的话，你就到他单位门口去等，等他的车来了以后，拦住他，告诉他你是谁，你是哪个公司的，然后彬彬有礼地把一张名片递给他，说：“我以前跟您联系过，这是我的名片，您先忙着，抽空我再打电话跟您联络。”话不要说太多。客户拿到你的名片后会这样想："这家伙还挺有毅力的，我们公司的员工如果都像他这样就好了，我得抽空见见他。"

从心理学的角度上来讲，人都有好奇心，正是这种好奇心会促使客户见你。

3.把握与客户见面的时间

依据经验，与客户见面一般在上午十点钟左右或下午四点钟左右比较好。因为买车的人多数都是有决定权的，多数在单位、在家庭或者其他环境里是一个领导级的人物。作为领导，他从员工一步一步地走到现在的岗位，上班时形成了先紧后松的习惯。但人的精力是有限的，他从早晨八点钟开始忙，忙到十点钟，就需要休息，在他需要放松的时候你去拜访或联络他，他会把其他的事情暂时放在一边，去跟你聊几分钟。下午也是同样的道理。

4.与客户见面时的技巧

销售人员在与客户见面的时候也要讲究技巧。首先要有一个很好的开场白，这个开场白应该事先准备好。如果事先没有准备，应凭借实战经验进行应对。

有经验的销售人员到了客户那里，首先会观察客户的办公室环境、客户的爱好，这些从他办公室里面的摆设就能看出来。例如，客户办公桌椅的后面放了一个高尔夫球杆，那你与客户谈话的时候就可以从高尔夫球杆谈起；如果客户的办公室一角放了一套钓鱼的钓具，你也可以从这个话题开始；如果实在没有反映其爱好的摆设的话，你可以称赞他的办公环境布置得非常协调，令人身心愉快，这也是一个话题。不管怎么说，见面先美言几句，客户总不会心里不舒服。心理学认为，当一个人在听到他人赞美的时候，他所有的戒备都会放松，所以在这个时候是最容易乘虚而入的。

5.学会目标管理

企业有企业的目标管理，部门有部门的目标管理，销售人员也应该进行目标管理。下面介绍一种目标管理的方法，叫数字目标。

(1)数字的含义。1、15、7、8、96，这一串数字的含义是：一位销售人员一天要打 15 个电话；在这 15 个电话里面，要找出 7 个意向客户。一个星期 5 天，就会找到 35 个意向客户。在这 35 个客户当中，有两个客户能够购买你的车，一个月按四个星期计算，就是 8 个客户，一个月卖了 8 辆车。一年 12 个月就是 96 辆车，也就是说保守一点讲，你一年至少能卖 96 辆车出去。这个数字很有用。

(2)数字的调整。如果你说，你今天只打了 5 个电话，并没有 7 个意向客户，可能只有 5 个，或者 3 个，甚至更少。没有关系，你只需要对数字信息进行调整，多打电话，15 个电话不行，打 20 个，直到获得 7 个意向客户为止。

(3)数字的积累。当然，电话的数字是有一定积累的。如果你是新的销售人员，要想天天获得 7 个意向客户是有一定难度的，那就需要你不断地去接触客户，就像我们刚才讲的，走出去，如把名片发给你认为有可能成为你客户的人。

五、访问、接待前的准备

【案例 2-2】

某汽车公司的销售人员小李经过努力与一个客户约定了时间去登门拜访。那天小李如约前去拜访,这位客户请他坐下后一言不发地看着他。小李事先没有准备,被这位客户看得心里面直打鼓,不知道该说什么,心里想:“这个客户怎么这么严肃?”

客户总是非常忙碌,他希望销售人员有备而来。这个时候客户等得不耐烦了,说:“你有什么事,就快点说。”

小李听了更紧张了,结结巴巴地不知道从何说起。

客户说:“好像你没有什么准备,我也很忙,这样吧,你把资料留下来,我抽空研究一下。”

结果,小李只好把资料留下来,无功而返。

【案例 2-3】

一天,某汽车公司销售人员小张值班时,有位客户在展厅里看了一款轿车之后,向小张问了两个问题。

这个客户很关心安全问题,他问小张:“这款车的 ABS 是哪里生产的?”

这个问题很普通,在汽车销售公司日常的销售过程中,客户提这个问题的频率也比较高。而小张一下子不知道该怎么回答,因为他不知道这辆车所装配的 ABS 到底是国产的还是进口的,只好问旁边的销售人员,结果没有得到满意的答复。小张为了把这辆车卖给客户,他就回答说:“可能是进口的。”

这个客户又问:“这款车现在没货,那什么时候才会有呢?”

这个问题也是日常销售中客户问得最多的一个问题。因为汽车销售公司不可能把每一款汽车、每一种颜色都备齐了。小张又着急了,他说:“你等一下,我去问一下我们领导。”

刚巧,他的领导当时不在公司,而且电话又无法接通。客户等不及,就在那里不断地问他:“怎么样? 到底什么时间有货?”小张没有办法,最后说:“大概需要半个月左右吧。”

客户提了两个问题,一个是不清楚,一个是大概,这位客户有点不高兴。客户说:“我的时间这么紧,你却告诉我可能大概,你让我怎么决定,我还是到别的地方去看看吧。”这个故事也很有代表性,活生生地把一个很好的意向客户丢掉了。

上述两个案例说明这两位销售人员在实战中缺乏专业知识、销售技巧和自信。为了以后不再发生类似的问题,销售人员至少要具备两个条件:一个是业务能力;另一个是个人素质。

1. 业务能力

(1)业务能力的内容。业务能力主要表现为三点:

第一,要有新的营销理念——以客户为中心的营销理念。

第二,要以适当的方法和技巧来满足客户的需要。

第三,要具有丰富的专业知识。

(2)专业知识的内容。专业知识可归纳为四个方面:

第一,企业知识。公司的介绍,公司的销售政策,例如让利和促销政策,服务的项目。

第二,产品知识。即了解生产汽车的厂家、品牌、各款车的性能、功能和配置。

第三,市场知识。包括这款汽车在市场上的占有率,与竞争车型的对比、优劣情况,等等。

第四,用户知识。用户知识主要包括客户群体、消费习惯、客户的购买动机、客户的爱好、客户的决策人购买力等。比如,从事小商品行业的客户喜欢车子的空间大一些,可以顺带一些货物,像SUV、SRV这样的多功能车比较受他们的欢迎;从事路桥工作施工作业的客户偏好越野性能好的吉普、SUV车。

2. 个人素质

个人素质主要是指两个方面:一个是端庄的仪表,一个是良好的心理素质。

(1)端庄的仪表。端庄的仪表是指销售人员在与客户见面或拜访客户的时候,如果没有事先整理自己的仪表,往往会失败。

【案例2-4】

某销售人员第一次去拜访客户,到了那位客户的公司以后,他意外地发现另外一家汽车公司的销售人员也在那里,而且比他先到。这位销售人员是急忙赶过去的,脸上带着汗水,领带还有点歪。那位客户出来以后,将另外一家公司的销售人员请进去了,而这位销售人员因为仪表的问题,客户不愿接待。那位客户对他的秘书说:“你把他的汽车资料留下来就行,让他先回去吧。”

(2)良好的心理素质。除了端庄的仪表,销售人员还需要具备良好的心理素质。

【案例2-5】

上面这位销售人员在第一次与客户见面遭遇失败后,他不断反省,并且把自己与那位被请进去的销售人员进行比较,他发现可能是自己的衣帽不整引起了客户的反感。但这位销售人员不服输,他又是打电话,又是递送DM,即产品的彩页、宣传页、资料等,最终赢得了客户的约见。这一次,他吸取了上一次的教训,为了引起客户的注意,他彻底改头换面。最后,那位客户成为他的朋友,也就是成了他的保有客户。

这位销售人员回忆起这段经历总是津津乐道。虽然第一次因为仪表上的问题他曾经失败,但他具备不言败的良好心理素质,一定要见那位客户,一定要把那位客户从竞争对手那里抢过来。

六、与客户建立互信的关系

与客户建立互信的关系要注意以下几点:

(1)彬彬有礼地介绍。首先，要彬彬有礼地介绍自己和你所在的汽车公司，或者你所在的专营店。

(2)适当地提示。然后，你可以通过打电话或者拜访的方式提示他，还可以告知客户公司目前新推的优惠政策，如询问客户："最近我们公司做的汽车广告您看了没有？里边提到了一些优惠的活动，在活动期间，您来看车或参加试乘试驾，我们会给您提供一份精美的礼品；如果您在活动期间下订单的话，可以参加出国游的抽奖活动。"这也是一个比较好的提示。

(3)尊重客户，注意细节。销售人员去拜访客户的时候，必须要尊重客户，注意细节。见到客户时首先说，"这位先生，您工作很忙，我占用您五分钟的时间。"当然五分钟时间肯定不够，不过没关系。我们都听过评书，当讲到关键的地方评书演员会说，欲知详情如何，且听下回分解。与客户交谈也是一样，当谈到关键的地方时你说，"对不起，我与您约的五分钟马上就要到了，不好意思"。这种做法充分尊重了客户。如果客户有兴趣，就会说，"你再继续讲没关系，我有时间"。那你就可以继续与他谈下去了。

七、发掘潜在顾客的方法

顾客是企业稳定收入的主要来源，是企业发展的基石，对企业的可持续发展有着非常重大的影响。然而，发掘新顾客与稳定老顾客有着同等重要的意义。新顾客的加入，为企业注入了新血液，特别是潜在大客户的加入，对企业赢利将产生重要的影响。拓展新顾客、发掘潜在顾客的方法众多，这里将介绍三种主要方法。

1. 地毯式搜索法

所谓地毯式搜索法是指营销人员在事先约定的范围内挨家挨户访问的方法，又称逐户访问法、上门推销法。这种方法具有访问范围广、涉及顾客多、无遗漏等优点。但是，这种方法又有一定的盲目性，对于没有涉足营销工作的人员来说，运用此法最大的障碍是如何接近顾客，即在顾客购买商品或者接受服务之前，营销人员努力获得顾客的接见并相互了解的过程。接近顾客可采用如下几种方法：

(1)派发宣传资料。销售人员直接向顾客派发宣传资料，介绍公司产品或服务，引起顾客的注意力和兴趣，从而得以接近顾客。

(2)馈赠。这是现代销售常用的接近法。销售人员利用赠送小礼品等方式引起顾客兴趣，进而接近顾客。

(3)调查。销售人员可以利用调查的机会接近顾客，而且此法还隐藏了直接销售的目的，容易被顾客接受。

(4)利益引导。销售人员通过简单说明商品或服务的优点以及将为顾客带来的利益而引起顾客注意，从而转入面谈的接近方法。

(5)赞美接近。销售人员利用人们的自尊和尊敬的需求心理，引起交谈的兴趣。需要注意的是，赞美一定要出自真心，而且还要讲究技巧，否则会弄巧成拙。

(6)求教接近。对于虚心求教的人，人们一般不会拒绝，但营销人员在使用此法时，应认真策划，讲究策略。

2. 广告搜索法

所谓广告搜索法是指利用各种广告媒体寻找顾客的方法。越来越多的大企业利用广告帮助销售人员发掘潜在顾客。利用广告媒体的方法多种多样。如利用杂志广告版面的下部提供优惠券或者抽奖券，让读者来信索取信息；或者在杂志背面设置信箱栏目，让读者通过信箱了解更多有关产品或服务的信息；也可以利用高技术工具，如传真机，把个人电脑和传真机的自动送货系统联系在一起，顾客只需拨通广告媒体上的电话号码，就可以听到类似语音信箱的计算机自动发出的声音，顾客可以选择一个或者多个服务项目，而且只要提供传真号码，几分钟内就可以收到文件。虽然广告媒体能够提供许多潜在顾客的信息，但销售人员也得花相当多的时间去筛选，因此广告搜索法只有和高科技工具及电子商务结合起来，才能发挥其最佳效果。

3. 中心开花法

所谓中心开花法是指在某一特定的区域内选择一些有影响的人物，使其成为产品或服务的消费者，并尽可能取得其帮助或协作。这种方法的关键在于“有影响的人物”，即因其地位、职务、成就或人格等而对周围的人有影响力的人物。这些人具有相当强的说服力，他们的影响能够辐射到四面八方，对广大顾客具有示范效应，因而较易取得其他顾客的信赖。而且这些有影响力的人物经常活跃于商业、社会、政治和宗教等领域，他们可能会因为资源的财务背景或德高望重的品行而备受他人尊敬，因此如果能够得到他们的推荐，效果尤其明显，因为他们代表了权威。

2.3 大客户开发策略

一、汽车大客户销售

在取得销售业绩的过程中，大客户销售对于汽车厂家和销售商而言，占了业绩的绝大部分，因此，任何企业必须重视大客户的开发，掌握大客户开发的技巧和规律。

这里所称的“大客户”专指那些批量购买的企业、事业单位以及政府部门、军警等，不包括消费者眼中的“团购”。由于一次性购买的数量较大，累积起来容易上量，对于提高品牌的市场占有率和扩大品牌的影响力有相当大的帮助，所以受到了厂家和销售商的欢迎。

随着中国市场经济的发展，汽车的私有化程度越来越高，即使是国有企事业单位、政府部门选购汽车，如果一次达不到一定的数量，也不可能享受到大客户的待遇。这才出现了真正意义上的大客户销售。当市场规律在发挥作用时，这就使得厂家车商不得不主动出击，去寻找潜在的大客户。中国车市的竞争将越来越残酷，对大客户的争夺也将越来越激烈。谁都不想被市场淘汰，可以说，再往后，谁的市场份额越大，谁活下来的机会就越多。

大客户销售有利也有弊。说其利，最直接的好处便是有利于市场占有率的提升，特别是对于一个新的品牌而言，想要快速得到市场认同，最好的办法之一就是抢夺大客户。既然对于零售市场都敢于降价让利，那给予大客户更多的优惠自然是可以接受的。况且，厂家车商与大客户之间，一般都签有价格保密协议，即便给予大客户的优惠到了令普通消费者无法想象的程度，由于舆论无从知晓，当然丝毫不损它的品牌声誉。同时，大客户销售对于清理库存的好处，也是不言自明的。倚重大客户销售有削减企业利润的嫌疑不假，由于中国汽车市场还有相当大的潜力，大多数企业还没到不打折就不能生存的地步，因此，大客户销售所减少的利润并不会给企业带来沉重的打击。相反，企业从品牌知名度和市场占有率等方面弥补了损失。

尽管私人消费者已成为车市购车的主力，随着国民经济的发展，政府采购、企业采购等也会水涨船高，大客户销售的空间将会越来越大。大客户开发要求销售顾问必须将销售工作做到实处，按照有效的销售流程和方法去开展，对每个环节都要有策划，才能保证大客户不流失。在大客户开发的过程中有两个最重要的环节：一是找对人，二是说对话。

二、汽车大客户开发的方法

对大多数的汽车大客户开发，多数是针对法人和决策者的沟通，其采购的特点是持续周期长、决策者比较多，因此要按照大客户的销售规律来进行。团队参与使销售从原来的单人销售变成由系统共同完成，也就是由点对面的推销变为面对面的组织销售，这样的销售效率才高。在汽车销售的大客户开发中也适用于组织销售。

组织销售有以下几点好处：

第一，可以使销售团队建立以客户为中心的职业化销售模式；

第二，提高销售人员工作的主动性；

第三，解决由于个人关系销售不好控制的问题；

第四，使销售变得简单、分段，可以重复。

哪些客户才是我们的大客户呢？要满足这三个条件：有购买能力、有决策能力、必须能够接触到。大客户开发的方法有：

1. 掌握与购买方决策层的沟通要领

在大客户销售中，决定成交的往往不是一个人，而是一群人，这就是其决策层，具体来说，任何一个客户里边都会有四类人：一是决策者，二是使用者，三是技术把关者，四是向导。这四类人都是对决策者的结果有巨大影响的人物，对他们中的任何一个也不能轻视，必须进行不同的接触才能把单子做下来。

(1)掌握与决策层的沟通要领。当销售人员与决策者中四类购买人态度趋于一致时，销售成功的概率就大了，这四类人的需求有相通之处，但又各有侧重。决策者更注重购买对公司发展的影响，以及能否解决问题、提高效率、降低成本；使用者更注重能否圆满完成工作(方便、质量、服务)；技术把关者更注重产品的性能指标，能帮公司省钱，带来效益；关键是是否持比较友好的态度，可以作为销售顾问进程中好坏的一个“晴雨表”。努力使这四类人购买的态度趋于一致，成功的概率就会增大。

(2)掌握结交大客户高层人物的方法。销售顾问要知道，在与客户交流的过程中，与客户企业低层建立太多关系，会给接触其高层制造障碍。那么，如何才能结交到这些高层人物呢？有以下几个方法：

1)到高层们在工作之外时常聚会的地方去；

2)在已经成功地与某家公司的高管有了正面接触的时候，就可以借机请求对方将你推荐给别的公司的高层人物；

3)当接触的只是公司较低层的经理时，也可能经过层层引见来结识高层，但需要一些技巧；

4)第一次与客户公司打交道时，就直接联系 CEO 的办公室，这时你可以理直气壮地说“总裁办公室建议我们联系你们”；

5)大多数高管人员都非常看重自己的身份，你如果给他们打电话可以让他以为你是公司的总裁而非一个普通的销售代表，他可能会更乐于接听；

6)与高层领导交流时应该对他们的公司有一个详细的了解，谈论该公司的长期战略与愿景，你作为听众，对方应该会很高兴；

7)销售人员不要过多地在客户公司较低层级的经理当中打造关系网；

8)在某些时候，起关键作用的往往是一个不太起眼的小人物，小人物也有办大事的时候，有时候他能帮助销售人员马到成功。

2.注重发挥向导的作用

那些帮助销售人员获得信息，帮助销售人员联系和确认其他的对销售有影响的人员，帮助销售人员确定他的销售定位的人，或者说，那些告诉销售人员该怎么做的人，就是推销向导。销售顾问就是让向导替我们做那些对于我们很困难、对于他们来说却是举手之劳的事，从而帮我们获得订单。寻找向导的途径主要有：

(1)客户企业内部：倘若客户内部有向导，他能够告诉你最直接的信息，这是最好不过的了；

(2)客户企业外部：向导也有可能在企业外部，比如他认识客户企业里的某重要人物，他能为你介绍一些情况，增加你对这个企业的了解；

(3)自己所在的企业：在自己企业的内部，也会有人告诉你应该怎么做。

在与向导交流的过程中要表现出谦虚、执着、善良和弱小。销售人员要懂得人性规律，绝大多数人愿意帮助谦虚、执着、善良的弱小者，面对向导，应该以亲和的态度、谦虚的方式、朋友的心态、弱者的身份去请求对方的帮助，把自己的事变成我们的事，把自己的成功变成与向导共同的成功。如果你的工作做得漂亮，能帮助公司的一些人，他们就会慢慢成为你的新向导。将自己的成功变成向导的成功，你就会到处是朋友。对于在企业里面挑选向导，销售人员必须要挑选那些最渴望成功的人，经常和向导联系，让向导感觉到，销售顾问的成功就是自己的成功。想办法把自己赢的标准变成向导成功的标准。同时要注意，无论在什么情况下，你都要尊重这个向导，与向导友好相处，始终表现出谦虚、执着、善良，满足向导的成就感。

3.利用人情和关系开发客户

中国人是最有人情味儿的，也注重关系，所以销售顾问要学会使用这两样销售利器。

当我们的汽车与竞争对手的差不多，就必须在关系上下工夫才能获得订单。有这样一句名言“微笑打先锋，倾听第一招。赞美价连城，人品作后盾”。

让客户心里舒服的交流技巧有：

(1)逢人减岁，逢物加价；

(2)销售人员注重着装和仪表，给对方良好的第一印象；

(3)认同他的意见，让对方有高明的感觉；

(4)攀交情；

(5)做一个忠实的听众，听客户的光辉历程；

(6)要懂得相互尊重，中国人喜欢投桃报李；

(7)对客户的承诺一定要兑现；

(8)给足客户面子；

(9)成为客户信任的人；

(10)注重人与人的感情沟通；

(11)要注意察言观色；

(12)赞美客户。

4. 在大客户销售过程中可利用的因素

在今天的商业社会中，人们最相信的商业信息来源大体有两个：一是权威专家，二是亲戚朋友或关系密切的人。前者是因为敬畏而产生信任，后者是因为密切而产生信赖。利用客户对中间人的信任的技巧主要有以下几个方面：

(1)客户互换。首先把自己的客户介绍给别的公司，并为对方公司大力宣传，然后要求对方公司介绍他们的客户，这样双方公司的客户数量都会增加，具有双赢的效果。互换客户要注意：

1)你的产品或服务对这家企业的产品或服务完全不具有竞争性；

2)你自己企业的利润不会受影响；

3)保证会增加他们的利润；

4)对方企业不费吹灰之力。

(2)给客户提供“特殊待遇”。必须要让客户感到受重视，让客户感到自己很重要、很独特。让客户得到比市价偏低的价格，或者得到高于市场的利润、福利，或保证提供额外的价值。

(3)充当客户的中间人。在客户之间充当中间人，替双方拉拢关系，你就可以与他们建立友好密切的关系。

(4)重视与客户周围的人结交新朋友。任何对你的客户重要的人，也可能变成对你重要的人，尽可能开发及利用客户给你带来的人际关系网，你会不断有新的朋友，也会不断有新的生意。

三、大客户开发技巧

1. 充足的客户拜访准备

现在很多业务员一旦发现目标客户，马上就抄起电话联系或转头就带上资料登门拜访，这样很可能因为准备不充分而被客户所拒绝，浪费了宝贵的客户资源。正确的做法是：在给客户打第一个电话前或登门拜访前，尽可能多地了解大客户的各种信息，尤其是他们的需求信息，还要想好对方可能提出的问题、可能发生争议的焦点、让步的底线等，准备得越充分，成功的概率越高。另外，建议接洽陌生客户前先通过电话等渠道来摸底与初步沟通，这样可以大大提高工作效率。

2. 成为你所销售产品的专家

大客户不同于一般顾客，其专业性要求很高，因此，业务人员对所推销的产品是否够了解、是否够专业、是否能给客户以信心，就成了成交的关键因素。我们都很容易接受某一方面专家的建议，对专业人士的话也更容易相信，所以，做一个你所销售产品的专家，对促成业务非常有帮助，反之，连你自己都不了解自己的产品，客户怎么会放心购买呢。

3.为客户创造价值

假设客户需要的商品只有你的企业能提供，那还需要业务人员吗？还需要我们去开发客户吗？当然不需要，那时客户自然就挤破头来找你合作了，因为你为客户提供的价值是独一无二的，就像微软一样，我们几乎别无选择，因此，很少见到微软去推销他们的操作系统。但能像微软一样的企业并不多，我们也不必苛求独一无二的价值，只要以商品为载体，我们能为客户提供更多些的价值，大客户就好谈了。而且，也只有有价值的合作才能持久，不要以为达成初步合作或抓住了一个关键负责人就可以长久地拥有这个大客户，想长期合作的唯一方式就是为大客户的组织不断创造价值，当你对于大客户组织来说是有价值的、重要的，甚至是不可替代的，那么即使你不去维护关键的负责人，也可以长期拥有该大客户。当然，除非这个负责人就是企业主本人，否则，对其私人的关系维护也不可放松。

为客户提供大的价值是业务人员很难做到的，这要靠企业组织来完成，一种组织战略层面的思考与决策，而这一点也正是一个企业长久生存与发展的关键所在。业务人员能做的只是日常与大客户共享一些对其有价值的行业动态信息、销售数据、营销建议等。

4.关注竞争对手

大客户为什么不与你合作呢？不是他们没有需求，而是你的竞争对手更好地满足了他们的需求，因此，对于竞争对手的关注就很重要。我们开发大客户时往往把大客户当作了对手，全部力量都放在这里，其实真正影响我们是否能与大客户达成交易的是同业竞争对手，战胜了竞争对手的同时基本就拥有了大客户。因此，我们在了解大客户情况的同时也要全面了解竞争对手的情况，包括他们的实力、可以为大客户提供什么价值、他们的底线是什么、弱点是什么、强项是什么等，我们了解得越清楚，战胜他们的把握越大，即所谓的“知己知彼，百战不殆”。当我们把竞争对手的相关数据、大客户的相关数据及自身的数据摆在一起进行比对分析，攻取大客户的战术自然就浮出水面了。但是，对于各方信息的了解单靠一个业务人员很难做到，最好也发挥组织的力量。

5.组织系统支持

因为我们要面对的大客户是组织客户，以个体力量来应对显然势单力薄，只有组织有计划的介入支持，业务人员才能借力使力，完成任务。

因为大客户的情况较为复杂，业务人员的能力有限，很难面面俱到，他们的特点是各有所长，但也各有短板，又往往容易在薄弱环节失掉大客户，即使成功签单，也把大量时间浪费在了自己不擅长的工作上，这对公司来说就是一种人力资本的浪费，对于业务人员来说也影响效率，进而影响收入。

组织可以把从寻找大客户、意向性接触、进一步沟通、跟进、交易、维护等各个环节拆解开。比如，专人负责从网络、报纸、电视等途径收集客户信息，因为总重复这样的工作，逐步会积累经验，速度与效率非常高；而负责初步意向性接触的工作由电话营销人员负责，这些人自然更善于电话营销的技巧，能迅速探得客户的虚实；接下来有意向的客户由善于同客户面对面沟通的“跑外”业务员来做；达成基本合作意向后，或客户有专业性的问题时，由精通专业的人员与客户洽谈合作细节与进一步说服工作，因为这个环节是体现为客户所能带来价值与打消客户顾虑的环节，所以越专业越有效；单子谈下来了，交由善于搞客情关系的专人进行维护。如此一来，各有所长的人就可以发挥所长，重复去做又可以熟能生巧，效率自然大大提升。当然，可根据实际情况，一个人负责1～2个环节，但不可超过2个环节。

6.交互式大客户开发

买东西的趾高气扬，卖东西的低三下四，这样的情况在大客户交易中非常多见，原因就是主动权与利益关系不对称造成的。那么，我们改变一下思路：如果我们此时成为了大客户的大客户，结果会怎样呢？关系对等了，客户自然就好谈得多了。

7.重视决策者身边的人

大客户企业内的助理、秘书等一些决策者身边亲近的人虽然没有决策权，但却有很强的决策影响力，甚至业务成败的关键都是由这些人决定的。这些人是决策者的亲信，决策者会参考这些人的意见，得罪、轻视或因为觉得已经与决策者建立了联系而忽视这些人，那么结果可能是这些人成为了你业务失败的主要原因。如果善加利用这些人，他们将成为你此笔业务的开门人、引路者，我们可以从他们身上了解到各种信息，得到各种小的帮助，反之则可能带来很多小的麻烦。这些或正面或负面的影响虽小，但却关乎成败。

大客户销售的时间比较长，过程复杂，客户需要思考的时间，所以要给客户留下永久的记忆。如果只是语言的交流，所叙述的内容很快就会消失，面谈和点头哈腰的交流只能留下瞬间的记忆，因此销售人员要通过信函、电子邮件、宣传资料、贺卡、礼物、事件等手段给客户留下深刻的记忆。

【任务训练】

1.训练任务

你是一位销售顾问，听说某公司准备购买5辆公务车，你准备按照什么样的程序去开展工作？

2.训练目的

让同学们了解大客户开发的方法和技巧。

3.训练所需工具及材料

谈话桌椅，车型资料。

4.训练步骤

(1)训练：学生分组进行角色模拟，运用课堂所学，制订大客户开发方案。

(2)考核：教师随机抽取1～2组进行点评，给出合理建议。

(3)教师点评结束后，通过学生自评、互评、教师总结来评估训练效果。

【思考与练习】

1.寻找客户的渠道有哪些？

2.如何做好客户开发的准备工作？

3.什么是大客户？

4.如何利用人情和关系进行大客户的开发？

5.大客户开发的技巧有哪些？

任务三 汽车销售准备

【学习目标】

1. 了解汽车销售准备工作在整个销售流程中的重要作用。
2. 掌握汽车销售工作准备的具体内容。
3. 掌握销售顾问自我准备的具体内容。

【任务分析】

汽车销售竞争日益激烈，作为一名销售顾问，想要给客户留下良好的第一印象，尽快取得客户信任，做好售前准备工作非常重要。在客户来店前，销售顾问营造出舒适、温馨、整洁的展厅氛围，使顾客心情舒畅，再辅以销售顾问职业化的形象和专业化的服务，建立客户对我们的信任，促进交易。

本次任务是通过介绍汽车销售准备工作和销售顾问的自我准备的具体内容，使读者明白销售准备工作的重要性，掌握销售准备工作的方法和技巧。

【相关知识】

3.1 销售工作准备

一、展厅环境的准备

汽车销售展厅氛围的营造非常重要，现在汽车展厅一般都面积很大，装修豪华，如果不做合理的划分和布置，就会显得杂乱无章，不利于客户做出有利于成交的选择。总体来说，感觉要求明亮、功能齐全、个性鲜明、简约、典雅，展厅布置得温馨一点，这样顾客看车就会觉得轻松愉快，愿意谈车，利于成交。

（一）对销售区域进行划分和布置，装点展厅的同时突出车型特点并辅助销售，延长客户在店停留时间

1. 展厅整体（如图 3-1 所示）

（1）展厅内、外墙面、玻璃墙等保持干净整洁，应定期（每半年 1 次）清洁。

图 3-1　汽车展厅整体效果

（2）展厅内部相关标志的使用应符合公司有关 CI（Corporate Identity，企业形象，企业标志）、VI（Vision Identity，视觉识别）要求。

（3）应按公司要求挂有标准的汽车公司营业时间看牌。

（4）展厅的地面、墙面、展台、灯具、空调器、视听设备等保持干净整洁，墙面无乱贴的广告海报等。

（5）展厅内摆设有型录架，型录架上整齐放满与展示车辆相对应的各种型录。

（6）展厅内保持适宜、舒适的温度，依照标准保持在 25℃左右。

（7）展厅内的照明要求明亮、令人感觉舒适，依照标准照度在 800 勒克斯左右。

（8）展厅内需有隐蔽式音响系统，在营业期间播放舒缓、优雅的轻音乐。

（9）展厅内所有布置物应使用公司提供的标准布置物。

2. 车辆展示区（如图 3-2、图 3-3 所示）

（1）每辆展车附近的规定位置（位于展车驾驶位的右前方）设有一个规格架，规格架上摆有与该展车一致的规格表。

（2）展车间相对的空间位置和距离、展示面积等参照 CIS 手册执行。

（3）其他项目参照本章《展车规范要求》及《展示布置规范示意图》执行。

图 3-2　车辆展示区效果(一)

图 3-3　车辆展示区效果(二)

3. 顾客休息区(如图 3-4 所示)

(1)顾客休息区保持整齐清洁,沙发、茶几等摆放整齐并保持清洁。

(2)顾客休息区桌面上备有烟灰缸,烟灰缸内若有 3 个以上(含 3 个)烟蒂,应立即清理;每次在客人走后立即把用过的烟灰缸清理干净。

(3)顾客休息区设有杂志架、报纸架,各备有 5 种以上的杂志、报纸,其中含有汽车杂志、报纸,报纸应每天更新,杂志超过一个月以上需更换新版。

(4)顾客休息区设有饮水机,并配备标准的杯托和纸杯。

(5)顾客休息区需摆放绿色植物盆栽,以营造生机盎然的氛围。

(6)顾客休息区配备有大屏幕彩色电视机(29 英寸以上)、影碟机等视听设备,在营业期间内可播放目前主推车型的广告宣传片和专题片。

图 3-4　展厅顾客休息区

4. 业务洽谈区(如图 3-5 所示)

(1)业务洽谈区的桌椅摆放整齐有序,保持洁净,桌面上备有烟灰缸,烟灰缸内若有 3 个(含 3 个)以上烟蒂,应立即清理;每次在客人走后立即把用过的烟灰缸清理干净。

(2)业务洽谈区距离展车不要太远。客户总希望离样车越近越好,抬头就能瞧见。而有的展厅在谈判席和样车之间放置了几盆绿化,严重阻挡了视线,显然不太明智。

图 3-5　业务洽谈区布置

5.顾客接待台(如图 3-6 所示)

(1)接待台保持干净,台面上不可放有任何物品,各种文件、名片、资料等整齐有序地摆放在台面下,不许放置与工作无关的报纸、杂志等杂物。

(2)接待台处的电话、电脑等设备保持良好的使用状态。

图 3-6　展厅客户接待台布置

6.卫生间

(1)卫生间应有明确、标准的标志牌指引,男女标志易于明确区分。客人和员工分离。

客人在一楼，员工在二楼，由专人负责卫生打扫与清洁，并由专人负责检查与记录。

(2)卫生间的地面、墙面、洗手台、设备用具等各部分保持清洁，台面和地面不许有积水，大小便池不许有黄垢等脏物。

(3)卫生间内无异味，应采用自动喷洒香水的喷洒器来消除异味。

(4)卫生间内相应位置应备有充足的卫生纸，各隔间内设有衣帽钩，小便池所在的墙面上应悬挂有赏心悦目的图画。

(5)适度布置一些绿色植物或鲜花予以点缀。

(6)卫生间洗手处需有洗手液、烘干机、擦手纸、绿色的盆栽等，洗手台上不可有积水或其他杂物。

(7)在营业期间播放舒缓、优雅的背景音乐。

7. 儿童游乐区(如图 3-7 所示)

(1)儿童活动区应设在展厅的里端，位置应相对独立，有专人负责儿童活动时的看护工作(建议为女性)，不宜离楼梯、展车、电视、型录架、规格架等距离太近，但能使展厅内的顾客看到儿童的活动情况。

(2)儿童游戏区要能够保证儿童的安全，所用的儿童玩具应符合国家有关的安全标准要求，应由相对柔软的材料制作而成，不许采用坚硬锐利的物品作为儿童玩具。

(3)儿童游戏区的玩具具有一定的新意，色调丰富，保证玩具对儿童有一定的吸引力。

图 3-7　儿童游乐区

汽车的展厅设计中需要注意的是我们该如何突出“车”这个要展示的产品。由于车体庞大，那么首先要考虑的问题是空间。汽车展厅是否有足够的展示车的空间，要为车留出全方位的展示空间，尽量减少周围设计的多样性，以免喧宾夺主，来达到突出车的目的。

(二)要结合当地消费者的喜好、季节、节日等因素，在展厅抓住主要区域布置，比如主展区、副展区、洽谈区、VIP 贵宾区、客户休息室等，营造销售氛围、有效传递品牌及产品信息(如图 3-8、图 3-9 所示)

图 3-8　展厅节日氛围

图 3-9　展厅促销氛围

二、销售车辆的准备

1. 外观

(1)展车应始终保持清洁，无手纹、尘土。

(2)漆面要光滑，车身无划痕。

(3)玻璃内外应擦拭干净确保无水痕及手纹，玻璃胶条要保持完整、清洁。

(4)车辆的轮胎、轮毂应无损，胎压正常，车轮的力帆标志应始终保持水平，保持轮胎导水槽整洁，无异物、小石子。

(5)内轮毂擦拭干净及时上轮胎蜡，展车必须与方向盘保护配有车的车轮垫。

(6)车身各种装饰条、车型标志、标牌齐全无损，展车有标明车型的前后牌。

(7)中控门锁、遥控门锁应开关正常，四门两盖应开关灵活。

(8)前窗全部摇下，后车窗全部关闭，钥匙取下，车门不能上锁。

2. 内部

(1)内饰、仪表板、车门内饰板、顶棚、座椅、地毯应清洁无破损。

(2)座套塑料罩与方向盘保护罩应除去，方向盘上力帆标志保持水平。

(3)各项电器设施使用正常，电瓶需有电。

(4)车内气味保持清新。

(5)驾驶座椅调到腿部空间适当距离。

(6)音响系统音量适中，预设频道全部有设置，不同曲风的 CD 可供试听。

(7)发动机保持干净整洁，无灰尘，无油渍，排水沟需擦拭干净。

(8)行李厢应干净、整洁，无杂物，与展车无关的物品应全部清除。

3. 展厅内现车的情况

(1)销售顾问要详细了解展厅内现车的型号、配置、颜色、数量等基本情况，以免出现客户要看某款型或直接提车，销售顾问先答应有后又发现没有，不能给客户满意的交代，客户会怀疑我们的产品、服务甚至公司，进而影响我们的销售和公司的信誉。

(2)熟悉现有汽车的卖点。汽车销售顾问要了解汽车的各种配置，一个系列的汽车，往往包括很多不同的型号，配置也有很多级别，汽车功能、汽车价格、优惠幅度等都会有所不同。销售顾问只有了解了这些方面，才能做恰当的推荐。

(3)知道产品的销售政策。汽车销售市场瞬息万变,企业的销售政策也会随着市场的变动以及竞争对手的变动而进行及时的调整。销售顾问必须及时了解促销的方式、赠送礼品的种类、促销的具体时间,这样才能达到促销的目标。

3.2 销售顾问自我准备

一、仪容仪表的准备

有人说着装打扮不是万能的,但装扮不得体是万万不行的。这话确实很有道理。如果你的穿着得体,信心自然会大增。适宜的汽车销售礼仪,不仅能够帮助汽车销售人员树立良好的个人形象,还能帮助企业树立优秀的品牌形象。销售礼仪行为是信息性很强的行为,汽车销售人员和客户在通过礼仪行为获得信息的同时,还在联络感情。

1.基本准则

(1)保持仪容和仪表干净整洁、自然舒适。

(2)公司有统一着装要求的,应符合公司规定,但应注意服饰的清洁,不能有任何的污垢,工号牌要佩戴工整。

(3)注意仪表的协调,追求"恰到好处的协调和适中"。合适的穿着打扮不在奇、新、贵上,而在于是否与你的年龄、体形、气质相协调。

(4)最好使用品质优良的名片夹,能落落大方地取出名片;准备商谈时会用到的各项文具,要能随手即可取的;避免用一张随意的纸记录信息。

2.仪容修饰的几个要点

(1)头发最能表现出一个人的精神状态,销售人员的头发需要精心的梳理。不论男女都要经常洗头,最好做到没有头皮屑,不抹过多的发胶。男性不可留长发,头发要前不过眉、旁不过耳、后不盖衣领;女性的发型要大方、高雅、得体、干练,不能太夸张,包括头发染色及怪异发型等,前发不要遮眼、遮脸为好。

(2)面容要神采奕奕,保持清洁,耳朵内需清洗干净,眼屎绝不可以留在眼角上,鼻毛不可以露出鼻孔。女性化妆应该化淡妆、施薄粉、描轻眉、涂浅色红唇;男性胡子要刮干净或修整齐。平时最好涂些护肤膏,不要让脸上皮肤太干涩或油光光的。

(3)口腔要清洁。每天早晚刷牙两次,保持牙齿洁白和口腔清新,口中不可留有异味,最好不要吃大蒜、臭豆腐之类有异味的食品,随身携带口香糖。

(4)经常洗手,保持双手整洁,手腕也要清洗干净,以保持袖口的整洁;勤剪指甲,不要留得太长,露出指端稍许即可,造型不要太怪,亦不要着色(除透明色之外);手指要保持干净,不要有多余的死皮;平时要常用热水清洗,并擦一些护手霜,保持手的湿润与柔软。

(5)销售人员每次带客户参观完现场之后,回到售车处现场前要及时整理好自己的仪容和仪表。

(6)整理头发、衣服和擦拭皮鞋时,请到洗手间或者其他客户看不到的场所进行。

(7)男士仪容。

1)发型款式大方,不怪异,不太长也不太短,头发干净整洁,无汗味,没头屑,不抹过多的发胶把头发弄得像刺一样硬。

2)胡子剃干净。

3)涂些护肤膏,不要让脸上皮肤太干涩或油光光的。

4)衬衣领口整洁,纽扣扣好。

5)耳朵内外清洁干净,鼻孔内外清洗干净。

6)领带平整、端正。

7)衣、裤袋口整理服帖,不要塞东西造成鼓鼓的感觉,会破坏整体服装的形象。

8)衬衣袖口可长出西装外套的0.5~1厘米,不能过长,会显得格外局促,缚手束脚。

9)要经常洗手,连手腕也要清洗干净,可以保持袖口的整洁。

10)指甲剪短并精心修理,手指头干净,没有多余的手指死皮。常用热水清洗,并擦一些护手霜,保持手的湿润与柔软。

11)裤子要烫直,折痕清晰。裤型不紧不松,穿合身的裤子,长及鞋面。

12)鞋底与鞋面侧同样保持清洁,鞋不能破损,鞋面要擦亮,不要留有碰擦损痕。

13)不要忘了拉前拉链。

(8)女士仪容。

1)头发保持干净整洁,有自然光泽,不要太多使用发胶;发型大方、高雅、得体、干练,前发不要遮眼遮脸为好。

2)化淡妆、施薄粉、描轻眉、唇浅红。

3)服饰端庄,不要太薄、太透、太露。

4)领口干净,衬衣领口不能太复杂、太花哨。

5)可佩戴精致的小饰品,如点状耳环、细项链等,不要戴太夸张、太突出的饰品。

6)衣袋中只放薄手帕或单张名片之类的物品。

7)指甲精心修理过,造型不要太怪,也不能留太长指甲,造成工作中的不便,指甲油可用肉色或透明色,不要太浓艳。

8)着齐膝一步裙或裤装,裙不要太短、太紧或太长、太宽松。

9)衣裤或裙的表面不能有过分明显的内衣痕迹。

10)鞋洁净,款式大方简洁,没有过多装饰与色彩,中跟为好,跟不能太高太尖,也不能是系带式的那种男士鞋。

11)随时捏走吸在衣服上的头发。

12)丝袜破了一定不能再穿,可以在随身包里备一双丝袜。

3.仪表要点

(1)交谈礼仪。俗话说,良言一句三冬暖,恶语伤人六月寒。销售顾问是4S店的形象代言人,所以要注重情感效应。在与客户交流时,忌用生硬、冷冰冰的话语。其实,有些语句稍微换一种说法,情感的表达就大相径庭,请看下面的例子:

生硬类用语:“你姓什么?”

友好热情用语:“先生/小姐,您好!请问您贵姓?”

生硬类用语:“你买什么车?”

友好热情用语:“请问您想买什么样的车子?我们这里有微型车、紧凑型家用车、商务中级车、越野车……”

生硬类用语:“你还想知道什么?”

友好热情用语:“请问您还有哪些不清楚的地方?我做一个详细的介绍。”

要知道,情感效应在销售过程中可以起到不可估量的作用。如果销售顾问说话僵硬,客户即使原本有购车欲望,最终也会放弃,因为你已经挫伤了对方的购买信心。相反,如果销售顾问有着良好的素质,即使对方没有订车也会对4S店和销售顾问产生良好的印象,并且还会向亲朋好友推介。

(2)尊重客户。尊重客户可不是口头上说说而已。在与客户交谈的过程中,我们要时刻注意以下细节,如果你在哪方面做得不够,一不小心就会得罪客户,那你的销售洽谈效果就要大打折扣了。交谈时,要做到讲“五声”,即迎客声、称呼声、致谢声、致歉声、送客声;禁止使用“四语”,即蔑视语、烦躁语、否定语、斗气语;要多使用“请”、“您”、“谢谢”、“对不起”、“不用客气”等礼貌语言,不准讲粗言秽语或者使用蔑视性和侮辱性的语言,不开过分的玩笑;称呼客户时,要多称呼客户的姓氏,如“××先生”或“××小姐/女士”,不知姓氏时,要用“这位先生”或“这位小姐或女士”;几人在场,在与对话者谈话涉及在场的其他人时,不能用“他”去指他人,应称呼其名或“××先生/女士”。

(3)微笑。俗话说:“伸手不打笑脸人。”这句话点出了“人前一笑皆知己”的奥妙。向人微笑,正如同伸出友谊之手,令人感到有难以拒绝的魅力。微笑可以作为销售人员的有力武器,来化解别人的恐惧和陌生感,要知道做销售是需要热情的服务,冷若冰霜可不是销售人员的表情;微笑可以营造出温馨、亲切的气氛,能有效地缩短双方的距离,给对方留下美好的心理感受,同时还能反映个人高超的素质修养及待人的至诚。

一个聪明的销售人员也应该知道,外表是他的第一张牌。比如,一个汽车交易商准备卖一辆二手汽车,他会怎样做呢?直接把车开去卖了?不,很明显,他首先会把车送到车间里,将表面的擦痕都磨光,然后重新上漆;之后还要将车内装饰一新,换上新的轮胎,调试好其他设备,使一辆旧车“旧貌换新颜”。只有这样的汽车,才可能卖个好价钱。作为销售人员也是一样。记住:仪表不凡和风度翩翩的你会在客户心目中可信度增值,合适的形象会为你的成功增加砝码。而衣着邋遢不仅会损害你的个人形象,还会阻碍你销售的成功。

二、职业技能的准备

1.积极的心态准备

(1)有所企图。你必须要有企图心,有那种不签约成交誓不罢休的心态。

(2)目标一定要达到的心态。领导制订的计划一定有他们的原因,所以应尽力把目标完成。

(3)终身学习的心态。销售顾问应经常更新销售技巧,只有这样你才不会被淘汰,汽车行业各种车型更新很快,消费者的心态也变得非常快,所以必须要保持学习和思考的习惯,这样才可以使自己立于不败之地。

(4)热情开朗的心态。你的热情,可以感染到任何人,包括你的客户,使很多人喜欢和你交流。

(5)加倍努力的心态。在汽车销售中,如果你不加倍努力,你的业绩肯定上不去,乔·吉拉德总是付出150%甚至是200%的努力。

(6)自信十足。在汽车销售中,要说服客户,销售顾问必须相信自己可以让这个客户买车。

(7)积极主动心态。这点对于我们销售顾问真的很重要,有的销售顾问随着销售经验的增长,也变得开始挑客户,但客户真的不是挑出来的,这也不难解释为什么很多老销售员的进步不大甚至退后。

(8)乐观进取的心态。乐观对于每一个人都很重要,乐观可以让人看起来这个人真的很不错,每个人都喜欢和乐观的人交流。

(9)坚忍不拔的心态。销售工作中快乐的日子很多,糟糕的日子也多,可能今天一个客户说明天来你这儿买车,结果第二天就开始不接你电话了,所以心态一定要放平。

2.产品知识的准备

(1)要极度热爱自己的产品,对产品不热爱的业务人员永远做不好业务。销售顾问对自己的产品和服务了解得越多,就有更多的自信。任何品牌、任何款型,只要符合客户的需求,就不存在高低贵贱,适合的就是最好的。

(2)要懂得自己的产品,这一点相当重要,没有客户愿意和不懂产品的业务人员打交道,因为你根本无法说服客户购买你的产品。作为一名合格的销售顾问,应该了解所售汽车的品牌历史、汽车的设计理念、汽车的技术参数和性能、产品的卖点、产品的销售政策以及客户的使用感受。

(3)竞争产品信息的准备。现今汽车销售市场竞争激烈,销售人员仅仅了解自己的产品是不够的,必须要了解竞争对手的产品和自己的产品相比,在哪些方面具有优势,又在哪些方面存在不足,才能在竞争中立于不败之地,在受到竞争对手的进攻时也能进行有效的防御。

1)经营状况分析。销售顾问应该了解竞争对手的业务经营状况,明确竞争对手在汽车市场中的实力与地位,对其市场占有率、销售额、目标客户、主推车型等方面做详细了解。

2)产品质量价格对比。在销售过程中,大多数顾客或是销售顾问自己都会将竞争对手的车型拿来对比,从而更好地突出我们产品的优势。销售顾问应该了解汽车的特征,包括款式、设计、质量、颜色、配置等,从而与竞争对手进行有利的比较,说服客户购买。

3)营销策略对比。从4P的角度与竞争对手进行对比,了解竞争对手的产品特色、价格优势、市场区域、促销策略等,从宏观上把握自身产品的优势和不足,在产品介绍中把握主动权,赢得客户的信任。

(4)销售工具夹。销售工具夹是一个很有效的销售工具,销售人员在销售的过程中使用销售工具夹会让顾客感觉更专业,同时在进行相关事项说明时,让销售顾问的讲解更全面、更直观、更可信。销售工具夹的内容非常丰富,涵盖了销售过程中要使用的所有单据、合同、资料、工具,主要包括:

1)订单;

2)合同;

3)商谈备用录;

4)车型技术参数和配置表;

5)试乘试驾申请表;

6)保险报价表；
7)精品报价表；
8)按揭审批条件及还款计算表；
9)计算器；
10)竞争车型的对比资料；
11)上牌的程序；
12)便笺纸；
13)笔；
14)名片；
15)促销活动资料。

销售工具夹的内容要及时更新，把最新的信息补充进去，否则会影响客户的满意度。

【任务训练】

1. 训练任务

汽车销售顾问着装训练，男生练习打领带，女生练习系丝巾。

2. 训练目的

以打领带和系丝巾为切入点，让学生明白仪容和仪表的重要性，掌握汽车销售顾问的着装要点。

3. 训练所需工具及材料

领带、丝巾。

4. 训练步骤

(1)训练：将学生分组，每2人一组，互相检查练习。
(2)考核：挑选出典型小组，示范演示。
(3)评估：分析出现的问题，提出改善建议。

【思考与练习】

1. 汽车销售准备工作包括哪些方面？
2. 销售人员的仪容和仪表对销售工作有何促进作用？
3. 汽车销售人员应该具备哪些职业素养？
4. 走访汽车4S店，比较各个品牌展厅的布置特点、销售顾问的着装特点。

任务四 客户接待

【学习目标】

1. 了解客户接待的方法。
2. 掌握来电客户接待的流程。
3. 掌握来店客户接待的技巧。
4. 掌握客户接待过程中的沟通技巧。

【任务分析】

客户接待有两种情况，即来电接待和来店接待。来电接待是指客户向4S店致电咨询车辆信息、促销信息而进行的双向、快捷的沟通。来店接待是指在顾客进入展厅的前几分钟内，在进行实质性的洽谈之前，销售顾问与客户进行的初步沟通进而相互了解的过程。

客户接待的目的是建立起客户对自己所经销的汽车及公司的品牌、车型和销售商的认同，拉近与顾客的距离，获得顾客在下一步销售流程中的配合。本次任务是通过介绍客户接待的工作方法和技巧，使销售顾问增加顾客对产品的信心，让顾客留下对本公司专业化、高品质服务的感知，让双方的关系变得友好、融洽。

【相关知识】

4.1 来电客户接待

很多客户最初都是通过打电话的方式和4S店销售顾问进行第一次接触的，通常是客户看到了某款车的广告或促销信息，对这款车感兴趣，想要在去4S店之前先了解一下，再决定要不要去 4S 店看这款车。因此，当客户在电话中表达了这样的意思时，销售顾问应该尽量将该车的亮点描述出来，回答问题时应该运用技巧，有所保留，将重点放在这款车最大的卖点和客户最关注的促销内容上，以引发客户来店看车的兴趣，想办法约定客户来店看车时间和具体的联系方式。

一、接听电话流程(如图 4-1 所示)

1.顾客来电

展厅内必须安排销售顾问接听电话，包括午餐时间；准备好纸、笔、告示贴及《来电客户登记表》等工具。

2.接听来电

电话铃响三声用左手接听电话，首先问好、报出店名以及自己的称谓。

3.问候/探询

主动询问可提供的服务，明确客户信息，包括联系方式、跟踪事项等，并有准确记录。

4.提供服务

技巧性地回答客户的提问，满足客户需求，引发客户来店看车愿望。如需转接，应在 15 秒内完成，并留意是否转接成功；如对方找的人不在，应主动询问是否要留言，在告示贴上记录留言内容，及时转告。

5.结束通话

结束时总结通话内容，感谢客户来电，诚挚邀请客户来店看车并主动告知如何来店；通话结束后，将客户信息完整记入《来电客户登记表》。

图 4-1　客户来电接待流程

二、接听电话礼仪

销售顾问接听电话的技巧是否高明，常常影响到他是否能顺利达成本次沟通的目标，也会影响到企业、公司的形象。因此，4S 店销售顾问应该掌握客户来电服务规范，掌握电话礼仪，这样才能让客户在交流中感受销售顾问的热情友好，进而信任我们，愿意听取我们的建议。

(1)一般铃声一响，就应及时接电话："您好！××展厅，我是销售顾问×××。"如铃声响过四次再去接，就显得不礼貌，此时拿起电话，应说声"对不起，让您久等了"。

(2)拿起话筒后，应说"您好"。

(3)再自我介绍，询问"需要我帮忙吗?"

(4)认真倾听对方的电话内容，听电话时，应说"是、好"等，让对方感到你在认真地听，不要轻易打断对方的说话。

(5)如对方不是找你，那么你应该礼貌地请对方"稍候"，如找不到听电话的人，你可以主动地提供一些帮助，"需要我转告吗?"

(6)如对方要求电话记录，应马上拿出纸和笔进行记录。电话记录：谁来的电话(Who)、打电话找谁(Who)、来电的内容(What)、来电的原因(Why)、来电提到的地点(Where)、时间(When)等。

(7)电话完毕,应等对方挂机后再挂比较好,不要仓促地挂断,甚至对方话音没落,就挂断。挂电话的声音不要太响,以免让人产生粗鲁无礼的感觉。

(8)碰到对方打错电话时,态度要有礼貌,别说"乱打,怎么搞的"。

(9)接电话时,尽量不要干别的事,如中途有事,必须走开一下,那么时间也不应超过30秒。

【案例4-1】

电话铃响了五声,汽车展厅销售顾问才不情愿地拿起听筒。

销售顾问:喂,你谁呀,找谁?

客户:是××4S店吗?

销售顾问:你自己打哪儿你不知道? 找谁?

客户:我新买的车有些问题,想咨询一下。

销售顾问:这事不归我管,你打售后电话问问。

分析:(1)这个电话沟通存在什么问题?

(2)销售顾问怎么做才能让客户感受到我们良好的服务和职业素养?

三、电话沟通要点

在接打电话的过程中,汽车销售人员和顾客都无法看到对方,双方都只能从声音、语速、语调及谈话内容中了解对方的情况。销售顾问应掌握沟通技巧和专业的销售术语,才能完美应对客户的咨询,促成客户来店看车。

(1)不要一口气在电话里回答完客户所有的疑问。

(2)不要在电话里将最低价报出来,尽量让客户来店商议。

(3)请客户留下联系方式,在客户同意的情况下进行跟踪。

(4)电话结束后,短信至客户,感谢来电,欢迎来店。

(5)重要的信息应和客户再次确认,以免造成损失。

【案例4-2】

客户:你们那款车现在正在做活动,是吧?

销售顾问:先生/女士您说的对,这款车是在做活动,具体是这样的……请问先生/女士您贵姓?

客户:姓张。

销售顾问:张先生/女士,您方便留下电话号码,以便我们保持联系吗?

客户:哦,不用了,等我有需要了再联系你们吧。

销售顾问:哦,我当然欢迎您给我打电话,只是我们的促销活动都是有期限的,我想如果有什么新的活动可以第一时间通知到您,如果您觉得通电话不方便,我可以用短信的方式告知您，您觉得呢？

客户：好啊，降价了就通知我吧，我的电话号码是……

【案例 4-3】

客户：你好，你们那儿××车有现货吗？

销售顾问：哦，先生，我得先去了解一下仓库的货源情况，您留个联系方式，我稍后马上给您回复。您电话是？（即使知道有现货，也不要直接在电话里告诉客户。）

客户：你们那款车油耗是多少呢？

销售顾问：呵呵，很多人都关心这个问题呢，先生，您贵姓？

客户：哦，我姓刘。

销售顾问：哦，刘先生啊，您好！很高兴为您服务，我叫陈××，您叫我小陈吧。刘先生，您的这个问题确实很关键，今天有三个客户都了解了这个问题。刘先生，准确地说，这款车的综合油耗是百公里 6.8 升。

客户：哦。

销售顾问：这样吧，刘先生，您还是在方便的时候来展厅看看车，待会儿我把我的联系电话和展厅地址发到您手机上。以后您有任何关于车的问题，都可以问我，您的电话号码是？

四、来电接待语言表达

电话语言属于间接语言，交流双方不能面对面交流，所以在来电接待中就要求销售顾问语调清晰、心情喜悦、语速适中、态度友好，使对方感到亲切、友善、得体、礼貌。

1. 语调清晰

同样的一句问候“您好，这里是××4S 店，我是销售顾问×××”，如果提高声调，使声音清晰、悦耳、吐字清晰，会显得富有朝气，会给对方留下好的印象。所以，用清晰而明快的语调接听电话能显示出说话人的职业风度和可亲的性格。虽然对方无法看到你的面容，但听到你亲切、热情的招呼声，心里一定会很愉快，双方对话能顺利展开。因此，销售顾问在来电接待时，适当提高声调，以展示我们职业化的服务。

2. 心情喜悦

销售顾问应该用喜悦的心情进行客户来电接待，客户会被欢快的语调所感染，会觉得销售顾问非常专业。由于声音会随着面部表情而变化，在电话接待中应该保持微笑，认为客户此时正看着我，这样，才能将喜悦、欢迎等感情传达给电话另一边的客户。

3. 语速适中

销售顾问在来电接待时应该灵活把握语速，视顾客情况，随机应变。急性子的人听慢话，会觉得断断续续，有气无力，颇为难受；慢吞吞的人听快话，会感到焦躁心烦；年龄高的长者，听快言快语，难以充分理解其意。所以，销售顾问在来电接待时，语速并无定论，要学会判断顾客的特点，用合适的语速与之交流，营造和谐的交流氛围。

4. 态度友好

销售人员态度的好坏，都会表现在语言之中。如果销售顾问打电话时表情麻木，声音冷冰冰的，毫无生气和激情，自然无法让客户感受到我们的热情，也很难激发客户的购买欲望。如果销售顾问打电话时弯着腰躺在椅子上，对方听你的声音就是懒散的、无精打采的，若坐姿端正，所发出的声音也会亲切悦耳，充满活力。因此，在接听电话时，销售顾问也应微笑讲话，抬头挺胸，让双方的诚实恳切，都包含于说话声中，让客户感受到我们对他的尊重。

5. 当场复述

为了防止听错电话内容，汽车销售人员一定要养成当场复述的习惯。特别是时间、电话号码、汽车价格等数字内容，务必养成听后立刻复述、予以确认的良好习惯。文字不同，一看便知，但读音相同或极其相近的词语，通电话时却常常容易搞错，因此，对于容易混淆、难于分辨的这些词语要加倍注意，放慢速度，逐字清晰地发音。当说上日期，不妨加上星期几，以保证准确无误。

来电接待往往是销售顾问与客户接触的开始，也是重要的真实一刻，接电话时语气应温和友好，对来电者提出的问题、车型配置等详细解答，价格优惠方面的提问应模糊回答。若客户意向不强，就邀请他来店看车并详谈。对意向强的客户在电话里留下一个价格悬念，也要吸引他来店详谈。电话联系的最终目标还是让客户来店看车，汽车销售是很难在电话里就成交的。

4.2　来店客户接待

大多数客户有购车意愿时，都会到4S店来看车并咨询。接待来店客户时，销售顾问应该让他们体验到“顾客至上”的服务理念和品牌形象。当客户走进陌生的汽车展厅，宽敞明亮的环境，高雅愉悦的背景音乐，轻松、舒适的购车氛围，客户希望得到怎样的服务呢？很多4S店的接待还不够专业，我们常常看到客户走进4S店后，不是没人接待，就是接待的人过多。绝大多数客户希望自己能够在走进展厅时销售顾问至少打个招呼，希望在这里得到想要的服务，不是被强拉着听车辆介绍，也不是总有销售人员在旁边走来走去。汽车销售人员热情、周到、恰当的接待，才能使顾客在展厅逗留更长的时间，并且愿意与销售顾问建立联系，增强客户对于品牌、公司和个人的信任，为达成交易做好铺垫。

一、来店客户接待方式

作为一名销售人员，首先应该让到店的顾客感受到你对他们的欢迎、尊重，所以适度的热情是非常重要的。从首因理论讲，第一印象一旦形成往往很难在短时间内改变，汽车销售人员应把握机会塑造良好的第一印象。

【案例 4-4】

张先生去一家4S店看车，进门时没人出来迎接，进去后也没有人问候，心里多少有点儿不舒服，于是继续往里走，只见一名销售人员坐在桌前看资料，她抬头望了望(可能认为旁边的销售人员会接待)没有任何表情，也没有起身迎接；另一位销售人员走了过来，同样没有任何表情、任何问候，站在张先生旁边看了他10秒钟，转身就走了。大概中间3分钟没有人理睬，3分钟后还有一位销售人员回来了，却进了办公室。如果您是张先生，您会怎么想？我相信您可能再也不会进这家店了。

客户进店后，常见的错误接待方式主要有：

(1)非常热情地迎上前去，向顾客问长问短。太过热情显然不是迎接顾客的最好方式，在彼此都还不是很熟悉的情况下，人需要一定的安全距离，太过热情会增加顾客内心的不安、不适甚至引起顾客的反感，如有些销售人员一见顾客来就会紧贴顾客，热情地介绍产品，这时顾客内心还没做好接受你的准备。正如一个女孩内心还没接受你，你却跟她谈婚论嫁，可想而知沟通的效果有多差了。

(2)紧贴顾客去推荐产品，甚至采取高压式的推销。因为害怕顾客走掉，所以采取这种措施拼命推荐，但是这样只会招致顾客的反感，加快顾客离店的速度，至于对于你说的话，顾客几乎90%以上都没听进去。

(3)显得比较冷漠，任凭顾客随便看看。这又是另外一种比较极端的处理方式，销售人员认为顾客进来后看到喜欢的产品自然会向我询问的，这种方式有时候对意向特别强的顾客是管用的，或者对品牌意识较强，只对高端的产品感兴趣的顾客较为管用，但是有些顾客就不会吃这一套，往往觉得自己受到冷遇而走掉。中国人讲“一回生，二回熟”，如果先打个招呼，混个脸熟，是不是可以快速拉近彼此之间的距离呢？

对待第一次来店的顾客最重要的是做到礼貌即可，顾客毕竟是第一次来店，双方还不熟悉，再加上买方、卖方之间固有的防卫心理，这时彼此之间适当的距离感非常重要，要努力营造一种让双方舒适、轻松且便于交流的环境。顾客喜欢通过点头、微笑、目光、脚步、问候的语气与音调等方式综合判断你对他们的欢迎程度。

作为一名销售人员，首先应该让顾客感受到你对他们的欢迎与尊重，这对后面的交流非常重要。过分的热情或者冷淡的接待都不是最好的方式，那么有没有一种既可以让顾客感受到我们对他们的尊重与欢迎，又可以让顾客不会觉得有压力感的方法呢？有！那就是“适度的热情”。

从图4-2中可以看出，在大多数情况下，我们都应该选择第四种接待方式。在接待客户过程中要注意：

(1)笑脸是最好的见面礼。客户进门，起身带着笑容问候客户：“欢迎光临。”你的热情可以感染任何人，顾客喜欢跟热情的人、尊重自己的人打交道。

(2)不要太过热情“吓”跑顾客。陪同客户进入展厅后，要让客户不受打扰地在展厅内随意观看。如果一进门就紧随不舍，步步“紧逼”，如此太过主动会“吓”跑顾客，记住，多数顾客是比较胆小的。

(3)忙碌的气氛最能招引顾客登门。随手的忙碌能够给店里增添一股勃勃生机和活力，顾客很容易受到这种熏染走进店来。

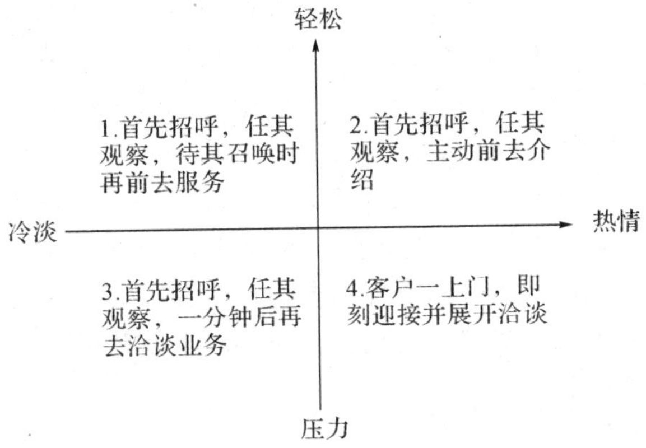

图 4-2　来店接待客户的方式

【案例 4-5】

为客户提供热情的服务是每个汽车销售顾问的职责之一，但是客户一走进展厅，销售顾问就寸步不离地跟着客户，对客户的过度热情反而会让客户无所适从，甚至产生反感而“逃之夭夭”。客户提出要自己先随便看看，有可能是掩饰自己对车并不熟悉的事实，希望通过熟悉环境来缓解自己紧张的心情。因此，对客户热情是必需的，但一定要有一个度，当客户进门时与之打个招呼，以示对他的尊重，然后就让他们自由自在地观看，自己则可以用目光观察客户，当他们出现需要帮助的信号时及时出现就好了。

销售顾问：“好的，既然您想自己安静地看看，那我就不再打扰您了。我在前台整理些资料，您有需要的时候就喊我一声吧。”

销售顾问：“没问题，您先自己看看，有需要就叫我一声，不管您买不买，我们都会为您很好地服务。”

二、来店客户接待礼仪

【案例 4-6】

一天，一家大品牌 4S 店来了一位穿着很脏的男子，他进店后径直走向一款标价 79 万元的豪华轿车，销售顾问小芳上前接待他，问：“先生您是看车吗?”男子回答：“是的，就是这款车！我想进车里感受一下。”小芳看了看他的脏衣服和手，表情很无奈，半天无语，并且试图用身体挡住车门，男子见状非常气愤，拉开车门一下子坐到驾驶座上，大声吼道：“看不起我是不是？这车我买了！”小芳当时满脸通红，半晌不知道说什么才好。事后，她才知道这位男子是一家矿上的“煤老板”，当天是下矿后没换衣服就来看车了，可他没想到车买了，却为此生了一肚子气！而销售顾问小芳，虽说卖了车，却怎么也高兴不起来。

案例分析：人的任何行为都毫无掩饰地反映一个人的心理状态和内在修养，汽车销售人员的仪态也不例外，它不仅流露出了一个人的气质风度、礼貌修养，还是汽车品牌文化展示的一部分。汽车销售人员得体的仪态，是在向每位顾客传递着个人品质、知识、能力等内在信息，同时，也体现着汽车品牌所蕴含的文化，是企业职业化程度的外在反映。本案例中销售顾问小芳的举止仪态使顾客感到了羞辱，不能以貌取人这是4S店展厅接待的基本原则。销售顾问小芳在工作中忽视对方的感受，才导致这样的结果，虽然车是卖给了客户，可是却输了服务，影响了4S店及汽车品牌的形象。正因为如此，作为汽车销售顾问，需要对仪态礼仪知识有个全面的了解和把握，熟悉汽车销售人员仪态礼仪的基本原则和注意事项，这样才能在工作中与顾客共创双赢。

销售顾问应该了解销售岗位对销售人员的接待礼仪要求，掌握站姿、坐姿、蹲姿、行姿等礼仪仪态和握手、递名片、倒茶水、指引、交谈、倾听等接待技巧，用得体的仪态消除顾客的疑虑和戒备，营造轻松、舒适的购车环境。销售人员应通过努力使顾客对品牌和公司形成良好的印象，使顾客有宾至如归的感觉，愿意与销售顾问沟通交流，使销售实现。

1.仪态礼仪

(1)站姿。站姿要求挺拔优雅，即俗话所说的“站如松”。基本要求如下：

1)站姿要正直，即挺拔、直立、站正。两脚跟相靠，女性两脚分成“V”字形，脚尖开度为45°～60°，男性两脚与肩同宽，身体重心主要支撑在脚掌、脚弓上，不要偏移。

2)膝盖自然挺直，小腿向后发力。

3)头正，两眼平视，嘴微闭，面带笑容，颈、后背挺直，胸略向前上方挺起；双肩展开向下沉，使人体有向上的感觉。

4)收腹、立腰、提臀。

5)两臂放松，自然下垂，双手可放于身体两侧、腹前或背后，虎口向前，手指自然弯曲。

6)女士四指并拢，虎口张开，双臂自然放松，将右手搭在左手上，拇指交叉。

7)女士也可站成丁字步形，颌略收，双手交叉于肚脐位置上，有亭亭玉立的形象。

8)如果站立时间过长，感到疲惫时，可将一条腿向前或向后半步，让身体重心轮流放在两条腿上。

练习：可以采用贴墙站立训练改变站姿，具体动作是背贴墙壁，面朝前，双目平视。要求脚后跟、小腿、臂部、双肩和后脑都紧贴墙壁。要有“站如松”和身体上下处于一个平面的感觉。也可以顶书站立训练，站直，头顶放置书本，上身和颈部要挺直，收下颌，使书本不致掉落。站立时要始终保持微笑，使规范优美的站立姿势与轻松的微笑自然结合起来，以充分体现规范站姿的美感。

(2)坐姿。正确的坐姿是“坐如钟”，即坐相要像钟那样端正，给人以端正、大方、自然、稳定的感觉。基本要求是：上体自然坐直，两肩放松，两腿自然弯曲，双腿平落地上，双膝应并拢，男士可稍稍分开，但女士的双膝、脚跟必须靠紧，两手半握拳放在膝上或双手交叉放在膝间，小臂平放在坐椅两侧的扶手上，注意由肩到臂，紧贴胸部，胸微挺，腰要直，目平视，嘴微闭，面带笑容，大方、自然。

国际上公认的也是最普遍的坐姿是端坐和侧坐。端坐时间过长，会使人感到疲劳，这时可变换为侧坐。侧坐分左侧坐和右侧坐两种，在保持坐姿的基本要领基础上，向左(右)摆

45°，两脚、两膝靠拢。无论是哪一种坐法，都应以娴熟自如的姿势来达到对别人的尊重，给人以美的印象。

以下是应注意的方面：

1）入座时，要轻而稳，轻盈舒缓，从容自如。若着裙装，要用手将裙子稍拢一下，不要坐下后再站起整理裙子。注意落座的声音要轻，不要猛地坐下，如同与别人抢座位。特别是忽地坐下，腾地站起，如同赌气，造成紧张气氛。

2）落座时要保持头部端正、上身平直，双目自然平视，双腿自然弯曲，不要耷拉肩膀、含胸驼背、前俯后仰，给人以萎靡不振的印象。

3）腿的摆法也不容忽视的。两腿笔直向前、两膝分得太开、抖动腿脚、两腿并拢或八字而两膝外展，或两脚放到座椅下等，都是非“礼”的动作。

4）在人际交往中，坐姿的选择要与不同的场合相适应。如坐宽大的椅子（沙发）时，要注意不要坐得太靠里面，应坐椅子的前三分之二，不要靠背，休息时则可轻微靠背。若因谈话等需要侧转身时，上体与腿应同时转动，幅度不宜过大。

5）女子入座时，注意两膝不能分开，两脚要并拢，可以交叉小腿。如果跷腿坐，注意不要跷得过高，不要把衬裙露出来，还应注意将上面的小腿向后收，脚尖向下。起立时，双腿先后收半步或右脚先向后收半步，然后站起，注意动作不要迅猛，也不要双手扶腿站起。

6）男子如有需要，可交叠双腿，但一般是右腿架在左腿上。但不宜过高，在礼仪场合，绝不要首先使用这一姿势，因为会给人以显示自己地位和优势的不平衡的感觉。4 字形的叠腿方式是绝对禁止的。

练习：着职业装，练习入座、起立及坐姿。练习在高低不同的椅子、沙发及不同的交谈气氛与环境下的各种坐姿。其重点是，强调上身挺直，双膝不能分开，可以用一张小纸片夹在双膝间，做到起坐时不掉下。

（3）蹲姿。在生活工作中，常需要到低处捡拾东西或做清洁等工作，此时如果采取弯腰撅臀的方式，那是十分不文明的、非常不雅观的、有失礼貌的行为。此时用优美的蹲姿取而代之是最好的方法。注意：

1）下蹲时，左脚在前面，右脚稍后（或右脚在前面，左脚稍后），两腿靠紧向下蹲。

2）左（右）脚全脚着地，小腿基本垂直于地面；右（左）脚跟提起，使脚撑地。右（左）膝内侧靠于左（右）小腿内侧，形成左（右）膝高而右（左）膝低的姿势。

3）臀部下沉，基本上以右（左）腿支持身体。

男士下蹲时，两腿之间可有适当的距离。但女士无论采取哪种蹲姿，都要注意将两腿靠紧，臀部向下。特别在着裙装时则更要留意，以免尴尬。

（4）行姿。即走姿，走姿美具有其独特的特点，即“行如风”，走起路来像风一样轻盈稳健。基本要点是：

1）以站姿为基础，起步时，上身略为前倾，身体重心在前脚掌上。行走时，要上体正直，头部端正，双目平视前方，挺胸收腹立腰，重心稍向前倾，面带微笑。

2）行走时双肩平稳，双臂以肩关节为轴前后自然摆动，摆动幅度以 30～40 厘米为宜。

3）女性行走时两只脚行走线迹应是正对前方成一条直线即常说的一字步，或尽量走成靠近的一条直线，形成腰部与臀部的摆动而显优美，千万不要走成两条直线。相反，男性则要走成两条直线而不能走成一条直线。男性脚步要利落、稳健、雄健；女士要行如风，自如、匀称、轻柔，有明显的节律感和步韵感。

4)步幅要适当，着装不同则步幅也要有所不同。

注意，一般行走的速度标准是：

步幅：男子 40 厘米左右；女子 30 厘米左右，不宜太大。

速度：男子每分钟 108～110 步；女子每分钟 118～120 步。

步高：男子脚跟离地 2～3 厘米；女子脚跟离地 3～4 厘米。

练习：顶书行走训练，头顶上放置一本书，进行行走训练。行走时要头正、颈直，以纠正行走时摇头晃脑的毛病；背包持物行走训练，主要是进行练习背小包、持文件夹和公文包等行走训练。

2. 握手礼仪

握手是一种常见的“见面礼”，貌似简单，却蕴含着复杂的礼仪细节，承载着丰富的交际信息。标准的握手姿势应该是平等式，即大方地伸出右手，用手掌和手指用一点力握住对方的手掌。请注意：对于这个方法，男女是一样的！在中国很多人以为与女人握手只能握她的手指，这是错误的！在社交场合，行握手礼时应注意以下几点：

(1)上下级之间，上级伸出手后，下级才能伸手相握。

(2)长辈与晚辈之间，长辈伸出手后，晚辈才能伸手相握。

(3)男女之间，女士伸出手后，男士才能伸手相握。

(4)在多人同时握手时，不要交叉握手，应待别人握完再伸手。

(5)握手时应双目注视对方，切不可斜视和低着头，当手不洁或有污渍时应事先向对方声明并致歉意。

(6)正确的握手需要有正确的姿势。行握手礼时上身应稍微前倾，两足立正，伸出右手，距离受礼者约一步，四指并拢，拇指张开，向受礼者握手；礼毕后松开，距离受礼者太远或太近，都不雅观，将对方的手拉进自己的身体区域也不妥当；握手时必须是上下摆动，而不能左右摇摆。

(7)人们应该站着握手，除非两个人都坐着；如果你坐着，有人走来和你握手，你必须站起来。

(8)握手的时间通常是 3～5 秒钟。匆匆握一下就松手，是在敷衍；长久地握着不放，又未免让人尴尬。

(9)别人伸手同你握手，而你不伸手，是一种不友好的行为。

(10)握手时应伸出右手，绝不能伸出左手。

(11)握手时不可以把左手放在口袋里。

3. 名片礼仪

若想适时地发送名片，使对方接受并收到最好的效果，必须注意下列事项：

(1)首先要把自己的名片准备好，整齐地放在名片夹、盒或口袋中，要放在易于掏出的口袋或皮包里。不要把自己的名片和他人的名片或其他杂物混在一起，以免用时手忙脚乱或掏错名片。

(2)销售人员递送名片时，将自己的名字朝向客户，用双手拇指和食指执名片两角齐胸递交名片。递交时要目光注视对方，微笑致意。客户接受后，礼貌地自我介绍，并请教客户称：“您好，我是销售顾问××，请问先生您如何称呼？”(主动热情，明确客户称谓，并以此称呼客户。)

(3)接名片时要用双手,并认真地看一遍上面的内容。如果接下来与对方谈话,不要将名片收起来,应该放在桌子上,并保证不被其他东西压起来,使对方感觉到你对他的重视。

(4)破旧名片应尽早丢弃,与其发送一张破损或脏污的名片,不如不送。

(5)准备充足的名片,以免接待客户时客户索要名片而名片没有了的情况,那样会显得销售顾问不够专业,影响企业形象。

4.茶水礼仪

主动向客户提供可选择的饮用茶水(3种以上),"王先生,您喝点什么饮料?我们这儿有茶水、咖啡和可乐,您请坐!"(引导,帮客户挪座椅)。

(1)不要当着客人的面取茶冲泡。即使当着客人的面取茶,也不可以直接下手抓茶叶,而要用勺子取,或是直接以茶罐将茶叶倒进茶壶、茶杯。

(2)如果客人多,可以遵循先客后主、先主宾后次宾、先女后男、先长辈后晚辈的原则;可以以进入客厅为起点,按顺时针方向依次上茶;也可按客人的先来后到的顺序;还有一种"偷懒"的办法,就是把所有的茶都泡好让客人自己拿。

(3)和客户说话的时候,最好别喝茶。即使要喝,礼貌的做法是小口地品尝。不要连茶叶一并吞进嘴里。万一把茶叶喝进嘴里,也不要吐出来或是用手从嘴里拿出来,而是吃掉,或是在其他地方吐掉。

(4)递杯时左手托住杯子底部,右手伸直靠到左前臂,以示尊重和礼貌。

(5)销售顾问应真心诚意地以茶待客,最适当的做法就是要为客人勤斟茶、勤续水。这种做法的寓意是:"慢慢喝,慢慢叙。"但请谨记"上茶不过三杯"一说。第一杯叫作"敬客茶",第二杯叫作"续水茶",第三杯则叫作"送客茶"。如果一再劝人用茶,往往意味着提醒顾客"应该打道回府了"。

5.指引礼仪

接待人员带领客人到达目的地,应该有正确的引导方法和引导姿势。

(1)走廊的引导方法:接待工作人员在客户两三步之前,客户走在内侧。

(2)楼梯的引导方法:引导客户上楼时,应让客户走在前面,销售顾问走在后面,若是下楼时,应该由销售顾问走在前面,客户在后面。上下楼梯时,应注意客户的安全。

(3)电梯的引导方法:引导顾客乘坐电梯时,销售顾问先进入电梯,等客户进入后关闭电梯门,到达时,销售顾问按"开"的按钮,让客户先走出电梯。

(4)陪同、引导客户时,需快步上前为对方开门,为了表示自己的礼貌,还应请客人先进先出。陪同引导是服务人员经常使用的礼仪动作,引导时的方位、速度、关照及体位等都需要注意。

(5)请客人开始行走时,要面向对方,稍微欠身。在行进中可以与对方交谈或进行介绍,并把头部、上身转向对方。

(6)双方并排行走时,服务人员应居于左侧。

6.交谈礼仪

所谓交谈,一般是指以两个或两个以上的人之间的谈话为基本形式,进行面对面的口头交流的活动。交谈是表达思想感情的重要工具,是人际交往的主要手段。广泛地交谈可以交流信息、深化思想、增强认识能力和处理问题、解决问题的能力。因此,掌握交谈的礼仪要求、提高交谈的语言艺术，对于销售顾问提高工作水平和工作效率，也具有重要的作用。交谈是一门古老的艺术，“一人之辩重于九鼎之宝，三寸之舌强于百万之师”(《战国策·东周》)。在人类发展史上，交谈作为一种社会现象，是和人类劳动、生活、交际活动一起发展起来的。与人进行一次成功的交谈，不仅能获得知识、信息的收益，而且感情上也会得到很多补偿和共鸣。从总体上讲，交谈是人的知识、阅历、智慧、教养和应变能力的综合表现，想要在合适的时机，恰当地表现自己，必须注意交谈中的一些礼仪和规范。

(1)交谈的原则。

1)真诚坦率。态度诚恳、真诚热情往往可以拉近销售顾问和客户之间的距离，才能有融洽的交谈环境，才能奠定交谈成功的基础。认真对待交谈的主题，坦诚相见，直抒胸臆，明明白白地表达自己的观点和意见。“出自肺腑的语言才能触动别人的心弦”，只有用自己的真情才能激起对方的感情共鸣，交谈才能取得满意的成果。

2)互相尊重。交谈是双方思想、感情的交流，是双向的活动。交谈双方无论地位高低、年纪大小，在人格上都是平等的。要尽量使交谈围绕主题进行，不要妄尊自大，忽略对方的存在，尽量使用礼貌用语，谈到自己要谦虚，谈到对方要尊重。恰当使用敬语和自谦的语言，可以显示个人的修养、风度和礼貌，有助于交谈的成功。

(2)交谈的基本技巧。

1)语言。在语言方面，要求文明、礼貌、准确。作为有文化、有知识、有教养的现代人，在交谈中一定要使用文明优雅的语言，不说粗俗鄙陋的话，不故作高深、满嘴之乎者也。在说话时，态度要平和、自然，不过于激动，尤其是在谈论一些你憎恨的人或事，要尽量控制自己的情绪。在交谈中多使用礼貌用语，是博得他人好感的最为简单易行的做法。在交谈中，语言还必须准确，使用正确用语有利于彼此顺利的沟通。第一，发音要标准、清晰，音量适中。第二，语速要适中、匀速。第三，口气要谦和，显示出平等待人、亲切的态度。第四，内容要简明，少讲废话。不要不着边际，让人听起来不明不白。第五，少用方言土语。如果谈话对方不是家人、乡亲，那么在交谈中则不要采用对方听不懂的方言土语，以免对方产生被排斥、冷落之感。第六，慎用外语。

2)主题。一般而言，交谈的主题多少可以不定，但话题少而且集中的话有助于交谈的顺利进行，话题过多、过散，交谈者将会无所适从。轻松的主题谈论起来轻松愉快。时尚的主题就是此时此刻正在流行的事件。它适合各种交谈，但变化较快，在把握上有一定的难度。擅长的主题是指交谈双方，尤其是交谈对象有研究、有兴趣、有可谈之处的主题。如与医生交谈，宜谈健身祛病；与学者交谈，宜谈治学之道。

有五种主题是在交谈中忌讳的：

①个人隐私。对第一次来店的客户，则有关对方的年龄、收入、婚恋、家庭、健康等一系列的个人隐私主题切勿谈论。

②捉弄对方。切不可对交谈对象尖酸刻薄，油腔滑调。不要挖苦对方所短，调侃取笑对方，让对方下不了台。俗话说“伤人之言，重于刀枪剑戟”，用这类捉弄人的主题为中心展开的交谈定将损害双方的关系。

③非议旁人。有人喜欢在交谈之中谈论他人的是是非非，其实“来说是非者，必是是非人”。非议旁人，会让人觉得缺少教养。

④倾向错误。违反社会伦理道德、生活堕落、思想反动、政治错误、违法乱纪等之类的主

题都应该避免。

⑤令人反感。有些人一味地喜欢向别人说一些不快的、令人不感兴趣的话题，若这种情况出现，应立即转移话题，必要时还应道歉。这类主题通常有凶杀、灾祸、疾病、死亡、挫折等。

(3)交谈的方式。

1)神态专注。在社交场合中，眼睛要看着对方，全神贯注，聚精会神，不东张西望，似听非听。在注视对方的同时，也应把自信、真诚通过眼神传给对方。有些人在说话时喜欢盯着地板或者其他东西，这反而是一种缺乏自信的表现，也是对人的不尊重。

2)语言、动作配合。在对方“说”的过程中，以“嗯”或“是的”，表示自己一直在倾听。在对方需要理解和支持时，应以“对”、“没错”、“真是这么一回事”来加以呼应。这样可以让说话者增强信心，给予好感。

3)礼让对方。在交谈中，应以客户为中心，做到处处礼让、尊重对方。不要始终一人独白，只管自己介绍汽车而不让客户有发言机会。在客户讲话时，尽量不要中途打断插嘴，这样不仅干扰了客户的情绪、破坏了气氛，而且会给人喧宾夺主、自以为是的感觉。如确需要发表意见或进行补充时，应让客户把话讲完。

7.倾听礼仪

在接待客户的过程中，不仅要学会交谈，还要学会倾听。倾听是一门艺术，是尊重别人的表现，是一种文明礼仪。倾听是理解他人思想、情感的重要途径。中国有句古训：人长着两只耳朵却只有一张嘴，就是为了少说多听。倾听他人谈话是获得信息的主要手段。在来电客户的接待过程中，听往往比说更重要。

(1)充分接收信息。

1)一定要带着目的去倾听。我与客户沟通的目的是什么？我希望从对方那里了解哪些信息？

2)要适应对方的谈话风格。要压制自己急躁的情绪，给自己一些积极的心理暗示来帮助调节接收频率，使其与对方谈话的频率相同。

3)要全身倾听。仅仅用耳朵倾听是远远不够的，还需要全身上下积极配合，共同来捕捉和解读对方传达的信息。

4)要寻求理解对方。他为什么会这么说？他这样说是为了表达什么样的信息、思想和感情？

5)克制插话。在倾听的过程中，发现对方阐述的事实存在明显错误或在观点上与自己完全相反。在倾听别人说话时，还应给予适当的赞许，若对方所述并非无伤大雅，一般不要当面否定，免得让对方下不了台。

(2)掌握倾听要点。

1)应尽量把谈话的环境安排到一个安静的地方进行，减少外界噪声对谈话者和自己的干扰。

2)消除心理障碍，保持沉静，不要受情绪和当时气氛的影响。

3)集中注意力，全神贯注地听，不做无关的工作，把自己的知觉、情感、态度全部调动起来，投入地听，用心去体验对方谈话所及的情景。

4)注意听清对方话语的内在含义和主要思想观点，不要过多地考虑对方的谈话技巧和语言水平，不要被枝节问题所纠缠。

5)注意说话者的神态、表情、姿势以及声调、语气等非语言信息的变化,尽量“听懂”这类非语言信息传递出的信息,以便能比较准确地了解对方的弦外之音、话外之意。

6)恰当地提出问题和插话,表明你对对方所谈内容的关心、理解、重视和支持,但不要打断对方的谈话。

7)如果说话出现冷场,可以接着说话者所说的内容,用“为什么”、“怎么样”、“如何”等疑问句发问,要真诚地鼓励和帮助对方寻求解决问题的途径。

8)由于听话的速度比讲话快,应随时利用时间间隙将讲话人的观点与自己的观点比较,回味讲话人的观点、意图,预想好自己将要阐述的观点和理由。

9)注意检点自己的体态语言,并给对方的谈话以适当的反馈。

【案例 4-7】

汽车销售顾问小刘,经朋友介绍接待一位来店客户。客户一走进展厅,小刘照例先递上自己的名片,并简单地进行自我介绍。没想到还没说几个字,就被这位老板打断了,并开始指责小刘,当时卖给他的车价格高、质量差、服务差……讲了一大堆,小刘只是静静地在一旁听他抱怨,并没有插话澄清,更没有反驳。这位老板发完了脾气,才突然发现自己搞错了,眼前的这位销售顾问不是他说的那一位,于是有点不好意思地对小刘说:“年轻人,现在有没有好一点的车介绍给我,拿份资料给我看看吧!”不一会儿,这位老板就高兴地离开了,小刘的手上拿了一辆新车的订单。在这次客户接待中,小刘从头到尾也没说上几句话,但却成功地完成了交易。

8. 提问礼仪

(1)提问要适时。如果提问的时机不当,很可能会使沟通中断,或者达不到最终的沟通目的,同时也会影响客户对你的印象。

(2)提问要适度。如果提问超出了一定限度,容易使对方产生反感,从而影响到沟通效果,所以提问时要掌握下面几点技巧:第一,提问的内容要适度;第二,提问的数量要适度;第三,提问的语气要适度;第四,提问的方式要适度。正确倾听“弦外之音”。

(3)应该判断语言信息与非语言信息是否一致。例如,对方在谈话时一直在微笑,把握了微笑这一非语言信息,就要进一步综合分析说话人微笑的真实含义,是表示友好呢,还是表示赞同?是掩饰自己的紧张情绪呢,还是偶然想起了好笑的其他事情?这就需要全面、密切地结合对方说话时的语气、语速、眼神、手势等身体各部的所有其他非语言信息来准确地综合把握。

三、来店客户接待流程

1. 客户进店时

客户进店时,销售顾问迎至展厅外,主动微笑招呼,将客户引进展厅大门。销售顾问随身携带名片夹,适时介绍自己,并递上名片,请教客户称谓。

销售顾问迎接客户。销售人员在接触顾客目光的一瞬间要微微点头,打个招呼,表示我注意到您了,同时露出微笑(最好是露八颗牙齿的微笑,做不到也没关系,只要自然就好),并且保持目光的接触，顾客可能会视作一种友善的表现，如果你的脚步主动地迎上几步，顾客可能视作一种欢迎。比如你原来站在接待台后，就应该主动走出来，而不是原地不动。为什么要这样呢？因为每个顾客都希望自己能受到别人的欢迎，其判断方法就是看你的肢体语言。

【案例 4-8】

你到一家店里，看到销售人员正在忙于其他事情而没有主动来迎接，你怎么也不会觉得对方是在欢迎你。当顾客走进 4S 店里，销售人员看到顾客没有任何举动，只是看他一眼，没有微笑，也没说话，之后把头低下去了（好像在记账），感觉顾客就像空气一样，可想而知顾客当时的感觉有多么不舒服、多么尴尬，那种感觉就像自己突然闯进了不该去的地方一样。想想在电影里看到的久别重逢的恋人，他们总是欢快地向对方奔跑过去，表示对对方的思念。当小孩看到出差多日的父亲回来时也总是欢快地飞奔过去。所以，以轻快的脚步迎上两步显示你对顾客的欢迎与尊重，因为那是对待亲人才会有的态度。至于是否一定只能迈两步，只是一个虚指，你可以根据店内当时的情况做一些调整，比如顾客离得比较远，那么就多走几步；离得较近就少走几步，关键是体现对顾客的一种态度：我们很欢迎您！然后询问客户来意，提供适合的服务。

迎上前去的过程要往边上靠，这样可以让出顾客主要的前进通道。很多销售人员迎上前去都是直冲顾客而去，这样会给顾客一种压迫感，也会阻碍顾客的前进道路，所以最好给顾客让出通道。但是这里要注意你准备让顾客往哪个方向走，在选择靠的方向时要提前想好，不要挡住顾客的主通道。

顾客走入展厅，销售顾问应依据其衣着、姿态、面部表情、眼神、肤色等，评估出顾客的态度、购买倾向等。注意不要以貌取人。如果顾客的目光恰好和你的目光相遇，则点头示意。如果顾客点头回应，应立即走上前去进行接待。如果顾客视而不见，直奔展车专注看车，有的品牌要求销售顾问给客户 1～2 分钟的时间自由看车；有的品牌则等待客户的回应后，销售顾问再跟进服务。销售顾问应随时关注客户动态，若客户有疑问状或需要服务的迹象时，要立刻趋前服务。

若同时有两三批人来看车，要请求支援，不可使任何人受到冷落。如果是再次来展厅的，销售顾问应该用热情的语言表达已经认出对方，最好能够直接称呼对方，如“王女士，您来了”等。客户要求自行看车或者随便看看时，销售顾问应回答“请随意，我愿意随时为您提供服务”，并适当撤离，在客户目光所及范围内，随时关注客户是否有需求。在顾客环视车辆或某处 10 分钟左右时，仍没有对销售顾问表示需求时，销售顾问应再次主动走上前进行询问或者对车辆进行说明。如果未等销售顾问再次走上前，顾客就要离开，应主动相送，并询问快速离开的原因，请求留下联系方式或预约下次看车时间。

2. 客户洽谈时

向客户提供可选择的免费饮料（3 种以上），主动邀请客户就近入座，坐稳后，征求客户同意后入座于客户的侧面，保持适当的身体距离（0.8～1.2 米），与客户交谈的同时，随时关注客户的同伴。

不要长时间站立交流，汽车销售顾问应当抓住适当时机或请顾客到洽谈区坐下交流或进入车内感受。

主动提供饮用茶水，“王先生，您喝点什么饮料？我们这儿有茶水、咖啡和可乐，您请坐！”（引导，帮客户挪座椅）。递杯时左手托住杯子底部，右手伸直靠到左前臂，以示尊重和礼貌。

销售顾问主动递送相关的产品资料，为顾客看车提供参考，“王先生，您现在看的是我们的新产品××，这是一款很不错的车……”（主动趋前服务，从客户关注车型入手）还可借助推销工具，如公司简介、产品宣传资料、媒体报道、售后服务，以及糖果、香烟、小礼物等。

3. 客户离开展厅

当客户离开展厅时，销售顾问应该立即放下手中其他事务，陪同客户走向展厅门口，并且提醒客户清点随身携带的物品以及销售与服务的相关单据。若以前没有交换过名片，销售顾问可以索要对方名片，并预约下次来访时间，表示愿意下次来店时仍由本销售顾问接待，便于后续跟踪服务。真诚感谢顾客光临本店，期待下次会面，汽车销售顾问在展厅门外，挥手致意，目送顾客离去。销售顾问回展厅整理业务洽谈区、展车，恢复整洁。整理客户信息，填写《来店客户登记表》。

【案例 4-9】

销售顾问在长期的接洽中，经常会遇到一些客户摆出一副爱理不理、拒人于千里之外的模样，让销售顾问很纳闷，不知道应该如何应对。实际上，这类客户只是由于对产品认识不足，害怕言多必失，并不是否认你的产品。他摆出一副不可侵犯的样子，只是想掩饰心里的不安，保护自我而已。在双方还没有相互信任的前提下，客户是不愿意去获知产品的特性和价值的，更别想他会对你表露热情。要想消除客户的防备心理，销售人员需要先做感情的投资，谈话时尽量不要谈产品，而是谈一些让客户感觉自己备受关注的轻松话题，用巧妙的语言来突破客户的心理防线。

销售顾问：我觉得你在单位肯定是领导的！（暂停，微笑等待客户的反应。）

客户：为什么这么说呢？/我哪里像领导？

销售顾问：您一身灰黑色的商务西装，色彩虽然低调，但一看就知道价值不菲，服装的质感衬托出您低调、亲和的个性，浑身散发出令人难以抗拒的气质。我想只有身居要职的领导才会在长久的历练中锻造出这样非凡的魅力。

客户：你真会说话。（客户的虚荣心得到了满足，心态也变得开放。）

销售顾问：奥运圣火明天就要传递到广州了，您会去看吗？

客户：去/不去。

（无论客户如何回答，销售顾问都可以这样应对。）

销售顾问：如果您去看的话，您肯定会看到我们的大众汽车，因为大众汽车已经成为奥运会官方电影的首席赞助商，为摄影组提供包括迈腾、CC 等主力车型在内的工作用车。而且在奥运会举办期间，大众汽车还将提供五千多辆大众、奥迪、斯柯达品牌的汽车给运动员、来宾和工作人员使用。对于大众旗下的汽车，我们车行都有展示，让我来为您介绍一下吧？（与时事热点结合起来，能有效提起客户的兴趣。）

四、来店客户接待举例

(1)销售员：您好！欢迎光临(鞠躬、微笑、点头示意)！准备看什么样的车？

技巧：当看到客户接近展厅入口处时，迎上去，表示热情。此时，客户不一定会回应销售人员，更多地会朝样车所在的方向走去。

客户：随便看看(径自走向样车旁边)。

说明：表明客户还没有明确的购车目标，此时不要过早地打扰客户，以免让他们产生压力而迅速离开展厅。

(2)销售员：先生(小姐、太太)，您好！需要我帮忙吗？

技巧：如果客户没有提出介绍汽车产品的要求，应不要过多地干扰客户，此时所面对的客户较多是还没有明确购车目标的。如果发现客户在样车旁边驻足时间较长，或伸手去拉车门把手时，应及时给予回应。此时，可以视客户的要求进行下一步的销售行动。

(3)销售员：您好！欢迎光临(鞠躬、微笑、点头示意)！准备看什么样的车？

技巧：迎接客户的开场白。

客户：这款车怎么样(边走到样车面前，边指着样车)？

说明：如果客户做出这样的回应，应迅速给予他们反应。这说明客户已经对某款车产生了兴趣。

(4)销售员：您真有眼光，凡是来我们展厅的朋友首先都会被这款车吸引，这也是我们这里卖得最好的一款车。

技巧：通过对客户的赞美，可以拉近与他们之间的距离，特别是强调这款车销量大，进一步增强客户对自己看法的信心。

客户：那就介绍一下吧！

说明：当客户提出介绍产品的要求时，请不要轻举妄动，否则容易落入客户设置的“陷阱”。

(5)这款车有十大卖点、五大优势，如果要一一介绍的话，可能会占用您很多的时间。能否请教一下，当您准备拥有一部车时，您会最先关注哪一点？

技巧：进入产品展示之前，一定要注意弄清楚客户的关注点以及他们要求介绍产品的真实意图——是想了解产品还是想寻求某种答案，以便展开有的放矢的介绍。由于客户的目的不同，介绍的方式与“对话”的内容也有很大的差异。

【任务训练】

1. 训练任务

任务一：小丁正在整理客户资料，电话铃响了。电话是王先生打来的，他是第一次打电话过来，想咨询2016款新雅阁的相关信息。

任务二：客户走进展厅后，对销售顾问说“我想自己先看看”，作为销售顾问该怎么做好接待工作？

2. 训练目的

通过情景模拟，让学生掌握客户接待的方法和礼仪规范，锻炼学生的沟通能力。

3.训练所需工具及材料

洽谈桌椅、电话、水杯、名片、客户来电/来店登记表、笔等。

4.训练步骤

(1)训练:将学生分为若干小组,分别练习来电接待和来店接待。

(2)考核:教师随机抽取小组进行现场展示,通过角色扮演法展示客户接待过程。

(3)评估:小组展示结束后,通过学生自评、互评、教师点评来评估训练效果。

【思考与练习】

1.在客户接待过程中,礼仪的重要性体现在哪些方面?销售顾问在客户接待过程中应该掌握哪些礼仪规范?

2.来电客户接待的流程是怎样的?

3.来电客户接待的沟通要点是什么?

4.来店客户接待的流程是怎样的?

5.来店客户接待的方式有哪几种?你认为哪种最有利于销售?

任务五
客户购车需求分析

【学习目标】

1. 了解需求分析的目的，知道需求分析的重要性。
2. 熟悉马斯洛需求层次论，会分析不同汽车消费者的需求层次。
3. 掌握需求分析的技巧，会对来店看车客户进行需求分析。

【任务分析】

销售人员面对的顾客千差万别，顾客的需求也是多种多样。在接待客户的过程中，我们要了解客户需求的是什么，来这的真实目的是什么。获得客户真实需求的最有效的方法就是聆听，销售人员一定要学会听的方式，掌握听的技巧，与顾客顺畅沟通，充分了解顾客的需求。今天的销售是以客户为中心的顾问式销售，在当今激烈的市场竞争情况下，销售人员要给顾客提供一款适合他的个性化需要的车型，所以，销售人员要了解客户的购买动机，对他们的需求进行分析。本次任务是学习汽车销售流程中的需求分析时需要掌握的方法和技巧，会在实践中对客户进行需求分析。

【相关知识】

5.1 需求分析的内容

一、需求分析的目的

我们今天的销售是以客户为中心的顾问式销售，这是在当今市场竞争非常激烈的情况下所形成的，所以我们不能再像以前那样，我们要给客户提供一款适合他的个性化需要的车型。因此，汽车销售顾问要通过提问、聆听等方式引导客户表达，并对客户的表述进行分析，了解客户真实的需要。需求分析是满足客户对汽车销售鼓舞的要求，是提高客户满意度的核心环节。

需求分析的目的主要有：

(1)明确客户的真正需求，并提供专业的解决方案。

(2)收集详尽的客户信息，建立准确的客户档案。

(3)在客户心中建立专业、热忱的顾问形象。

(4)通过寒暄建立起与客户的融洽关系。

二、马斯洛层次理论

马斯洛层次理论是由美国心理学家马斯洛提出的，他将人的需要按低级到高级的顺序分成五个层次或五种基本类型，即生理需要、安全需要、社会需要、尊重的需要和自我实现的需要(如图 5-1 所示)。

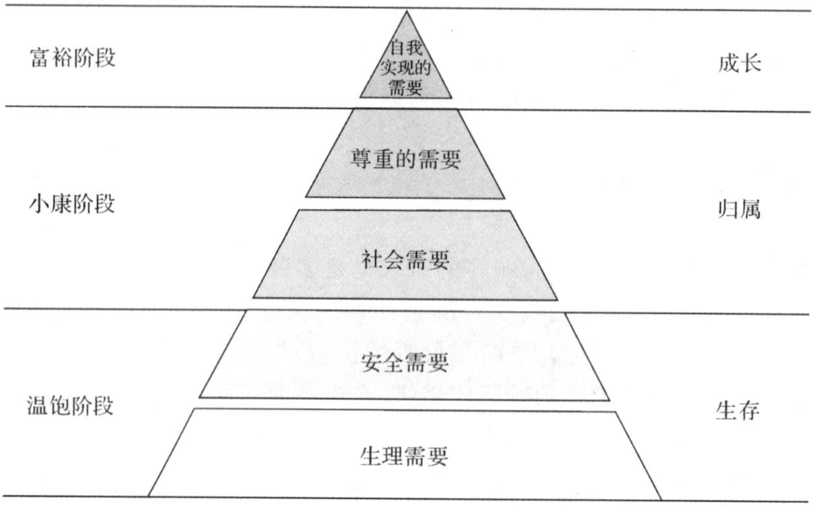

图 5-1　马斯洛层次理论

1. 生理需要

生理需要是推动人们行动最首要的动力，最基本的需要满足到维持生存所必需的程度后，其他的需要才能成为新的激励因素。生理上的需要主要包括：呼吸、水、食物、睡眠、生理平衡、分泌、性等。

2. 安全需要

马斯洛认为，整个有机体是一个追求安全的机制，人的感受器官、效应器官、智能和其他能量主要是寻求安全的工具，甚至可以把科学和人生观都看成是满足安全需要的一部分。如人身安全、健康保障、资源所有性、财产所有性、道德保障、工作职位保障、家庭安全等。

3. 社会需要

人人都希望得到相互的关系和照顾。感情上的需要比生理上的需要来得细致，它和一个人的生理特性、经历、教育、宗教信仰等都有关系。

4.尊重的需要

人人都希望自己有稳定的社会地位，要求个人的能力和成就得到社会的承认。尊重的需要又可分为内部尊重和外部尊重。内部尊重是指一个人希望在各种不同情境中有实力、能胜任、充满信心、能独立自主。外部尊重是指一个人希望有地位、有威信，受到别人的尊重、信赖和高度评价。

5.自我实现的需要

这是最高层次的需要，它是指实现个人理想、抱负，发挥个人的能力到最大程度，达到自我实现的境界，接受自己也接受他人，解决问题能力增强，自觉性提高，善于独立处事，要求不受打扰地独处，完成与自己的能力相称的一切事情的需要。也就是说，人必须干称职的工作，这样才会使他们感到最大的快乐。

三、汽车客户需求层次

需求是消费者有能力购买并且愿意购买的某个目标产品的欲望。当人们具有购买能力时，欲望就转化为需求。汽车客户的需求层次及其特征如下：

1.代步需求

这是汽车消费者最基本的需求层次，通过购车满足自己日常出行的需要。

2.动力性需求

包括最高车速、加速能力、爬坡能力等性能方面的需求。

3.舒适性的需求

包括汽车的内饰、座椅、乘坐空间、电子系统、悬架系统等。

4.燃油经济性需求

汽车的燃油经济性是以汽车百公里燃油消耗量来衡量的，它是汽车的一个重要性能，也是每个拥有汽车的人最关心的性能指标之一，关系到每个人的切身经济利益。

5.安全的需求

主要包括汽车的制动性、操纵稳定性、安全防盗性等。随着汽车技术的发展、车速的提高，人们对汽车安全性的重视程度与日俱增，从信息安全、主动安全，到被动安全，都成为客户挑选汽车的主要诉求点。

6.汽车文化需求

高质量的服务能给人们带来愉快的精神享受，因此，汽车也是一种精神文化的载体，而汽车维护、休闲娱乐、汽车文化交流服务等汽车精神层面的需求就成为影响客户购买行为的重要因素。

7.环保需求

如客户对汽车废气的排放标准、噪声标准需求，这些体现了客户对社会环境的关注。

8.个性享受的需求

这是汽车消费的最高层次，这类客户购车主要是为了张扬自己的个性，体现自己的身份和地位，追求生活的享受。

四、需求的冰山理论

顾客的需求有显性和隐性之分，显性需求是顾客知道并且愿意说出来的需求；隐性需求是顾客知道但不愿说出来的，或者不知道却内心需求的。人们把顾客的需求比喻成一座冰山，提出了著名冰山理论（如图 5-2 所示）。

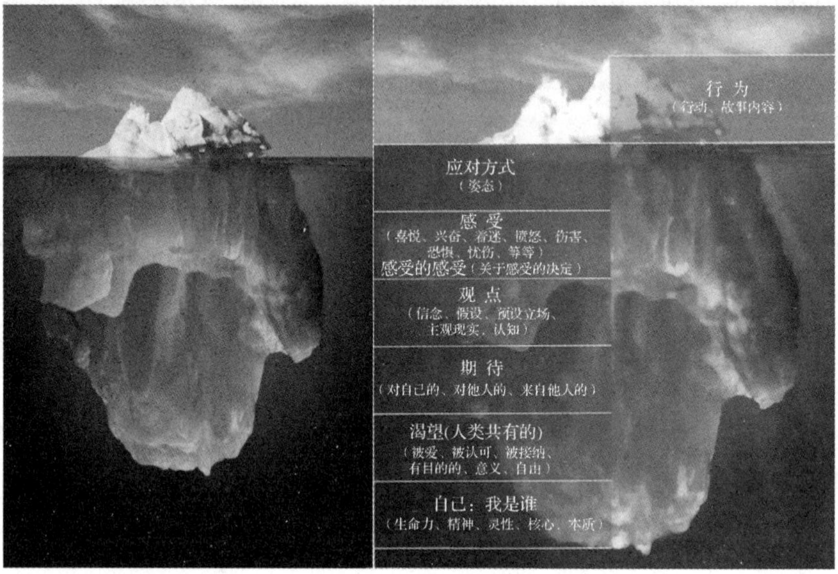

图 5-2　冰山理论图

冰山既有露出水面的部分，也有潜藏于水下的部分。水面之上的部分为显性的，是顾客自己的行为，能说出来的那部分；隐藏于水下的则是比较复杂的，可能顾客自己都不是十分清楚的自己的真正需求。因此，对销售顾问提出了更高的要求，既要能了解客户的显性需求，也要了解隐性需求，甚至隐性问题更为关键，更能体现你的顾问形象，这样才能真正分析顾客的需求。如图 5-3 所示，分析了购买宝马汽车客户的显性需求和隐性需求。

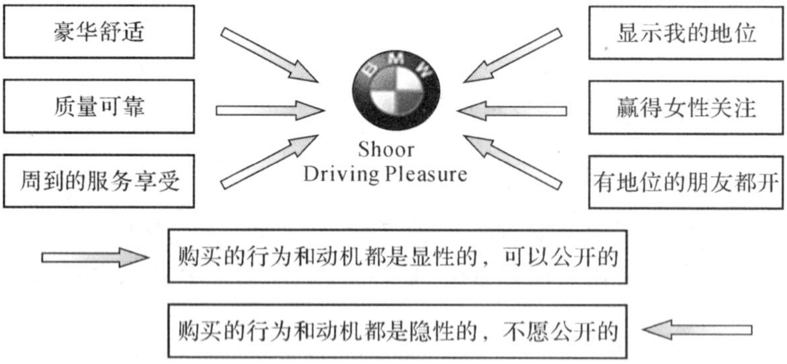

图 5-3　宝马客户的需求

【案例 5-1】

个人爱好与实际需求

有一天，一位客户到某专营店来买车，他在展厅里仔细地看了一款多功能的SUV车，该公司的销售人员热情地接待了他，并且对这位客户所感兴趣的问题也做了详细的介绍，之后，这位客户很爽快地说马上就买。他接着还说，之所以想买这款SUV车是因为他特别喜欢郊游，喜欢出去钓鱼。这是他的一个爱好，他很早以前就一直想这么做，但是因为工作忙、没时间，现在他自己开了一家公司，已经经营一段时间了，但总的来说还处于发展阶段，现在积累了一点钱，想改善一下。

当时客户和销售人员谈的气氛比较融洽，要是按照以前的做法，销售人员不会多说，直接签合同、交定金，这个销售活动就结束了。但是这名销售人员没这么简单地下定论，他继续与这个客户聊，通过了解客户的行业，他发现了一个问题。

这位客户是做工程的，他业务的来源是他的一位客户。他的客户一到这个地方来他就去接他，而跟他一起去接他的客户的还有他的一个竞争对手。这位客户过去没车，而他的竞争对手有一辆北京吉普——切诺基，人家开着车去接，而他只能找个干净一点的出租汽车去接。他的想法是不管接到或接不到，一定要表示自己的诚意。结果每次来接的时候，他的客户都上了他这辆出租车，而没去坐那辆切诺基。这位客户并不知道其中的原因。但这名销售人员感觉到这里面肯定有问题，销售人员就帮助这位客户分析为什么他的客户总是上他的出租汽车，而不上竞争对手的切诺基呢？

销售人员问："是因为您的客户对你们两个人厚此薄彼吗？"

他说："不是的，有的时候我的客户给竞争对手的工程比给我的还多，有的时候给他的是肉，给我的是骨头。"

这名销售人员分析以后发现，他那位客户尽管是一视同仁，但实际上他有一种虚荣心，不喜欢坐吉普车而要坐轿车，出租车毕竟是轿车。于是这位销售人员就把这种想法分析给这位客户听。

销售员说："我认为，您现在买这辆SUV车不合适，您的客户来了以后，一辆切诺基，一辆SUV车，上哪个车都脸上挂不住。以前一个是吉普，一个是出租，他会有这种感觉，毕竟出租车是轿车。到那个时候万一您的客户自己打的走了，怎么办？"

这位客户想想有道理，然后这名销售人员又给他分析，说："我认为根据您的这个情况，您现在还不能够买SUV车。您买SUV车是在消费，因为您买这辆车只满足了您的个人爱好，对您的工作没有什么帮助。我建议您现在还是进行投资比较好，SUV车的价格在18万到20万元之间，在这种情况下我建议您还是花同样多的钱去买一辆自用车，也就是我们常说的轿车，您用新买的轿车去接您的朋友和您的客户，那不是更好吗？"

这位客户越听越有道理，他说："好吧，我听你的。"他之所以听从销售人员的建议，是因为从客户的角度来讲，销售人员不是眼睛只看着客户口袋里的钱，而是在为客户着想。他说:“我做了这么多年的业务了,都是人家骗我的钱,我还没遇到过一个我买车他不卖给我,而给我介绍另外一款车的情况,还跟我说买这款车是投资,买那款车是消费,把利害关系分析给我听,这个买卖的决定权在我,我觉得你分析得有道理。确实是这种情况,按照我现在公司的水平还不具备消费 SUV 车的水平。”于是他听从了这名销售人员的建议,买了一款同等价位左右的轿车,很开心地把这个车开走了。

在开走之前,那位客户对销售人员说:“非常感谢你,我差点就买了一辆我不需要的车,差点白花了这 20 万元。”他一声一个谢谢。

这名销售人员很会说话:“先生,您不用对我客气,您要是谢我的话,就多介绍几个朋友来我这买车,这就是对我最大的感谢。”

这位客户说:“你放心,我一定会帮你介绍的。”

果然,没过多长时间,他亲自开车带了一个朋友来找那位销售人员。经过介绍,大家一聊,销售人员不是问买什么车,而是问买什么样的车、买车做什么用、是从事哪个行业的,这几个问题一问,客户觉得这名销售人员很会为客户着想,于是又在这儿买了一辆车。

这位销售人员还是用同样的方法跟他说:“您买了这辆车以后,如果觉得好就给我在外边多宣传、多美言两句。”

那位客户说:“好,我们王兄就是在你这儿买的车,我就是他介绍来的。现在我也很满意,我也会给你介绍的。”下面肯定也会有这样的事情发生,因为那位客户也有他的朋友社交圈。

半年以后,第一位客户又来找这名销售人员。他说:“我找你是来圆我的那个心愿的。”

这名销售人员一听就乐了,他是来买那辆 SUV 车的。

以客户为中心的顾问式销售使这位销售人员在半年之内卖了三辆车。

五、需求分析的内容

在汽车销售过程中,经常听到销售顾问抱怨“我们的客户不需要”、“我们的客户没有钱”、“客户说要等一段时间”等一些无法成交的声音,根本的原因是由于不了解客户的真实需求,销售人员在销售时茫无头绪地向客户介绍或者演示产品,结果徒费口舌。事实上,成功的销售不是如何去说服客户,而是对客户的需求做出最精确的定义,根据定义出来的需求然后再选择汽车型号。汽车销售成功的概率取决于消费者的需求和产品的结合程度,所以我们的关键是把握消费者的真实需求,按照消费者的需求来对汽车的款式、颜色、功能进行组合设计,提供给客户一件最适合的产品。那么如何进行客户需求定义呢?客户需求分析从哪些方面着手呢?

先来看看什么是客户的需求。客户的需求往往是多方面的、不确定的,需要我们去分析和引导,很少有客户尤其是消费品的购买者对自己要购买的车型能进行非常精确的描述,也就是说,当一位客户站在我们的面前时,他对我们的汽车有了极大的兴趣但仍然不知道自己将要买回去的车是什么样的。在这种情况下,需要增强与客户的沟通,对客户的需求做出定义。定义客户的需求就是指通过买卖双方的沟通，对客户购买产品的欲望、用途、功能、款式进行逐渐发掘，将客户心里模糊的认识以精确的方式描述并展示出来的过程。

在进行客户需求定义时，要注意从不同的角度和侧面来分析，不妨遵循以下几个原则：

(1)全面性原则。对于任何已被列入客户范畴的消费者，我们要全面地定义其几乎所有的需求，全面掌握客户在生活中对于各种产品的需求强度和满足状况。之所以要全面了解，是要让客户在生活中的需要完整地体现在销售顾问的面前，而且根据客户的全面需要分析其生活习惯、消费偏好、购买能力等相关因素，更为重要的是这种“以全概偏”的了解往往会迷惑客户，刻画销售人员关心客户、爱护客户的经典形象。

(2)突出性原则。时刻不要忘记销售顾问的第一要务是为公司销售汽车，帮助客户满足需求。所以，要突出产品和客户需求的结合点，清晰地定义客户的需求，必要的时候要给客户对本产品的需求形成一个“独特的名称”。尽可能让客户形成对某个车型的独特认识，为它定义出一个别人都没有意识到的需求。

(3)深入性原则。沟通不能肤浅，否则只能是空谈。对客户需求的定义同样如此，把客户需求的定义认为是简单的购买欲望，或者是单纯的购买过程明显囿于局限，只有深入地了解客户的生活、工作、交往的各个环节，你才会发现他对同一种产品的真正需求。也就是说，要对客户的需求做出清晰的定义，必须对客户进行深入的观察和了解。

(4)广泛性原则。广泛性原则不是对某一个特定客户需求定义时的要求，而是要求销售人员在与客户沟通时要了解所有接触客户的需求状况，学会对比分析，差异化地准备自己的相关工具和说服方法。

(5)建议性原则。客户不是我们的下属，所以命令他们是不会接受的，当然我们也不可能这么做。在客户需求的定义过程中同样如此，客户所认同的观念跟我们或多或少地存在一些差异，所以对客户的需求要进行定义，只能是“我认为您的需求是……您认同吗?”

注重对客户需求的分析，不仅是从其需求的综合层次而且是从产品的特质出发，对客户进行需求分析的主要内容有以下几个方面：

1. 了解客户的背景

(1)购车款型，是轿车还是越野车，是商务还是家用。

(2)从事工作/事业。

(3)收入状况：高收入、中等收入还是低收入。

(4)年龄：年轻人、中年人、老年人对汽车的需求有很大差别。

(5)性别：男性对汽车的关注主要在汽车动力性、排量、加速性、安全性、操控性等；女性主要关注汽车的颜色、外形、使用方便性、价格等方面。

(6)所在地区：我国东西、南北地域跨度大，人们的消费习惯、审美爱好造成购车倾向有所不同。

(7)以往用车、购车情况：客户对过去接触、了解过的汽车是持正面看法还是负面看法，如亲戚、朋友、同事正在使用的车给他好的印象还是坏的印象。

【案例 5-2】

销售顾问:您买车的主要用途是什么?

客户:上下班代步,不想天天挤公交和地铁。

销售顾问:恭喜你马上就要脱离苦海了!如果单纯是为上下班日常代步的话,排量在1.5升左右的车型就可以满足您的需求了,我建议您可以考虑购买油耗低、经济适用的小型车。您买车是家用还是商用?

客户:工作需要,以商用为主。

销售顾问:哦,那买了车之后您的业务肯定发展更快。买商务车要考虑舒适性和安全性,因为车身比家用车车身大,所以排量也要高一些,一般在1.8升,您目前有没有心仪的选择?

客户:你有什么合适的车给我推荐推荐呗。

销售顾问:速腾就很不错啊,外表大气,低调,凸显出很强的商务风格,我带你去看看?

客户:好的。

2.了解客户当前面临的问题

无论客户是否使用过汽车,是否有购买汽车的经历,他们此次的购买行为一定是建立在解决某个问题的基础之上的。所以,通过客户需求分析,解决客户的疑问,从而促进交易。

【案例 5-3】

客户看了很多车之后还是不太满意,原因可能是因为销售顾问的工作没有做好,也可能是因为客户心情不佳,但不管是什么原因,销售顾问都应该主动、坦诚地与客户沟通,请求客户说出不满意的原因及真正的需求。有时候甚至可以通过虚心请教的方式,凭真诚再次得到和客户交流的机会。

销售顾问:哦。据我的观察,您肯定是一个事事追求完美的人!像您这样对车要求很高的人,一般的车肯定入不了您的法眼。对于展厅里的车型,我不敢说很精通,但对于它们的性能、配置、优缺点也都心中有数,您是看中车的安全性、舒适性还是其他的什么方面?让我来为您参谋参谋吧!

客户:都不太满意。

销售顾问:哦,那您能告诉我哪些方面不满意吗?

客户:……(沉默)

销售顾问:您是对车的配置、外形、做工以及价格不满意,还是对别的不满意呢?

客户:内饰粗糙,装配工艺差。

销售顾问:您真是个力求完美的人啊!我能不能请教您一个问题,您心目中理想的车是什么样的呢?

客户：安全系数高、省油、性能好、动力性强、性价比高！

销售顾问：那您可以考虑我们的雪铁龙 C4L，这款车有口皆碑，市场反应很不错的。我带您过去看看？

客户：好的。

3. 让客户意识到解决问题后能给他带来的利益

要让客户明确购车目的，就应该把他们已经被挖掘出来的问题变得清晰和重要，让客户意识到这个问题解决后，将会给他带来更多的利益。当然，在众多的解决方案中，只有销售人员提供的方案最佳，也是唯一的选择。

【案例 5-4】

销售顾问：请问您现在开什么样的车？

客户：××牌的越野车。

销售顾问：这部车现在还好用吗？

客户：用起来没什么问题，就是档次太低了。

销售顾问：那您是做什么工作的？

客户：承接工程施工的。

销售顾问：那甲方对承包商的实力要求很高吧？

客户：是啊，这是必备的条件。

销售顾问：如果您开现在的车去洽谈工程项目，甲方会不会怀疑您的实力？

客户：曾经有被怀疑过。

销售顾问：试想一下，如果您现在开的是宝马 X6，应该不会再有这样的不快了吧？

客户：甲方肯定相信我有实力承接这个工程。

需求分析是对顾客背景和消费状况进行了解，主要包括顾客职业、兴趣等基本信息；使用者、用途、购车预算等购买愿望；现有车辆品牌、车型情况等。通常我们将需求分析的内容归纳为 5W2H（如表 5-1 所示）。通过以上信息的获取，来分析顾客的购买动机、购买倾向等。

表 5-1　需求分析的内容

项　目	了解信息内容	5W2H	话术示范
基本信息	姓名、联系方式	What	请问您怎么称呼？方便告诉我您的联系方式吗？
	职业、职务	What	请问您从事什么工作？
	兴趣爱好	What	工作之余您有什么兴趣爱好吗？
	家庭成员	Who	您家里还有哪些人会用车？

续表

项　目	了解信息内容	5W2H	话术示范
用车经历	品牌、车型	What	您曾经用过什么车？
	当初选购理由	Why	当时您出于什么考虑买这辆车？
	不满意的因素	Why	现在为什么要换车？
购买愿望	对车辆造型、颜色、配置的要求	What	您主要关注车子的哪些性能？ 您想买什么颜色的车子？
	预算价位	How much	请问您的购车预算是多少？
	主要用途	Why	您买车主要的用途是什么？
	购买角色信息	Who	您还要参考家人的意见吗？
	付款方式	How	您打算一次付清还是分期付款？
购买时间	购车时间	When	您计划何时用车？
购买地方	购车地点	Where	您是如何了解到我们店的？ 您还去过其他4S店吗？

六、需求分析的基本流程

需求分析的基本流程主要包括创设无压力销售环境，通过提问、聆听、观察顾客、获得顾客相关信息，并进行顾客需求的记录与确认，基本流程如图5-4所示。

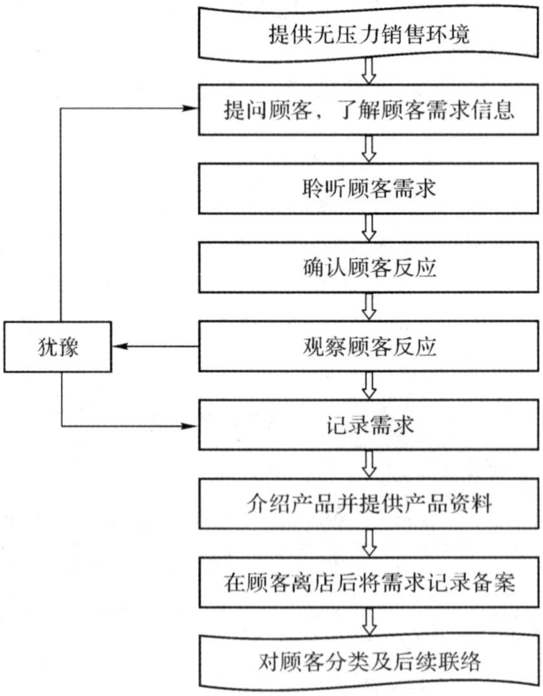

图5-4　需求分析的基本流程

5.2 需求分析的方法与技巧

需求分析就是要了解客户的需求,通过适当的提问,鼓励客户表达看法,使客户感受到"被尊重",充分自主地表达他/她的需求。详细的需求分析是满足客户需求的基础,也是保证产品介绍有针对性的前提。

一、客户需求分析的方法

(一)客户表达需求时

(1)销售顾问在和客户面谈时,保持一定的身体距离,随时与客户保持眼神接触。

(2)销售顾问需保持热情态度,使用开放式问题进行提问,并主动引导,让客户畅所欲言。

(3)销售顾问需适时使用刺探与封闭式的提问方式,引导客户正确表达他/她的需求。

(4)销售顾问可针对客户的同伴进行一些引导性的对谈话题。

(5)销售顾问需留心倾听客户的讲话,了解客户真正的需求。

(6)在适当的时机做出正面的响应,并不时微笑、点头,不断鼓励客户发表意见。

(7)征得客户允许后,销售顾问应将谈话内容填写至自己的销售笔记本中。

(8)销售顾问需随时引导客户针对车辆的需求提供正确的想法和信息以供参考。

(9)技巧:学会诉求与赞美。赞美顾客可以使客户虚荣心上升,给客户以好感,利于冲动购买,使顾客停留专卖店的时间增长,更有机会销售成功。

例如,用感人的语言使顾客下定决心。如"您夫人看到一定会高兴的"。用某种动作对犹豫不决的顾客做工作,让其下决心。如"您再看一下,您多试一下"。

(二)确定客户需求时

(1)当客户表达的信息不清楚或模糊时,应进行澄清。

(2)当无法回答客户所提出的问题时,保持冷静并切勿提供给客户不确定的信息,并请其他同事或主管协助。

(3)销售顾问应分析客户的不同需求状况,并充分解决及回复客户所提出的问题。

(4)协助客户整理需求,适当地总结。

(5)协助客户总结他/她的需求,推荐可选购的车型。

(6)重要需求信息及时上报销售经理,请求协助。

(7)技巧:区分谁是购买者、谁是决策者。在销售的过程中,尽力吸引决策者的关注,同时,也要善于对待影响者,因为其可能会影响到我们的整个销售过程。

例如,年轻夫妇一同买东西,多以女方为主;中年夫妇买高档的用品,多以男方为主;一家老小来买商品,一般父母是出钱者、决策者,子女是商品的使用者、影响者。

(8)技巧:学会进行封闭性问题的提问。在销售的过程中,要针对我们的每个卖点设计并提问一些封闭性的问题,也就是让顾客回答一些“是”与“不是”的问题。

例如,先生,我们的车型的外观是不是很时尚?先生,我们的配置是不是比别人豪华?

在设计封闭性问题的时候,尽量让顾客回答“是”,假如顾客回答的都是“是”的话,那我们的销售就基本能成功了。

(三)分析客户需求的几个关键步骤

1.调查

调查是分析客户需求的基础。充分的调查是掌握大量信息的可靠渠道,而调查工作一般都是事前开始,运用各种工具,或利用各种关系、采用各种方法具体详细地掌握消费者的静态和动态信息。调查绝不要在正式接触之前就已经结束,或者说,调查到达一定的程度时我们就可以开始与客户沟通,在双向信息流动的同时继续丰富对消费者需求的把握。显然,我们的需求都在发生变化。调查工作是每个销售人员的必做之事,在一般情况下可以自己对所在的区域进行直接了解,更可以充分地利用公司的资料和档案。现在有很多销售顾问缺乏的不是主动去了解客户,而是不会使用公司已有的客户档案和相关资料,这样会浪费大量的资源。在一个较为成熟的企业里,更应强调使用和更新客户档案。

2.分析

分析是界定客户需求的重要环节。其中的环节就是要我们去伪存真、去粗存精,并根据消费者的自身状况,包括工作性质、工作环境、同事关系、家庭环境、亲朋关系、事业发展状况等来科学地研究其需求的变化趋势。掌握趋势,在沟通时就能站在更高的角度和客户讨论。此时的我们是客户眼中的专家,使他发现并满足自身需要的顾问。注意分析的是客户需求的类型、规格、款式、色彩、数量等具体性的因素。

3.沟通

这是分析客户需求的关键。事前要设计好相关的沟通内容、沟通方式和引导客户的具体问题、手段等。其实,沟通的过程还要重视的是在什么样的环境下沟通,如果是单纯的拜访客户,估计很难挖掘其真实的想法。因为在接受销售人员的拜访时,客户都处在高度戒备的状态中,时刻提防掉进销售人员的“圈套”,所以一般很难敞开心扉。所以,沟通的关键是环境,越是非正式的环境,对于挖掘客户的需求则越有利。

4.试探

试探是在有了对客户需求的基础性认识时进行的归纳总结,并形成一定的规律性话语和结论。对于销售顾问而言,主要的工作是要大胆地说出你为客户挖掘的需求,试探你对客户的分析和沟通结果是否充分掌握。基于对客户需求的认识,销售顾问就应该试探性地总结客户需要的是什么,真正的销售人员往往这样打动人:“李总,所以您还需要参考家人的意见,对吗?”

5.重复

无论客户对于试探性的总结认同与否,我们都要重复客户的自己的回答。这是表明对客户的尊重,更是为自己强化客户需求的印象,并根据最新的印象和继续的沟通修正自己的定义。重复一次，买卖双方就强化一次印象，就拉近一步距离，就明确一层需求，就取舍一份信息。对于上面的试探，如果对方否定，你应该重复："您是说没时间让他们来，您自己决定就可以，对吧？"如果对方肯定，你也应该重复："您是说让家人周末一起来展厅看车，再商量决定，是吧？"

6. 确定

销售人员不能永远跟着客户的思想走。所以，当你有充分的认识，已经基本克服了前述环节的障碍时，请大胆、无疑地确定下来，明确地告诉我们的客户"你现在所要的就是……"，此时的犹豫和停滞只能表明你不是专家，白白丧失了销售的大好机遇。

7. 展示

客户在得到了自己的需求正是一款满足自己需要的汽车产品，展示我们的样品就成了顺理成章的步骤。注意，你所展示给客户的只是样品，要告诉客户如果满意就说明我们客户需求分析是成功的；如果不满意，这款汽车产品就是我们为他特别定制的产品。

8. 等待

耐心同样是一件重要的事情。客户的决策是需要时间的，我们可以刺激、鼓励，但是也要耐心等待客户来承认自己的需要确实如此。客户的承认就是交易条件磋商的开始，就是讨论试乘试驾、提车时间等具体问题的时候了。

需求分析，不仅仅是需要知道客户的需求，更重要的是还需要进行分析，了解细节，并就细节跟客户咨询，获取最详细的资料。客户所能提供给你的只是他们想到的功能需求，很多问题并不在他们考虑的范围之内，只有双方相互配合，才能最终找到客户的真正需求。

【案例 5-5】

一个公司的老总来到某专营店，他想给主管销售的副总配一辆车。他看了一款车后觉得很不错，对于价格方面也没问题。这时销售人员说："既然您都满意了，那我们就可以办手续了。"

这位老板说："等一下，我还得回去，我再征求一下别人的意见。"

这名销售人员就想："这个时候不能放他回去，一旦放他回去，什么事情都会发生，万一半路杀出个程咬金就会把这个客户劫走了。怎么办？"

这名销售人员就开始问他："是不是我哪个地方没有说好，我哪个地方介绍得不够，还是我的服务不好？"此时他正是运用了心理学。

客户老总一听这位销售人员讲这样的话，就说："跟你没关系，你介绍得很好，主要是因为这个车不是我开，是给我的一个销售副总配的，我也不知道他喜欢不喜欢这个车。"

后来销售人员又深入了解了情况，发现那位销售副总是新拿的驾照，驾车技术也不是太好，但是从事销售工作业务很多、电话也很多。所以，他就跟这位老总说："我觉得给您推荐这款车很合适，这款车是自动挡的，在电话多的情况下不用换挡，接电话、遇红灯时，踩刹车就可以了，车也不会熄火。"

这位老总一听："真的吗？"其实，他也不会开车，销售人员到后面开出一辆自动挡车，让他坐上去亲身体验一下。

销售人员说："你看，前面有红灯了，如果在接电话，我踩刹车，看这辆车会不会熄火？"

他一踩刹车，车停下来了，没有熄火；刹车一松，车又继续往前走了。客户说："这辆车不错，我要的就是这款车。"

二、客户需求分析的技巧

（一）不同性格的顾客应对方法

按照性格不同，可以把客户分为四类：活泼型、力量型、平和型、分析型。大部分人的性格都是由四种不同的性格按照不同的比例组合起来的，关键是哪一种性格占优势、起主要作用。对于不同性格类型的准客户，销售顾问在沟通交流时应有针对性地采取相应的策略。对于活泼型的客户，我们应多赞美、恭维他；对于力量型的客户，我们应尽量提供服务，制造一种让他决定的场面；对于平和型的客户，我们需要耐心地解说；对于分析型的客户，第一给他提供专业的证据，第二要征询他的意见。

1. 犹豫不决型的客户

特点：情绪不稳定，忽冷忽热，没有主见，逆反思维，只想坏的，不想好的。

应对策略：这款车很适合你，你应立即决定购买，现在不买可能会等很长时间，我们这款车库存有限等强烈暗示性话语。如果客户是两个人来会谈，如果那个带来的人很有主见，沟通的眼光应集中在那个人的身上。

2. 脾气暴躁型的客户

特点：一旦有一丝不满，就会立即表现出来，忍耐性特差，喜欢侮辱和教训别人来抬高自己，唯我独尊，与他们在一起随时都会闻到火药味。

应对策略：用平常心来对待，不能因对方的盛气凌人而屈服，绝对不能拍马屁，采用不卑不亢的言语去感动他。

3. 自命清高的客户

特点：对任何汽车都会扮出我知道的表现，不管你的汽车有多好，都会觉得你是普通的，缺乏谦卑，觉得我是最好的，用高傲的姿态对待销售顾问。

应对策略：肯定他，赞美他，不要直接批评挖苦他，而是告诉他，我们的优势在哪，为什么更值得他购买。

4. 世故老练型的客户

特点：让你找不到东南西北，很圆滑，当你销售时，他会沉默是金，对你的讲解会无动于衷，定力很强，很多人认为他们不爱说话，当你筋疲力尽时，你会离开，这是他对你的对策。

应对策略：话很少，但是心里很清楚，比谁都有一套，我们要仔细观察他们的反应（肢体语言）来应对，只是表达的方式很特别，多讲解趋势，多讲解汽车的功能。

5. 小心翼翼型的客户（签单的概率比较大）

特点：对销售顾问所有的话都用心听、用心想，稍微有一点不明白他们都会提出来问你，生怕稍微有疏忽而上当受骗，他们心也比较细，疑心较大，反应速度比较慢。

应对策略：跟着他的思维节奏走，尽量将你要表达的话语讲清楚、讲透彻，多增加分析性的话语，在讲解产品时要借助辅助工具、数据证据来配合，多旁征博引一些话语和例子来增强他的信心,特别要多强调汽车的附加值及可靠性。

6.节约俭朴型的客户

特点:对于高价位的产品不舍得购买,多年以来的节约习惯使他们对高价位的产品比较排斥,对产品的挑剔最多,对产品大挑毛病,拒绝的理由令你意想不到。

应对策略:让他感觉所有的钱都花在了刀刃上,激发他的兴趣点,可以跟他讲明白咱们产品的实际价值,告诉他,这款汽车目前已经是最低价了,适当给他制造点危机感,不信的话,让他自己调查调查。

7.来去匆匆型的客户

特点:他们比任何人都忙,总是很忙,你没时间具体讲解产品,即使与你说话也是聊聊几句而已,你占不到他一分钟的时间。

应对策略:多赞美他活得充实和丰富,值得羡慕,跟他们说话不需要拐弯抹角,要直奔主题,抓住重点,冲着他的需求说,你的介绍只要有一点抓住他的吸引力,加上多鼓励他尝试购买使用,你就有机会成功。

8.理智好辩的客户

特点:喜欢与你对着干,与你唱反调以显示他的能力,他们与自命清高型的客户不同,他们喜欢搬出理论,讲解大道理,有时明知自己是错误的也要和你争辩,直到实在辩不过去时嘴上还是不服输。

应对策略:先承认对方的一切说法,不要顶撞,你的态度一定要诚恳,让对方觉得你乐于听他的辩解,以此博取对方的好感,当对方觉得在你面前有优越感时,又对你的产品有一些了解,他就常常会购买,与之交流时要少说多听,要说就切中要害,一针见血,只要能刺激对方的需求即可。

9.虚荣心强的客户

特点:死要面子型的,为满足虚荣心,最爱撒谎欺骗,以此好让人觉得他比别人高人一等,好得到别人的赏识与悦目,他们很自大和自负,想法很单一,心里放不下一点东西。

应对策略:多讲解产品最适合他这种高层次的人使用,多给他成就感和肯定,他们都喜欢别人的奉承,切不可揭开他的老底,顺着他的心理,多一份认同,他就会拿你当作知己,多讲解选择产品后带来的感受和优越感,这样你的产品才有可能让这群人接受。

10.贪小便宜的客户

特点:无论他们在你的面前装得有多大方、多有钱,其实他心里都希望你能将产品便宜卖给他甚至免费送给他试用,他们常常会让你感觉到他们并不在乎汽车的价钱,说不定还会告诉你他也有某个朋友在做汽车销售,根本没必要给你面子,然而你一旦有便宜让他们占,他们的态度立即会改变。

应对策略:如果你发现他有这种倾向,就要立即告诉他公司有规定不让这样做,也可举例说明不能这样降价或赠送的理由,也请他们理解,不过接着你要想出同样的优惠方法或者具有大的吸引力的举措,让他觉得同样有便宜可占,购买就不成问题。

11.八面玲珑型的客户

特点:这种客户看起来很容易接近,他们也十分愿意和你交朋友,也很愿意拿出好的态度和热情来聆听你的销售解说,但是在购买的节骨眼上却迟迟没有主动,他们是属于社交型的,他们通常不会使你很难堪或让你尴尬。

应对策略：不要讲得太多，在他们有好的态度的时候就拿出订单来，这时就可以马上测出对方是否有心购买，千万不要太顺从他们的意思，讲解产品的特点时不妨动作大一点，手势多一点，牢牢抓住他们的注意力，不必担心他们没兴趣多听你说，当他们听得渐渐入神而对你另眼相待时，你的产品就能顺理成章地销售出去。

12. 滔滔不绝的客户

特点：有些人天生话语就很多，就算是一些鸡毛蒜皮的小事，他都会放大来说，不说出来他就会不高兴，甚至有些事物他并不了解也会凭空设想，信口开河，也不管别人是否愿意听，嘴上痛快就行。

应对策略：让他们去说，不妨充当一个忠实的观众，等到他说累说到高兴为止，但是在听的过程中需要把握好时机，插入你对产品的介绍，想成功地销售产品就应该对这类人群需要学会顺从和迁就，千万不要抢走他们的话题，除非你根本不想销售产品给对方。

13. 沉默羔羊型客户

特点：这类客户会仔细地听我们介绍汽车，在倾听的过程中还会不时地提出问题来让我们解答，一般都是想要更多地了解汽车性能，他们保持沉默主要是因为他们带着许多疑问来了解汽车，而对于我们销售汽车的兴趣不是很大。

应对策略：首先要说明汽车诸多的优点，而且要告知购买汽车后所享受的服务，以激发他们购买的欲望，要尽量减少他们对你的不断发问，可以反其道而行之，去问他们一些问题，将他们带入销售的氛围中。

（二）顾客的购车心理

客户在购车方面有着不同的心理类型，而不同的心理类型往往决定着消费者的购车动机。购车动机是引导顾客购车活动指向一定目标，以满足需要的购买意愿和冲动。这种购买意愿和冲动是十分复杂、捉摸不透的心理活动，从其表现来看，可以将顾客的购车动机归纳为两大类：理智动机和感情动机。

理智动机和感情动机往往与消费者的年龄和性别有关。理智动机往往适用于求实心理，是理智动机的基本点，立足于车辆的最基本效用。在实用动机的驱使下，消费者偏重车辆的技术性能，而对其外观、价格、品牌等的考虑则在其次。主要从汽车的经济、可靠、安全、美感、使用方便、购买方便、售后服务等方面衡量。像这样的消费者大都是年龄偏大的男性，因为像这样年龄的男性大都是经过长时间的奋斗才取得这样的成绩的。

感情动机不能简单地理解为不理智动机。它主要是由社会的和心理的因素产生的购买意愿和冲动。感情动机很难有一个客观的标准，但大体上分为：好奇心理、异化心理、炫耀心理、攀比心理、从众心理、崇外心理、尊重心理等。而这些心理的表现往往是青年男女发生购车行为的动机。因为现在的青年男女大都是月光族，所以他们买车会是闪电般的。

消费者购买汽车的心理过程可以分为15个阶段，销售顾问应该充分了解客户在各个阶段的心理和思考模式，准确判断每个阶段的客户真实需求。

阶段1：无动于衷阶段。此阶段客户还没有对汽车产生需求，并不关心汽车的促销、新车上市等信息。

阶段2：心有所动阶段。顾客受某种因素的影响，感觉到需要一辆自己的车，开始注意周围人群买车的情况，包括品牌、价格、车型等。

阶段3：想要购买。顾客对汽车占有欲增强，开始幻想有车后对工作、生活、事业、地位等方面带来的好处。特别关心与汽车有关的信息,经常参加车展等活动,愿意听别人谈论使用汽车的感受。

阶段 4:确定初步购车预算。顾客根据自己的存款、收入确定购车预算,开始关注在预算价格内的汽车信息。

阶段 5:收集资料。顾客会对预算范围内的汽车产品有一个全面的了解,会在网上或 4S 店了解车型、品牌、价格、油耗等情况,对销售人员的介绍特别留心。

阶段 6:分析比较。顾客需要缩小选择范围,主动与他们认可的行家或购买过此品牌的熟人联系,征求意见,此时的意见对最终购买影响很大。

阶段 7:找出问题。顾客通过比较,已经选定了几款意向车型,对汽车产品也有了较多的认识,同时找到了影响购买决策的问题,如产品品质、售后服务、价格、促销等。

阶段 8:求证疑问。顾客通过求证疑问来验证其选择正确与否,最大限度地降低购买风险,同时确定是否还需做进一步调查,如再次到 4S 店或打电话与销售顾问联系,了解相关问题。

阶段 9:再次确定购车预算。顾客在充分调查评估的基础上,修正原有的目标和条件,进一步缩小购车选择范围。最终将目标锁定在价格相近、配置相差不大的 3～5 个车型上。

阶段 10:再次求证。顾客想办法找到他们选定的 3～5 个车型在品牌、配置、价格、服务等方面的差异,会把销售人员的介绍与其他品牌进行比较。

阶段 11:确定选择标准。此时顾客关注的焦点已经从产品转移到服务上,会特别留意经销商的综合实力,最终确定选择品牌、产品、服务的标准。

阶段 12:讨价还价。顾客根据调查结果,最终选定目标产品,设定最终的购车花费和让步的底线,对价格的要求变得具体、客观,会根据产品的供需状况适时做出调整。

阶段 13:做出决策。顾客根据销售顾问的条件和自己的选择标准最终做出取舍。其表现为,顾客与销售顾问签订购车合同,交付定金。

阶段 14:满足。这是顾客最幸福的时刻,拥有了自己的爱车,会开着车在熟人面前展示,希望得到别人的好评。

阶段 15:恢复平和心境。购车带来的喜悦、激动已经退去,心态已经恢复平和,对汽车的认识也逐渐变得客观,开始对使用过程中的问题表示不满,开始对服务态度、效率挑剔,但不会在短时间内在其他人面前说产品性能不好,目的是为了维护自己的选择是正确的。

对大多数客户而言,从最开始萌生购车的想法到最终把心仪的汽车从 4S 店提回家,是一个心理渐进发展、占有欲望不断强化、购买目标逐步明确的过程。销售顾问应该在每个阶段仔细观察客户的心理变化,做出合理的分析,探寻客户的需求,提供客户满意的产品。

(三)客户需求分析要点

1.弄清来意

汽车销售顾问在客户一进入展厅就要了解他们到底是来干什么的?是否是顺便路过的?如果发现客户开始仔细看某一款汽车且目的性很强,就可以判断他的购车意向是非常强烈的。销售顾问应该重点观察以下几个方面:

衣着:在一定程度上反映经济能力、选购品位、职业、喜好;

姿态:在一定程度上反映职务、职业、兴趣;

眼神:可传达购车意向、感兴趣的点;

表情：可反映情绪、购车迫切程度；

行为：可传达购车意向、感兴趣的点；

随行人员：其关系可决定对购买需求的影响力；

步行/开车：可以确定是否首次购车、品牌和置换、预购车型等信息；

购买车型：客户需要购买哪种款式、哪种颜色、哪种车型。

汽车销售顾问观察客户并不能准确获知客户需求，接下来就必须通过询问的方式，进一步获得相关信息。通过询问，与客户进一步沟通。

2. 购买角色判断

汽车营销人员对顾客购买角色进行判断，抓住重点，比如，到展厅一起来的三四个人，只有一个才是真正有决策权的人，那么其他的人是什么角色？是参谋？是行家？是司机，还是秘书，还是朋友？

3. 购买重点

购买重点是影响这个客户做出最终购买决定的重要因素。如果他的购买重点只是价格，那么车的任何领先的技术对他来说都没有什么作用；如果他的购买重点是地位，那么你谈任何优惠的价格等因素对他也不构成诱惑。

4. 倾听技巧

了解客户的需求是一种崭新的观念，是以客户为中心的基础，以这种观点和理念进行销售，你会取得更长远的、更好的效果。在与客户接触的时候，一方面是问，还有一方面就是听。可能有的人会说，听有什么难的？要知道听也有讲究。你会不会听，你自己没感觉，客户知道。如果你在很好地听他讲，客户认为你很尊重他；如果客户在讲，你三心二意，客户会认为你不尊重他。我们的目的是让客户尽快地购买，所以每一个环节你都要处理好，其中之一就是要会聆听。

(1)听的两种类型。

1)主动地听。客户要买车，他需要买什么样的车，有什么样的顾虑，有什么样的要求，他都想告诉销售人员，让销售人员给他参谋。可是他发现你没有仔细听他讲，那个时候他就会心生不满，后果可想而知。

2)被动地听。人们会主动去听与自己切身利益有关的信息，还有一种是被动地听，被动地听实际上是一种假象，例如很多单位领导在台上讲话，员工就在下面装听，这种听法就是被动地听。

【案例 5-6】

某汽车公司的销售人员小赵正在接待一位女客户，这位女客户与他谈得非常愉快，谈着谈着就到了定金先付多少这个话题上了。这位客户说："我看看我包里带了多少钱，如果带得多我就多付点，带得少我就少付点，我凑凑看，能凑两万块我就把两万块全付了。"

这位客户一边打开包，整理钱，然后一边说话。因为这件事情基本上已经定下来了，她很开心，就把她家里的事情说出来了，主要是说她儿子考大学的事情。而这名销售人员在旁边一句没听进去。

这时又过来一名销售人员，就问他："小赵，昨天晚上的那场足球赛你看了没有？"

小赵也是个球迷，这两个人就开始在那里聊起昨天晚上的那场足球赛了，把客户晾在了一边。这位女客户愣了一会儿，把拉链一拉，掉头走了。

小赵感觉不对劲，他说："这位女士，刚才不是说要签合同的吗？"

这位女客户一边走一边说："我还要再考虑考虑。"

他说："那大概您什么时候过来啊？"

"大概下午吧。"他也没办法，只能看着她走了。

到了下午三点钟，这位客户还没来，他一个电话拨过去，接电话的人说："你要找我们总经理呀，你就是上午接待我们杨总的那位销售人员吧。"

销售人员就说："是呀。她说好下午要来的。"

对方说："我是上午送杨总过去的驾驶员。你就别想了，我们老板不会在你那儿买车了。"

小赵问："为什么呀？"

对方说："为什么你不知道啊，我坐在旁边都替你着急。我告诉你，我们杨总她儿子考上名牌大学了，她不仅在我们公司这么讲，只要一开心，她见谁跟谁说。而你在那边聊足球，把她晾到旁边了，你没发现这个问题吧？"

这名销售人员听了之后就傻了，煮熟的鸭子飞了。

(2)听的方法。销售人员在了解客户的需求、认真倾听的过程中还要注意一些方法。

1)注意与客户的距离。有的客户很敏感，人与人之间的距离也是很微妙的，那么什么距离时客户才会有安全感呢？当一个人的视线能够看到一个完完整整的人，上面能看到头部，下面能看到脚，这个时候这个人感觉到是安全的。

心理学里基本的安全感是出自这个角度。如果说你与客户谈话时，双方还没有取得信任，马上走得很近，对方会有一种自然的抗拒、抵触心理。在心理学里边曾经有过这样的案例，当一个人对另一个人反感的时候，他连对方身体散发出来的味道都讨厌，当这个人对对方有好感的时候，他觉得对方身体散发出来的味道是香味。所以，当客户觉得不讨厌你的时候，他会很乐于与你沟通，比如刚才讲到的那个女客户会把她家里私人的事情告诉别人，这是很正常的。

2)注意与客户交流的技巧。一是要认同对方的观点，销售人员要认同对方的观点，不管对方是否正确，只要与买车没有什么原则上的冲突，你就没有必要去否定他。你可以说："对，您说得很有道理。"同时还要点头、微笑，还要说是。这样客户才会感觉到你和蔼可亲，特别是有三个字要经常挂在嘴边，"那是啊"。这三个字说出来，能让对方在心理上感觉非常轻松，感觉到你很认同他。

【案例 5-7】

一天，某客户来4S店后一直在仔细地观察着一辆车，看完以后，这位客户说："哎，这一款车的轮毂好像比其他的车要大一些。"

这个时候你就要抓住机会美言他了。因为现在轿车的发展方向都是大轮毂。大家从车展上可以看出，从2003年的广州车展、北京车展上都能看到，一些新推出来的车型都是大轮毂，轮胎与地面的接触距离很短，所以这是一种潮流、一种趋势。

销售人员可以说："哎呀，您真是观察得很仔细啊。"

这样一说客户会很高兴。这个时候客户还会说："我听说大轮毂一般都是高档轿车，甚至是运动型的跑车才会配备。"

而这个时候销售人员又可以美言几句了："哎呀，您真不愧是一个专家啊，我们有很多销售人员真的还不如您啊。"

通过这两次赞美，客户彻底消除了疑虑，这个时候就很容易拉近彼此间的距离，与客户越谈越融洽，就能顺利地进入销售的下一环节。

二是要善意应用心理学。作为销售人员，掌握心理学是非常重要的。从心理学的角度上讲，两个人要想成为朋友，一个人会把自己心里的秘密告诉另一个人，达到这种熟悉程度需要多少时间呢？权威机构在世界范围内调查的结果是：最少需要一个月。

再看看我们的周围，我们都有第一次进入新公司的经历。作为新员工，和老员工即使天天在一起上班，能够达到互相之间把自己内心的一些秘密告诉对方所需要的时间可能还不止一个月。我们与客户之间的关系要想在客户到店里来的短短几十分钟里确立融洽，显然是很不容易的。在这种情况下，销售人员要赢得客户，不仅是技巧的问题，还应适当掌握心理学的知识。

运用心理学进行销售时，我们要本着以客户为中心的顾问式销售的原则，本着对客户的需求进行分析，本着对客户的购买负责任的服务态度，本着给客户提供一款适合客户需求的汽车的目的，绝不能运用心理学欺骗客户。

【任务训练】

1. 训练任务

一对年轻夫妇想买辆新车，但是不清楚哪款车型更适合他们。他们现在开的是一辆飞度，已经用了5年，因为车子太小，动力不足，所以他们不喜欢了。买飞度的时候，他们没有孩子，现在儿子已经4岁了，夫妻俩都开车，但主要是丈夫每周开车上下班用。现在想买一辆15万元左右的三厢车，要求空间大，排量2.0左右，注重车子的安全性。假设今天这对夫妻来到展厅，你是接待他们的销售顾问，你会如何对二位进行需求分析？

2. 训练目的

通过模拟训练，掌握需求分析的技巧，提高知识的实际应用能力，同时锻炼学生的沟通能力、观察能力等素养。

3. 训练所需工具及材料

洽谈桌椅、茶水、名片、车型资料、需求分析记录本、笔等。

4. 训练步骤

(1)训练：将学生分为若干团队，选出组长，在组长带领下进行需求分析的模拟训练。

(2)考核:教师选团队进行现场的展示,一位学生扮演销售顾问,另两位学生扮演夫妻,向全班学生展示需求分析的过程。其他学生认真观察并记录过程。

(3)评估:模拟结束后,观察的学生指出模拟过程中存在的问题,教师进行总结和评价。

【思考与练习】

1.需求分析的目的是什么?

2.马斯洛需求层次论的内容是什么?分析汽车消费者的购车需求层次。

3.对客户进行需求分析时要注意哪些原则?

4.不同类型的客户应该如何区别应对?

5.客户需求分析的技巧有哪些?

6

任务六
车辆展示与介绍

【学习目标】

1. 掌握六方位绕车介绍的方法，会介绍一辆汽车的六方位。
2. 掌握 FABE 产品介绍法，会介绍一辆汽车的配置。
3. 熟悉构图讲解法和道具演示法，在产品介绍过程中会灵活选用合适的介绍方法。

【任务分析】

在汽车销售的过程中，车辆展示是完成销售非常关键的环节，也是说服顾客的关键一步。通过调研发现，在展示过程中做出购买决定的顾客占最终购买客户的 70%以上，当然，客户做出不购买决定往往也是发生在这个环节。因此，车辆展示与产品介绍环节的重点就是要针对客户的需要、客户的喜好和客户关心的方面等有针对性地进行产品介绍，并让客户亲身体验，使其产生从理性到感性的一个转变，增加其购买欲望。

本次任务是通过学习汽车销售流程中车辆展示与产品介绍的方法和技巧，使读者掌握汽车销售 FABE 法的关键点及产品介绍的核心。

【相关知识】

6.1 汽车产品介绍的方法

一、六方位绕车介绍法

六方位绕车介绍法是指环绕汽车产品对汽车的六个部位进行介绍，以此来展示汽车产品。六方位绕车介绍法有助于销售人员更容易有条理地记住所要介绍的具体内容，并且更容易向潜在客户介绍最主要的汽车特征和好处。在进行环绕介绍时，销售人员应确定客户的主要需求，并针对这些需求进行讲解。

六方位绕车介绍法适用于初次接待，当客户与汽车销售顾问同在车旁，在介绍汽车特征时，对应于所处展车不同的部位，进行与之相关车辆配置的介绍，让客户对整车有一个全面的认识和了解。六个方位依次是车头前端、发动机舱、前乘客席外侧、车尾后端、车厢内饰、驾驶席（如图 6-1 所示）。下面详细介绍六方位绕车的主要内容。

图 6-1　六方位绕车介绍法

1. 方位一：车头前端

这一步是车辆开始的位置，是留给顾客第一印象处，在此处介绍时应注意以下几点：

1)车辆左（右）大灯前 80 厘米左右，面对顾客。

2)邀请顾客在离车辆正前方 45°角，2～3 米的距离。

3)局部介绍需五指并拢，手心向上引导观看，必要时可微微躬身。

在这一方位需要向顾客陈述的主要内容有：

1)整体印象；

2)前部造型、前大灯；

3)全车钣金件间隙；

4)保险杠设计；

5)品牌特征；

6)车身高度等。

2. 方位二：发动机舱

发动机舱位置是一个非常重要的位置，因为在介绍汽车时，发动机是尤为重要的一个方面。在此位置，可以将前盖示范地打开，根据顾客的情况把握介绍的内容，而且一定要征求顾客的意见，是否要介绍发动机。

这一方位需要向顾客陈述的主要内容有：

1)发动机的布局；

2)发动机悬挂避震设计；

3)节油的方式；

4)环保设计及排气的环节；

5)散热设备的设计与摆放；

6)隔间设计。

3.方位三：前乘客席外侧

此方位为副驾驶位一侧，在这一方位介绍车辆时应注意以下几点：

1)介绍应在车辆侧面进行。

2)将顾客邀请至B柱外60～100厘米的位置观看车辆。

在此处应向顾客陈述的主要内容有：

1)侧部造型；

2)轮胎和轮毂；

3)悬架系统；

4)安全性方面的主要配备；

5)防撞设计；

6)品牌特征；

7)车身高度；

8)车辆的通过性能；

9)前方视野。

4.方位四：车尾后端

这个方位是个过渡的方位，在介绍时应注意以下几点：

1)销售顾问适合站在车辆左后方的位置进行介绍，距离车辆后保险杠50厘米左右的距离。

2)邀请顾客在车辆右后方或正中的位置观看。

这个方位需要向顾客陈述的主要内容有：

1)尾部造型；

2)组合尾灯；

3)行李厢空间；

4)驻车/倒车测距雷达；

5)后保险杠；

6)备胎的设计；

7)后方视野；

8)后挡风玻璃的设计。

5.方位五：车厢内饰

这是一个灵活的位置，可以根据顾客的关注点进行详细的介绍，在这个方位介绍时应注意以下几点：

1)积极鼓励顾客更多地体验车辆，激发顾客的想象，促进他产生希望拥有本品牌汽车的冲动。

2)销售顾问可在展车内或展车外介绍，但一定要邀约顾客进入展车内参观。

这个方位需要向顾客陈述的主要内容有：

1)后排乘坐空间；

2)后车窗遮阳帘、静谧性；

3)安全带及空气囊；

4)后排空调出风口设计；

5)后排中控台设计；

6)车载冰箱设计；

7)阅读灯控制；

8)后排储物盒；

9)车门的开度设计。

6. 方位六：驾驶席

在这个方位根据需要引导顾客到车内亲身体验，邀请顾客开门、触摸车窗等。如果顾客本人就是未来这个车的驾驶员，可邀请到驾驶座位上体验。如果不是驾驶员，你也可以邀请他到其他的座位上体验车辆的豪华、设计的造诣等。如果顾客坐在驾驶席，则销售顾问应采用蹲姿向顾客介绍各种操作方法、仪表盘、方向盘等。

在这一方位需要向顾客陈述的主要内容有：

1)座椅的多向调节装置；

2)方向盘的调控；

3)视野；

4)操作方便性、音响、空调等；

5)车门的控制；

6)空气囊以及安全带；

7)仪表板、仪表盘；

8)制动系统的介绍；

9)车内储物空间。

【案例 6-1】

迈腾六方位绕车介绍话术

1. 品牌历史、外形设计(车头前端方位)

您好，××先生/女士，很高兴今天由我来给您来讲解新迈腾这款车。现在是站在车的左前方 45°角，是欣赏车的最佳位置，请您先欣赏一下。感觉怎么样，是不是非常棒？在讲车之前呢，我先给您讲解一下我们迈腾车的发展历史及品牌荣誉。新迈腾讲起来呢就是帕萨特，在德国呢就是帕萨特的第 7 代产品，从第一代帕萨特 B1 于 1973 年上市到 2011 年的第七代产品新迈腾 B7L，走过了 38 年的辉煌历程，总销量突破 1500 万辆，是世界上最受欢迎的品牌之一，而且获得了很多的权威奖项，如红点最佳设计品质奖、欧洲第一轿车、欧洲汽车车身大奖、欧洲 N-CAP 五星碰撞标准、德国金方向盘大奖……包含21类国际大奖在内的79项著名大奖。您看它的外形设计，时尚、动感的线条贯穿车身，动感之中彰显大气、稳重，它采用大众辉腾家族的最新设计理念，吸取大量辉腾的设计元素，是大众品牌的准旗舰车型，具有小辉腾的说法。这款车就是您身份的一个象征，您开这款车去见朋友或者接重要客户都很有面子。

请您随我来看一下新迈腾车的前脸，它采用大众车统一的U形前脸，具有大众车的传承性，传承大众优良血统的DNA。其实您要是留意一下高端品牌，如“奥迪、奔驰、宝马、沃尔沃”都有自己标志性的前脸，它的每一代产品都在延续它上一代的前脸设计。而且新迈腾的前脸采用了辉腾的前脸设计，这样的设计豪华大气，第一印象就觉得非常上档次。采用亚光跟亮光两种双模式的高品质镀铬装饰亮条，中间镶嵌了象征着德国大众LOGO的“VW”标志。两边对称的“璀璨矩形”的双氙气大灯，而且带有飞翼式的日间行车灯，从外形看非常大气灵动，它比普通的大灯亮度高3倍，照射范围也提高了10%，还采用了凸透镜设计，具有良好的聚光性，这样大大提高了您在夜间行驶的安全性。而且新迈腾采用了先进的AFS智能前大灯，您每次打开车时，大灯在开启状态下，它都会自动根据当时的路面上下左右自动调节到最佳的照射范围，就像人眼睛一样，非常地灵动，而且在阴雨天和在高速行驶时会自动开启，在您夜间、雨天行驶时，往哪打方向盘前大灯会随之转动，而且下面的雾灯自动点亮，方向回正后自动熄灭，具有自动静态、自动补光功能，这样提高了照射范围和角度，使您在夜间行驶时能够更好地看清远处的障碍物，大大提高了您夜间行车的安全性。此外，还带有大灯清洗功能，这样大大提高了在高速和夜间行驶的安全性，给您和您的家人带来更安全的保障。请您跟我来看我们新迈腾的前风挡玻璃，它采用新迈腾十大静音技术的5层绿色隔热玻璃，是同级车中独有的带消音薄膜的前风挡玻璃，它有效地防止紫外线的照射并具有隔热功能。而且高尔夫的前风挡玻璃采用了跟奥迪一样的黏接式工艺，这样设计的好处是提高了整车的密封性，使车内的噪声大大降低，为您提供了一个良好舒适的驾乘环境。请您随我看一下新迈腾车的雨刮器，新迈腾的雨刮器是智能无骨翼雨刮器，之所以说它智能，是因为它可以根据车速的快慢/雨量的大小，自动调节刮水的频率，它采用了空气动力学设计元素，它的特点是刮水刮得特别地干净，这样您在雨天行驶时，它会为您提供一个清晰的视野，保证您在雨天行驶的安全性。而且它具有自我保护功能，如刮水过程中碰见障碍物，或者冬天下雨、雪冻住了，它会连续刮5次，如都无法逾越，会很聪明地停下来，自行关闭，保护电机，避免电机的烧毁。这对您而言减少了额外的费用，是不是很经济实用呀！

2. 车身结构、车身工艺(车前乘客席外侧方)

请您看一下侧面的设计，流畅典雅，将轮廓线、镀铬饰条、强健的车身线条处理得非常和谐，车身轮廓保持着大众B级车的经典造型元素，流畅自然，车身比例协调，细节设计更加到位，精致的底边镀铬装饰条显得非常高档。请您看一下新迈腾这款车的前翼子板，它采用的3点式、有可变形的连接搭板设计，是根据欧洲行人保护法规而设计的。这样设计的好处：当与行人发生碰撞后，它会自动吸收车身的能量，前翼子板马上弯折，减少对行人伤害，起到了保护行人的作用。车身钢板材质好坏是关系到您跟您家人的驾乘安全！新迈腾采用超高强度的车身结构 HSB 设计，高强度钢板车身由上一代的 74%提高到 81%，车身强度更高、更安全。其中 A、B、C 柱和前后左右防撞钢梁及底盘重要部位采用超高强度的 950℃轻质热成型钢板，它占据车身钢板总量的 16%，它每平方米（如指甲大小）可以承受 10 吨的压力。它的好处：车身的安全固若金汤，如车辆发生碰撞后它会全面吸收碰撞力，而且只会变形而不会断裂，有效地保护您跟您家人的驾乘安全。请您看一下新迈腾这款车的 B 柱，B 柱是车身侧面最重要的部分，它起到一个支持车身的作用，就像我们家的房子的大梁，B 柱采用拱形的设计，古代的桥都采用拱形的设计，这样设计比较坚固，提高了整车稳定性和安全性，为您跟您家人的驾乘出行提供了更安全的保障。新迈腾这款车采用超长激光焊接车身，极大地提高了车身的安全性。

全新迈腾的底盘悬架采用了优化的前麦弗逊独立悬架/后优化的四连杆独立悬架系统，在老迈腾的基础上经过全新的调校，全面提高了舒适性，悬架采用了大众新开发的减震器和最新开发的橡胶材料，车身之间采用了柔性连接，降低了噪声和来自地面的冲击，乘坐非常舒适，这样给您跟您的家人提供良好的外出驾驶与乘坐的环境。运动性能更为突出表现在 4 稳、2 不、2 小，即：高速稳，不跑偏；刹车稳，不点头；弯道稳，侧倾小；坏路稳，晃动小的特点。在高速、弯道、刹车与坏路时驾驶，体现了全新迈腾良好的操控运动性能，这样满足了不同车主对车的性能的要求。请您跟我看一下全新迈腾的刹车盘，采用超大尺寸前 312/286，在同级车里是最大的，大家都知道刹车盘面积越大，刹车摩擦越大，随之制动效果更快、更好。而且新迈腾全系标配了只有在奔驰 E 级以上车才具备的高端安全装备刹车盘自动除水 BSW，当您在雨雪天气行驶时，车的刹车系统会自动间断性地清除刹车盘上的水膜，保证了您在雨雪天气行驶制动的可靠性，避免因刹车造成事故的发生，给驾乘人员带来了更安全的保障。而且新迈腾采用最先进的 14 项功能的电子稳定程序 ESP（TRW 450M），请问您了解 ESP 的功能吗？那您肯定知道 ABS＋EBD 吧，同级车都具备的也是都在宣传的刹车系统，而这两项功能只是我们 ESP14 项功能中小小的 2 项，ESP 则能够探测和分析车况并纠正驾驶的错误，防患于未然。ESP 对过度转向或不足转向特别敏感，例如汽车在路滑时左拐过度转向（转弯太急）时会产生向右侧甩尾，它会产生一种相反的转矩而使汽车保持在原来的车道上，它打造出了当前轿车主动安全的最高形式。一会儿我给您安排一下试乘试驾，我们一起出去体验一下！

3. 内部空间、后排座（车厢内饰）

请您坐进后排感受一下全新迈腾的车内空间，怎么样？空间很大，乘坐很舒适吧？全新迈腾和上一代相比，在不影响后排头部空间的基础上，内部空间增加了很多。新迈腾并不是简单地加大轴距和空间，而是全方面考虑车内的乘坐空间的舒适性，人性化设计比较到位，多达 29 处储物空间，方便车内乘坐人员存取物品，非常方便。后排还设计了 220V 的 3 孔电源接口，这样使您在车上办公也较方便，去接重要的朋友和客户时也会很有面子。

4. 后备厢、尾部设计（车尾后端）

请您看一下新迈腾的后尾部，车尾的设计和前脸一样采用了新辉腾的设计元素，高档稳重，既大气又精致，非常高档。后尾灯组采用了辉腾的M型的LED后尾灯光设计，整体感觉新颖大气，感觉非常气派。LED采用发光二极管，它的特点：亮度高、点亮速度快，给后车的制动时间长，（按百公里时速，能让后车缩短刹车距离7.5米）减少了追尾事故发生。使用寿命长（寿命达5万～10万小时，一般在车辆寿命期内无需更换），穿透力强，提高了您在雨、雪、雾天的行车安全。请您看一下新迈腾的后备厢，它的开启方式有4种：车内开启、钥匙一键开启、后尾翻盖开启、后备厢内紧急开启，这4种不同的开启方式是不是特别方便啊。而且超大后备厢容积达到了565升，为您提供了良好的储物空间，开口设计比较大、比较低，这样拿放东西比较方便，这是比较人性化的设计理念，而且后排座椅4/6折叠放能增大您的储物空间，是不是很方便实用呀！

5.驾驶席方位

请您坐上去，您感觉合适吗？全新迈腾采用包裹式运动座椅，座椅可以10项调节，根据不同驾乘人员调节出最佳的驾乘舒适度，而且座椅具有记忆功能，可以记忆您跟家人3个人的开车座椅习惯，记忆好了后上车按一下相应的1键就会调整好您之前调好的位置，是不是很高档、很实用呀！请问您开车有系安全带的习惯吗？很多客户来看车都只会问到有几个安全气囊，而往往忽略了安全带这个关键安全设施。全新迈腾配备了6个安全气囊，是一项被动安全，当事故发生时它只起到了5%的辅助作用，而安全带起到了90%的主导作用，同级车多数采用预紧式安全带，而新迈腾全系配备了安全性最高的燃爆预紧式安全带，它的特点是反应速度快，当车辆在发生碰撞的第一时间，乘员尚未向前移动时它会首先拉紧织带，立即将乘员紧紧地绑在座椅上，然后锁止织带以防止乘员身体前倾而与方向盘造成挤压伤害，而且在第一时间会打开安全气囊，更加有效地保护驾乘人员的安全。请您看一下新迈腾的方向盘，它采用多功能按键的三辐运动方向盘，按键有蓝牙电话接听、麦克喊话、静音、上下曲和中间行车电脑的控制键等功能操作，设计得非常巧妙、时尚以便于操作，人性化设计比较到位，时时以用户切身利益考虑设计。而且方向盘可以上下调节，根据不同的驾乘人员调节出最佳的操控状态，并采用可溃缩式转向柱设计，好处：在车辆发生碰撞第一时间，产生一个回缩，有效地保护驾乘人员的身体安全。请您踩一踩新迈腾的油门踏板和制动踏板，采用的是电子油门踏板，在同级车中很多还采用拉线油门，而且采用地毯式设计，这样为很多女性朋友开车减少了很多麻烦，长途行驶时脚部不会感到疲惫。制动踏板都采用溃缩式设计，在车辆发生碰撞第一时间内会产生一个溃缩，减少对驾驶人员腿部和脚部的伤害，保护了驾驶人员的安全。请您看一下全新迈腾的仪表盘，新迈腾的多功能仪表台和多功能电脑信息一目了然，30多项功能显示让您随时掌握车辆的行驶信息，提高了您的行车安全。请您看一下仪表台，新迈腾的仪表台设计尊贵、典雅简洁、时尚，中间采用与辉腾相同的石英钟，清新可见的尊贵内饰氛围，按照人体工程学原理布置功能按键，便于操作，而且包括顶棚都采用环保材料组装而成，90%都可回收利用，都采用卡扣设计的没有胶，非常环保，车内无异味，有效地保护您及家人的身体健康。顺着仪表台往下看，您会看到变速箱控制台，在讲解最先进变速箱前，先请您欣赏一下新迈腾的变速箱拉杆手柄台的设计，握一握感觉怎么样？它采用了 GT 跑车的换挡拉杆设计，握起来操控手感特别棒、特别舒服。新迈腾这款车采用了 DSG 双离合 6/7 速手自一体变速器，顾名思义是由两组离合器组成，它的一组离合器控制奇数挡，另一组离合器控制偶数挡，相当于将两组离合器合二为一，当我们的车辆以 2 挡行驶时，3 挡齿轮已经啮合好了，处于待命状态，当车速达到理想的换挡速度时，2 挡分离，3 挡立即进入工作状态，整个换挡瞬间完成，无顿挫感。DSG 双离合器满足了客户对油耗和动力的双重需求，它换挡速度快，加速能力强，最主要的是它比较经济省油，相对于手动变速器节油 8%，相对于 6 速自动挡的节省 14%，相对于 4、5 挡自动变速器节省了 22%，是不是非常经济省油呀！一会儿我安排试乘试驾车，让我们一起去体验一下！

6. 发动机舱方位

下面让您了解一下我们的核心发动机舱，首先它的开启是在主驾驶左腿下方侧面用开关开启的，请您打开发动机舱，您看我们的前机盖采用内置的氮气液压挺杆设计，您可以用手来摸一下，没有液压油，同级车多采用直杆式或液压油挺杆设计，液压油挺杆带有油而且耐磨能力差，使用一段时间就很容易损坏，新迈腾采用氮气设计，我们上中学时都学过氮气是一种惰性气体，它的特点是耐磨强度高，它的使用寿命是普通液压油挺杆的 3 倍，为您节省了额外的维修费用，还节省了时间。请您看一下新迈腾的发动机舱，排列整齐，定型管路清晰，很少能看到线路，它的线路都走在暗处，防止长时间裸露在外面老化而造成不必要的麻烦。

请您看一下我们的发动机，新迈腾采用 1.8/2.0TSI 涡轮增压缸内直喷发动机，TSI 发动机是革新性的技术，采用 2 代涡轮增压技术，能够提供低转速、高扭矩的动力输出，118/147 千瓦最大功率输出，最大扭矩 250/280 牛顿米输出，达到了同级车 2.3/2.5 以上的动力，超强的动力全面超越同级车、加速能力全面超越同级车，为您带来非凡的驾驶乐趣。而且采用缸内直喷技术，将燃油直接喷入汽缸雾化，再与气体混合，使汽油能够充分燃烧，而别的都是在进气支管内混合，这样大大提高了燃油的经济性，达到了低排放、超低的油耗。听了是不是非常心动，我安排试乘试驾车，我们一起去体验一下吧！

销售顾问在进行六方位绕车介绍时要注意以下几个要点：

(1)将话术熟背，绕车介绍产品知识的最基本内容，熟记才能灵活应用。

(2)由始至终，表情不能太严肃。

(3)六方位介绍应从客户最想知道的方位开始，所以销售顾问要用概述的技巧询问客户，找出客户的购买动机，做有针对性的介绍。

(4)用手势引导客户到相关的方位，注意走位，别与客户撞在一起。

(5)介绍时，眼睛应面向客户，而不是看着车介绍，应注意绕车介绍时客户才是主角。

(6)别忘了多让客户亲手操作，多让客户的手去接触车子。

(7)不断寻求客户认同，注意客户聆听时的兴趣，若发觉客户不感兴趣，要试探性地提问，找出客户的需求，再继续依客户的兴趣提供介绍。

(8)介绍时要注意客户眼神中发出的购买信号，记住眼睛是心灵的窗户。

(9)越高档的车型，车辆本身会自己说话，散发自身的魅力，而廉价的低档次车型，或是品牌影响力不大的车型，由于车子本身亮点不多，销售顾问要更加能说善道，应努力介绍。

(10)六方位介绍旨在让客户了解产品，认同产品，若介绍时发现客户已经认同产品即可停止六方位介绍，设法引导客户进入试乘试驾或是报价成交的阶段。

(11)六方位介绍过程中应该用客户能听得懂的语言进行，尽量避免使用专业术语。

【案例 6-2】

有一对夫妇来到展厅，绕过了门口的几辆车，直接走到了他们感兴趣的一辆展车那儿。销售人员看在眼里，这两位时候他就感觉到了，这是一个很不错的意向客户。于是他就去接待这两位客户。客户走到东，他就跟这个客户介绍东边的情况；客户走到车尾，他也把车尾的好处跟客户说了很多。在他说的过程中，这两位客户只说，“哦，是吗？哦，谢谢。”其他的什么表示都没有。过了一会儿，两位客户互相看了一眼说：“我们下次再来吧。”于是就走了。

这个销售人员不甘心，认为自己已经费了好大的劲，把这个车的好处基本上全说完了，怎么他们都没有表示啊。其实问题出在哪里，这个销售人员并不知道。

客户走到门口以后看看后面没人了，就开始互相对话了。

“老公，刚才他说什么呀？”

这男的说：“他说的好像是专业术语，哎，我也没听懂。”

“那怎么办呢？白跑一趟。”

“这样吧，那边好像还有一家，我们去看看。”

二、产品性能介绍法

客户在考察一款车时，其重点关注的因素有品牌、外形、安全性、动力性、操控性、舒适性、经济性、性价比、售后服务和保值率等。汽车销售顾问可以从这些性能方面入手，突出介绍客户所关注的问题，这就是产品性能介绍法。产品性能介绍法使用的前提是：销售顾问与客户有更深度的沟通，已经掌握了客户的基本需求，知道客户的主要关注点。

1. 具体介绍方法

(1)品牌。汽车品牌的历史与荣耀，该品牌、该车型的历史演变、销量与评价等。

(2)外形。知名的设计师或设计单位、外部造型的风格与特色、可选颜色等。

(3)安全性。主动安全设备：ABS 制动防抱死系统、CBC 转向制动控制系统、EBA 紧急制动辅助系统、EBD 电子制动力分配系统、ESP 车身电子稳定系统、ACC 汽车自适应巡航控制系统、TCS 牵引力控制系统、TPMS 智能胎压监测系统、倒车影像系统等。

被动安全设备：安全气囊、预张紧式安全带、车身钢板、吸能结构、防盗系统、防撞钢梁、溃缩式转向柱等。

(4)动力性。发动机的型号、技术、标准排量、最大功率、最大扭矩、最高车速、压缩比等。

(5)操控性。前后悬架结构形式、助力转向系统、制动系统、变速器、轮毂、轴距与车长比例等。

(6)舒适性。全车长、宽、高的尺寸、前后排空间大小、后悬架结构形式、储物空间、座椅特性、空调系统、车内空间的静谧性、车内娱乐设备、内饰的做工及颜色等。

(7)经济性。油耗、保养及维修费用等。

(8)性价比。售价、促销优惠活动、市场价格走势、与同级别车型价格对比等。

(9)售后服务。售后服务范围、服务质量、服务网点分布、服务收费标准等。

(10)保值率。保值率数据、二手车价格、二手车市场行情等。

2.产品性能介绍法的注意点

(1)销售顾问要针对用户对产品独特的需求进行专项的介绍。

(2)销售顾问要针对能促成客户购买所关注的性能部分,进行专题重点介绍。

(3)在涉及客户所提竞争产品特点时,销售顾问要进行专项对比,介绍该车型的性能。

6.2　产品推介的技巧

汽车销售顾问只掌握基本的产品介绍方法是不够的,还需要学会运用一些常见的介绍方法。因为客户喜欢车或购买车并不是因为车子本身,而是因为这款车能解决客户遇到的问题,能够满足客户的某种需求,带来某种利益。优秀的销售顾问不仅要对产品非常熟悉,还要懂得如何激发客户对车辆的兴趣和好奇心,最终取得客户的好感和信任。以下介绍三种常见的产品介绍方法。

一、FABE 产品介绍法

FABE 产品介绍法就是将车辆的特征和配置表述清楚,加以解释、说明,从而引出它的优势和好处,以及可以带给客户的利益,并适时地展示足以让客户置信的证据,进而使客户产生购买动机。

FABE 模式是由美国奥克拉荷大学企业管理博士、中国台湾中兴大学商学院院长郭昆漠总结出来的。FABE 推销法是非常典型的利益推销法,而且是非常具体、具有高度、操作性很强的利益推销法。它通过四个关键环节,极为巧妙地处理好了顾客关心的问题,从而顺利地实现产品的销售。

1. F 代表特征(Features)

指汽车产品的特质、特性等最基本功能。比如,汽车产品的独特设计、配置、性能特征等。每一个产品都有其功能,否则就没有了存在的意义,这一点应是毋庸置疑的。对一个产品的常规功能,许多推销人员也都有一定的认识。但需要特别提醒的是:要深刻发掘自身产品的潜质,努力去找到竞争对手和其他推销人员忽略的、没想到的特性。当你给了顾客一个“情理之中,意料之外”的感觉时,下一步的工作就很容易展开了。

例如,销售顾问介绍说:“我们的这款汽车配备了最新的 ABS 制动防抱死系统。”

2. A 代表优点(Advantages)

A 代表由这个特征所产生的优点,即(F)所列的商品特性究竟发挥了什么功能。是要向顾客证明“购买的理由”,与同类产品相比较,列出比较优势,或者列出这个产品独特的地方。销售顾问可以直接、间接地去阐述,例如,更管用、更高档、更温馨、更保险、更……

例如，销售顾问可以这样介绍："ABS系统是利用装在车轮上的轮速感应装置在制动时对车辆进行点刹，防止车轮抱死的一套制动系统。它大大缩短车辆在湿滑路面上的制动距离，并能够在制动的同时，打动转向盘实现对车辆的正常控制，绕开障碍物。"

3. B代表利益(Benefits)

B代表这一优点能带给顾客的利益，即商品的优势带给顾客的好处。利益推销已成为推销的主流理念，一切以顾客利益为中心，通过强调顾客得到的利益、好处激发顾客的购买欲望。这个实际上是右脑销售法则特别强调的，用众多的形象词语来帮助消费者虚拟体验这个产品。

例如，销售顾问可以继续介绍ABS："对您而言，有了ABS可以大大提高您操控汽车的信心，降低因为车轮抱死而发生的侧滑或甩尾现象，保证您的行车安全。同时还能减少车轮的磨损，延长轮胎的使用寿命，降低使用成本。"

4. E代表证据(Evidence)

包括技术报告、顾客来信、报刊文章、照片、示范等，通过现场演示相关证明文件、品牌效应来印证刚才的一系列介绍。所有作为"证据"的材料都应该具有足够的客观性、权威性、可靠性和可见证性。另外，我们还可以将这些资料转化成客户所能感受到的场景，通过销售顾问的描述，引导客户感受在这种场景下，车辆的配置带给客户的好处和利益，从而加深客户的印象。

【案例6-3】

不同ABS的比较

那么有的销售人员会说："现在很多车都有ABS，那我怎么去介绍呢？"这时应接着往下延伸。ABS也有区别。在做产品介绍的时候，你事先得要了解。我们前面讲过，有个客户去问销售人员："你这个车的ABS是哪里生产的，大家都有ABS，哪个ABS更好呢？"

进口的ABS和国产的ABS，其制动距离显然是不一样的。国内有一些车是合资的，但搭载的ABS是进口的，而很多国内生产的车也有ABS，但是大多数是国产的。进口车搭载的ABS因为是进口件，所以费用比较高，国产的费用会稍微低一些，但这两个ABS的作用显然是不一样的。

有一个数据表明，进口的ABS在120公里的时速上踩刹车，车在滑行了41米的距离后停下来。国产的ABS从120公里的时速刹车，车滑行了46.5米才停下来。两个相差了五六米长的距离，这一点也要向客户说明。

买车就是要注重性价比。ABS也是作为性价比当中的一项指标，可以这样跟客户说，你的长项就是你的优势，这就是我们介绍车辆的技巧和方法。

FABE介绍法通过产品特征和性能的介绍，让客户了解这些特征带来的好处和优势，同时引申出对客户而言所能带来的利益，以引起客户的共鸣，接着展示足以让人信服的证据，从而坚定客户的购买决心。这样客户不仅不会产生抵触情绪，而且还会觉得你完全站在他的角度为他着想，帮助他解决问题，从而让客户很容易接受和认同。应用FABE产品介绍法，帮助汽车销售顾问设计有力的销售台词，可以大大提高汽车销售顾问的销售效率。

应用FABE法时需要注意的几点是：

(1)要求销售顾问对汽车的相关知识有充分的了解。

(2)不要将所有的特征通通说明，而应根据客户所关心的利益重点部分的有关特征加以强调。

(3)说明产品特征带来好处时，应多用增加、提高、减少、降低等话语来有效地表明产品特征所带来的好处。

(4)在描述客户利益时，一定要具体、生动、准确，用词要有丰富的感情色彩，以客户的感觉为中心，充分调动客户的情感。

(5)提出证据时，一定要可靠、准确，多用数字化词语，要实事求是，切勿夸大其词。

二、构图讲解法

客户来买车，其实在心中也有一幅图画，那就是他开上车后的生活场景。客户在决定购车时，会在潜意识里勾画出他拥有汽车之后会是一种什么样的场景，然后根据这一场景和图画来做判断。客户会在他的潜意识中，描绘他理想中车辆的颜色、外形、内饰、空间等内容。因此，销售顾问要想将车辆销售出去，就必须了解客户心中的这幅图，并通过自己的介绍，描绘一幅更美的图画，以此来达到有效刺激客户购买欲望的目的。

1.采用构图讲解法的好处

(1)构图讲解法能给客户留下深刻印象。

(2)能增加客户的参与感，引起客户的共鸣。

(3)让客户容易明白。

(4)吸引客户注意力，激发客户的购买欲望。

2.构图讲解法应用的三个时机

(1)叙述功能时。销售顾问在介绍SSC车载发烧音响系统时说："花冠车配备的这款发烧音响，不论高音还是低音都能完美呈现，让您有一种亲临音乐会现场的感受。当您驾驶途中遇到堵车心烦时，打开音响，让轻柔的乐曲在心间流淌，让您的身心沐浴在动人的旋律之中，心中的烦恼再也找不到了……"

(2)车辆使用过程中。销售顾问在介绍车载导航系统时，可以这样说："这款车配备了GPS导航系统，您只需设定目的地，导航系统能够通过语音进行引导，有了它，您再也不用在行车的过程中左顾右盼地寻找目的地，再也不用去为陌生的地方而翻看地图了，导航系统就像一个无所不知的贴身助理，您只需轻点屏幕，设定好目的地，导航系统就能带您到任何您想去的地方。"

(3)突出车辆特性的时候。在突出车辆安全特性时，销售顾问可以说："人的生命只有一次，汽车固然只是一个交通工具，但对您和家人来说，开车在外最重要的是安全。如果一辆车的安全性差，会给您的家人带来多大的担心啊！这款汽车的安全性达到了世界顶级水准，光安全气囊就配备了10个，所以这款汽车不仅能给您最安全的保障，还能给您的家人带来安心和放心……"

3. 构图讲解法应用的要点

汽车销售顾问在进行构图讲解时，首先要把握客户的心理，了解客户心中的那幅图都有些什么内容、有多美，然后才能根据自己所销售的产品，提炼出有针对性的销售主题，构造一个应用场景，最后将这个主题和场景搭配起来，连缀成一个故事或生活场景。通过这种方法，可为客户营造出一幅幸福、美满的图画，让客户觉得这个生活场景比他心中的那幅图更美、更动人，从而激起客户对这幅图画的向往，使客户自愿接受你的产品介绍，并最终购买你的产品。

三、道具演示法

1. 道具演示法的概念

道具演示法就是为了让车辆介绍更加逼真、生动，利用一些相关道具，边演示边介绍。

【案例 6-4】

销售顾问："花冠车的发动机采用丰田公司最先进的 VVT-I 技术，不仅功率大、油耗低，而且非常安静，您看，用眼睛根本看不出它有抖动。"说着，销售顾问拿出一支香烟，立在桌子上。

销售顾问："我们启动发动机，将这支烟立在发动机上，绝对不会倒下，您相信吗？"

客户："不可能吧？"

销售顾问启动发动机，然后将香烟立在发动机上。

客户惊呆了："真的可以啊！真了不起，从来没见过这样安静的发动机。"

2. 利用道具演示法的技巧

(1)道具的选择要巧妙，让客户意想不到，最主要的是通过道具吸引客户的注意力，唤起客户的想象力，激发客户的好奇心，给客户留下深刻的印象。

(2)在具体实施的过程中，要注意语言、手势动作与道具的应用要协调，表情要自然、逼真，让客户觉得真实可信。

(3)道具演示法一般是在客户无法理解产品特性的情况下采用的，因此要根据产品的特性，决定是否采用道具演示法和采用什么道具来进行演示。

【任务训练】

1. 训练任务

自选一辆汽车，进行六方位绕车介绍的训练。

2. 训练目的

通过实车练习，让学生掌握六方位绕车介绍的方法和技巧。

3. 训练所需工具及材料

汽车、洽谈桌椅等。

4.训练步骤

(1)训练:将学生分为若干团队,选出组长,以小组为单位进行实车练习。

(2)展示:教师随机抽取学生进行六方位绕车介绍展示。

(3)评估:教师对每一个展示的学生进行点评,指出学生存在的主要问题以及改进的方法。

【思考与练习】

1.什么是FABE介绍法？如何应用？

2.六方位绕车介绍是指哪六个方位？每个方位介绍的要点是什么？

3.什么是产品性能介绍法？

4.什么是构图讲解法？

5.什么是道具演示法？

任务七

7 试乘试驾

【学习目标】

1. 熟悉试乘试驾的流程，明确试乘试驾的重要意义。
2. 掌握试乘试驾的方法和技巧，会陪同客户进行试乘试驾。
3. 能够解决试乘试驾中出现的客户疑问。

【任务分析】

销售流程的试车步骤是客户获取车辆第一手材料的最好机会。在试车过程中，销售人员应让客户集中精神对车辆进行细致的体验，要避免多说话。销售人员可以针对客户的需求及购买动机来做必要的解释和说明，以增进客户的信任感。

本次任务是通过学习汽车销售流程中试乘试驾的方法和技巧，使读者掌握试乘试驾的基本流程，并熟知试乘试驾给客户带来的体验，为促成成交建立一个良好的基础。

【相关知识】

7.1 试乘试驾流程

通过试乘试驾，动态地向客户介绍和展示车辆，使客户感性地了解车辆信息，动态感知车辆的性能。客户通过切身体验，确认车辆性能情况，加深对汽车销售顾问口头说明的认同，为促成交易增加砝码。

一、试乘试驾的目的

试乘试驾是顾问式销售汽车流程的重要环节，是汽车产品说明的延伸，是客户亲自感受体验车辆性能是否符合其需求、驾驶能否为其带来满足的最佳途径。

通过试乘试驾，客户对产品有了切身感受和体验，建立了客户对汽车产品的信心；通过试驾给客户一个短暂的拥有感，坚定客户购买的决心；在试乘试驾过程中，汽车销售顾问应让客户集中精力，充分体验车辆的各种设备，并针对客户需求和客户购买动机适时地进行解释和说明，激发客户的购买欲望；通过试乘试驾，收集更多的客户资料，便于深入了解客户，为促进销售打下扎实的基础。

二、试乘试驾的流程

试乘试驾的流程在各个品牌4S店中是基本相同的，整个流程分为试乘试驾准备、客户试乘、客户试驾、试乘试驾结束四部分，全程由销售顾问陪同（即使有试驾专员，销售顾问也必须陪同）。

1. 试乘试驾前操作步骤（如表7-1所示）

表7-1 试乘试驾前操作步骤

操作步骤	操作要求
第一步：试乘试驾邀请	1. 销售顾问对有购买意愿的顾客发出试乘试驾邀请 2. 有技巧地引导顾客同意试乘试驾
第二步：准备资料	1. 试乘试驾路线图（如图7-1所示） 2. 试乘试驾协议书（如图7-2所示） 3. 试乘试驾意见调查表 4. 试乘试驾试音碟
第三步：车辆检查	1. 保证车内外清洁，车内部铺设专用地毯 2. 查油量，20升为宜 3. 确保车辆性能：灯光、空调、音响及发动机正常
第四步：审核驾照	1. 请顾客出示本人合法有效的驾驶证件 2. 注意发证机关、有效期、准驾车型（C1及C1以上）、驾龄（一年或一年以上） 3. 留下相关有效证件，试车完毕后退回
第五步：签协议书	1. 请客户在《试驾协议书》上签名 2. 提醒顾客写明驾驶证号、联系人、电话号码、时间 3. 请客户再次核对驾驶证号
第六步：路线图说明	1. 向客户解释行驶路线、范围 2. 向客户说明试乘试驾安全注意事项
第七步：提醒顾客填写意见表	1. 提醒顾客在试乘试驾结束后回展厅填写《试乘试驾意见表》 2. 告知有礼品相赠

2. 试乘试驾中的操作步骤

步骤1：引导顾客到车旁。

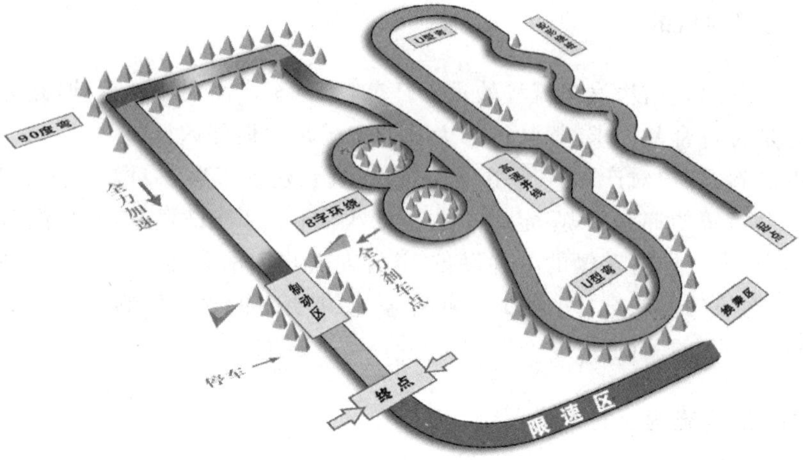

图 7-1　试乘试驾路线图

试乘试驾协议书

特约店名称	
试乘试驾车辆型号	
试乘试驾车辆牌照号	
试乘试驾路线	
试驾时间	

本人于　　年　月　日　时　分在 ______________（地点）自愿参加北京现代汽车特约销售服务店（公司名称见以上表格）举行的汽车试乘试驾活动，为此作如下陈述与声明：

本人在试乘试驾过程中，将严格遵守国家及地方有关行车驾驶的一切法律和法规要求，并服从上述特约销售服务店提出的一切指示，做到安全、文明驾驶，以尽最大努力和善意保护试乘试驾车辆的安全和完好。否则，对试乘试驾过程中造成的对自身和/或他人的人身伤亡、上述特约销售服务店和/或北京现代和/或他人财产的一切损失，本人将承担全部责任。

试乘试驾人签字：

驾照号码：

驾驶证有效期：

联系电话：

联系地址：

日　期：________年______月 _____日

图 7-2　试乘试驾协议书

客户在试乘试驾时，往往会和自己的亲朋好友一起来参加，如果销售顾问要想取得积极的试乘试驾体验，就必须做好试乘试驾中的人际沟通(如表 7-2 所示)。

表 7-2　试乘试驾中的人际沟通

步　骤	注意事项	话　术
第一步：主动结识客户的朋友	在客户进门后，一旦发现与客户同行的人从未出现过，就要主动要求客户给你介绍	“刘先生，您能给我介绍一下您的这位朋友吗？”
第二步：和对方打招呼、递名片	客户介绍后销售顾问就要和对方打招呼，并递上名片，最好说一点赞美的语言，以预防这些人在试乘试驾过程中制造麻烦	“刘先生提到您很多次了，一直说您是行家呢，一会儿您一定得给我指点指点。”
第三步：试驾过程中的主动沟通	此阶段的要诀就是销售顾问要主动、多说好话、多向客户请教，尽量不给客户留下挑剔的时间和机会	“刘先生，刚才这个起步您的感受如何？” “李先生，您觉得呢？”

步骤 2：出发前给顾客的静态展示。

1)请顾客入座副驾驶座及后排，协助顾客完成座椅调节及系好安全带。

2)车内空间和布局展示(静态介绍)：座椅调节便捷、方向盘调整便捷、空间宽敞、仪表台布局典雅及显示鲜明和调节座椅舒适度、空调舒适度并体验音响效果等。

3)启动后：请客户留意听声音，点火启动后声音沉稳，在怠速情况下发动机安静、无抖动。

步骤 3：顾客试乘阶段。

1)首先由销售人员先驾驶。

2)给顾客做示范驾驶(针对驾驶技术不熟练的顾客)。

3)动态介绍重点：起步、加速、制动性、匀速、转弯。

步骤 4：中途换乘。

1)行驶一段距离，到达预定换乘处，选择安全的地方停车，并将发动机熄火。

2)取下钥匙，由销售人员自己保管。

3)帮助顾客就座，确保顾客乘坐舒适。

4)待顾客进入驾驶位置后，亲手交给顾客钥匙。

5)提醒顾客调节后视镜、系好安全带。

6)请顾客亲自熟悉连环操作装备，如刹车、离合、油门。

7)销售顾问请顾客再次熟悉试车路线，再次提醒安全驾驶事项。

步骤 5：顾客试驾阶段。

1)驾驶中让顾客充分体验，适当指引路线。

2)适当引导顾客体验车辆性能、强化动态优势，寻求客户订合同。

3)注意观察客户驾驶方式，控制顾客驾驶节奏，若顾客有危险驾驶动作，及时提醒并在必要时干预。

4)尽量多赞美顾客，让顾客有满足感。

3. 试乘试驾后操作步骤

试乘试驾结束后应与客户一起返回 4S 店，客户还需要填写《试乘试驾意见表》，这对于

4S店及时获知客户对车辆产品的感受及满意度，及时调整介绍方法、销售手法等是非常重要的一步。如表7-3所示具体说明了试乘试驾结束后需要完成的工作。

表7-3　试乘试驾后操作步骤

步　骤	操作细节	话　术
第一步：试乘试驾车停放	1.试乘试驾车回到指定区域，按规定停放	先生，请将车子停放在这里
	2.销售顾问应首先下车，主动替顾客开车门，防止客人头碰到车门	先生，您这边请，小心别碰头。（站到门后，面向客户，一手拉开门，一手护住门框）
	3.提醒顾客确认无东西遗忘在车内	先生，请您确认下是否有东西遗忘在车里了？
	4.环车一周检查车辆，确认外观	
第二步：邀请顾客回展厅休息	1.邀请顾客回到展厅，帮客人递送茶水、毛巾等	先生，我们先回展厅休息一下 今天您辛苦了，请喝茶，这里有热毛巾，擦一下会舒服些
	2.请顾客填写意见表	先生，感谢您试驾我们的汽车，为了给您提供更好的产品服务，希望您能给我们一些意见，这里有张意见表，麻烦您填一下
	3.归还证件，表示感谢	这是您的驾驶证，请您收好
第三步：适机促成成交	1.回答顾客需求重点和疑问	
	2.适机深入洽谈，促进成交	我想这部车子非常适合您的要求，也希望您能成为我们品牌家庭的一员，如果您对这部车感觉满意，我们可以马上为您办理手续
	3.若成交，转入订单操作流程；若未成交，转入潜在客户	
第四步：送走顾客	1.赠送礼品	先生，这是我们的小礼品，请笑纳
	2.礼貌送客到门口	感谢您的光临，期待您再次来我们店。（送客户至展厅外，并目送离去，挥手致意）
第五步：交回车钥匙，做好登记	1.交回车钥匙	
	2.填写《试乘试驾登记表》	
	3.在洽谈完毕，顾客离店后向库管人员汇报车辆状况、油量，包括预警功能故障、卫生污点等	

三、注意事项

1.试乘试驾中的注意事项

（1）一定要按线路让客户做完整的试乘体验。

（2）每次发动车辆之前，必须检查所有乘员是否系好安全带。

（3）中途客户换手时，必须先将车停在预先指定的安全地点，并将汽车熄火。

(4)请客户下车,并引导客户坐到驾驶座上。

(5)销售人员上车后再将车钥匙交予客户。

(6)客户坐到驾驶座上后,必须先完成座椅调整、方向盘调整、后视镜调整以及系好安全带四项工作,才能发动汽车。

(7)客户在试驾车辆时,只需适时提醒客户按预定线路行驶,不要过多地与客户谈话,确保行车安全。

(8)客户驾驶车辆出现危及安全的危险驾驶动作时,应及时提醒客户注意安全,必要时可中止客户试驾。

(9)在试乘试驾过程中,应劝导客户不要在车内吸烟。

【案例 7-1】

一家人来参加试乘试驾活动,老公坐在前面开车,他太太抱一个小孩儿坐在后面,副驾驶位坐的是销售人员。快到红绿灯时他一脚刹车踩下去,那个车本来刹车就硬,他一踩刹车,结果车停下后,后排座他太太抱着的那个孩子的脑袋碰到了前面的"头程",孩子哇的就哭起来了。夫妻两人本来是很高兴的,结果两个人在车上吵起来了,弄得很不愉快。

2. 试乘试驾后的注意事项

(1)请客户填写《试乘试驾客户信息及意见反馈表》。

(2)针对客户特别感兴趣的性能和配备再次加以说明,并引导客户回忆美好的试驾体验。

(3)针对客户试驾时产生的疑虑,应立即给予合理和客观的说明。

(4)利用客户试驾后,对产品的热度尚未退却时,伺机引导客户进入购买商谈阶段,自然促使客户成交。

(5)对暂时未成交的客户,要利用留下的相关的信息,随时与客户保持联系。

(6)对每一位客户均应热情地道别,并感谢其参与试驾。

(7)客户离店后,销售人员应录入系统。

7.2　试乘试驾技巧

尽管试乘试驾主要是将精力放在客户试乘体验上,销售顾问的参与度不及前面的工作,但他在此过程中起到的引导和辅助作用是不可忽视的。因此,销售顾问需要学会一套语言和行为技巧,使客户在试乘试驾中充分感受车辆的优势。

一、邀请试乘试驾技巧

在展厅为客户进行车辆静态介绍时,往往会引起客户在情感上的冲动,比如兴奋、怀疑等，都可以适时地邀请客户做试乘试驾体验，以增强客户的信心或消除客户疑虑。可以采用以下列举的邀请语言：

"先生，刚才我已经简单地向您介绍了车辆的性能和配备特点，不过，买车只靠看和听就做决定是不够的，买车是件大事，因此，在您做出决定之前，我建议您先做一个试乘试驾，亲自感受一下车开起来的感觉，您看怎么样？"

"先生，我们的车和其他车是不一样的，一定要开过之后才能体会到它的好处。如果您想真正了解这部车的话，我建议您做一个试乘试驾。如果您愿意的话，我可以马上给您安排。"

在做试乘试驾邀请时，为了打消客户对时间、线路等方面的顾虑，销售顾问需要预先告知客户这方面的信息。一般可以采用以下的介绍方式：

"我们试一次车大概只需要 15 分钟，您看时间来得及吗？"

"我特别为您安排了一个试车的机会……今天不行的话那就周末吧！"

"您是周六有空还是周日呢？"

"那我就先帮您预订一次试乘试驾了！"

二、试乘试驾路线规划技巧

试乘试驾路线的规划是为了体现汽车的综合性能，让客户从车辆的实际运行状态中体会车辆带给自己的直观感受。一般来说，试乘试驾路线分为体现汽车动力性、体现汽车操控性和体现汽车舒适性的线路设计几种。

路况较平坦、视线良好、驾驶起来较为轻松的路线能够充分体现汽车的乘坐舒适性。而路况较复杂、车辆行驶比较颠簸、伴有一系列激烈驾驶动作的路线，最能体现汽车的动力性和操控性能，比如 0～100 千米/小时急加速，100～0 千米/小时紧急制动，连续 S 弯、颠簸路面通过性测试等。

下面给出一些常规的试乘试驾路线设计及试驾要求。

1. 市区路况

市区路况的测试重点是发动机起步、加速、前中段动力性和灵巧性、市区变换车道，但市区交通复杂，易出车祸，应小心驾驶，时间不宜太久。

2. 快速路

此路线设计主要是为了测试车辆 0～100 千米/小时加速能力、急刹车、制动等性能。但是在试驾过程中要密切注意行车外部环境，急刹车时前后各 200 米内应无人、车及慢车，左右无人、动物、车等，以确保行车安全。

3. 高速路

该路线主要是为了充分测试车辆的加速、超速、风噪、隔声性能，行车期间应严格遵守高速公路时速的限制。

4. 爬坡路

爬坡路主要是为了充分体现车辆的负重、发动机扭力以及车辆的操控性，不过应该注意的是，对于小排量、小马力和低扭力的车，试乘人不宜过多。

5. 弯路

弯路的设计是为了很好地体现车辆的转向性能、抗侧倾能力和操控性。由于该测试危险系数较高，考虑到乘车人员及车辆的安全性，该路段不建议客户和一般的销售顾问驾驶车辆，应由试驾专员来完成。

6. 泥泞湿滑路

该路线的设计主要是为了体现车辆的主、被动安全设备性能和车辆的抗湿滑能力。试驾过程中宜慢速通过，保持车速在 20～40 千米/小时位最佳。

7. 颠簸路

颠簸路是为了体现车辆的舒适性和通过性。行驶过程中视路面状况，建议保持车速在20～40千米/小时位最佳。

8. 乡间小路

乡间小路最能体现车辆的制动能力、挡位变换性能。不过由于乡间道路较为狭小，需要注意弯道瞬间会车的安全，尽量不要超出自己的车道。

三、试乘试驾前的讲解

客户坐到驾驶位置后，必须先告知其完成座椅调整、转向盘调整、后视镜调整以及系好完全带四项工作后，才能启动车辆。在此过程中，销售顾问需要提醒客户一些安全注意事项："先生，在驾驶过程中，有两件事情要请您注意一下：第一，要注意安全，毕竟您的安全是最重要的，因此请您务必遵守交通规则，并听从我的引导；第二，在驾驶过程中，我会适时提醒您行驶的路线，这样您就完全不必担心走错路，尽情享受试驾的乐趣。"

四、试乘试驾中的讲解

试乘试驾中的讲解

试乘试驾过程是体验车辆动态性能的最佳时机。有些客户可能情绪会激动，这样就无法平静而客观地仔细感受车辆行驶在特定路段上的乘坐感受了，也就是说客户常常会在不知不觉中错过许多体验点。

作为销售顾问，在此过程中的重要作用，就是适时地提醒甚至指导客户，使其充分体验试乘试驾带来的说服力。同时，注意在客户试驾过程中要不失时机地多赞美客户，让客户有满足感。

下面列举一些试乘试驾中销售顾问需要提醒的常见体验点：

1. 安全带未系报警

此项目必须在绝对安全的道路上进行，例如经销商展厅的院内。展示时可以告知客户："先生，您注意到车辆现在'滴滴'的报警声音了吗？还有仪表板亮起了一个红色报警灯。这个报警是提醒驾驶员系好安全带，这是一个非常贴心的安全设计。"

2. 起步加速

在展示前应先向客户说明，待此项展示结束时，再和客户交流感受。

"接下来我要演示车辆的原地起步加速，在这个项目中，您可以体会到车辆的起步加速能力，以及变速器的换挡表现。"

"先生，刚才您是否感觉到车辆的加速能力很强，带有明显的推背感？这就是我们发动机产生的强大动力。另外，您是否注意到，车辆的加速过程非常平顺，没有一般车辆换挡时的冲击感？这就是变速器和发动机非常匹配的结果。”

3.中段超车加速

“接下来我要演示车辆的中段超车加速，在这个项目中，您可以体会到车辆在行驶过程中的加速能力。”

“先生，刚才您是否感觉到车辆在行驶中的加速能力同样很棒，而且加速的响应速度和平稳性都很好？开这辆车可以明显缩短超车时间，加强安全性。”

4.紧急制动

“前面的一段道路非常平直，而且没有其他车辆、行人和障碍物，我将向您演示紧急制动性能，请抓住车顶的扶手，尽量避免身体前冲。我们看看车辆从时速70千米到完全停下来需要多长的距离。”

“先生，车辆完全停下来大概不过×米，这说明车辆制动性能非常强，您说是吗？您注意到没有，在紧急制动的时候，车辆行驶的方向仍然非常稳定，而且车辆几乎没有点头现象，这都是精心调校的底盘系统的功劳。”

5.坏路通过

“前面有一段正在施工的碎石不平道路，我们将要慢速通过，在通过时，您可以感受一下在通过不平路面的颠簸情况，以及您乘坐的舒适性。另外，您还可以注意听一下来自底盘的声音。”

“这辆车采用了最新的四轮独立悬架，并进行了精心的调校，能很好地兼顾高速剧烈行驶的操控稳定性和通过这种坏路的舒适性。通过刚才那段坏路时，您是否注意到，车辆不会像其他有些车那样发出吱吱嘎嘎的异响。”

四、试乘试驾后的技巧

试乘试驾结束后，销售顾问要与客户返回展厅，请客户填写《试乘试驾客户信息及意见反馈表》，对试驾车辆、试驾路线、试驾服务等方面写出自己的体验和感受，提出相关的意见和建议。

销售顾问还要与客户进行沟通，了解客户进行试驾之后的体验和感受，对客户提出的问题进行有针对性的解答，增强客户的购买信心。对客户特别感兴趣的性能和配备再次加以说明，并引导客户回忆美好的试驾体验。如果客户试驾时有疑虑，应立即给予合理和客观的说明。

客户试驾结束后，对产品的热度尚未退却，此时对客户进行引导，可以自然地促使客户成交。对暂时未成交的客户，要利用留下的相关信息，与客户保持联系。总之，对每一位客户均应自始至终表现出热情，并感谢其参与试驾。

【任务训练】

1.训练任务

自选车型，设计试驾路线图，进行试乘试驾模拟训练。

2.训练目的

通过试驾路线的设计，锻炼学生试驾路线的规划能力；通过试乘试驾的模拟，让学生掌握试乘试驾的方法和技巧,同时锻炼学生的沟通能力。

3.训练所需工具及材料

洽谈桌椅、茶水、试驾协议书、试驾客户意见反馈表、驾照等。

4.训练步骤

(1)训练:将学生分为若干团队,选出组长,在组长带领下进行试乘试驾的模拟训练。

(2)考核:教师随机选团队进行现场的展示,一位学生扮演销售顾问,一位学生扮演客户,向全班学生展示试乘试驾的过程,其他学生认真观察并记录过程。

(3)评估:模拟结束后,观察的学生指出模拟过程中存在的问题,教师进行总结和评价。

【思考与练习】

1.试乘试驾的流程包括哪几个部分?

2.试乘试驾的目的是什么?

3.试乘试驾前要做好哪些准备工作?

4.试乘试驾的路线规划有何要求?

5.试驾结束后,客户不愿意回展厅怎么办?

任务八 价格商谈

【学习目标】

1. 了解汽车价格的组成体系。
2. 正确认识价格商谈，掌握价格商谈的原则。
3. 能够灵活运用价格谈判技巧，促成交易。

【任务分析】

目前，各个汽车生产厂家的营销部门、经销商(4S店)基本都在应用汽车销售标准九大流程：客户开发、接待、需求分析、车辆介绍、试乘试驾、报价协商、签约成交、交车、售后服务跟踪，这个流程在日常营销中也是起到了非常好的作用。在这九大流程中，每个流程又各自具有自己的分流程。经过多年的实践，人们已经将各个分流程总结、整理得非常完善。按理说销售人员经过培训、学习、实践，在日常销售中按照这些流程去执行就可以了，那为什么销售人员会对报价协商环节倍感困难呢？

经调研，产生这一现象的原因有两个：一是因为这个环节的变数最大(人、心理、环境、市场等)；二是对这一环节的价格体系还不甚了解。尤其是第二个原因，如果销售人员能够认知并掌握这个价格体系，对于解决他们的困惑将起到非常好的作用。

本次任务是通过学习汽车销售流程中价格商谈的方法和技巧，使读者掌握销售流程中的价格体系及成交技巧，促成签约成交。

【相关知识】

8.1　正确认识价格商谈

一、销售流程中的价格体系

1. 汽车销售价格体系的组成

一般而言，在汽车销售过程中，汽车销售价格体系是由 5 个价格组成的：市场价格、优惠价格、展厅报价、客户心理价位、最终成交价。

(1)市场价格：厂家对市场公布的终端销售价格。如 4S 店展厅价格标牌、网络上、广告中公布的价格一般都是市场价格。

(2)优惠价格：各个经销商依据市场价格、厂家商务政策、市场状况等因素制定的市场优惠价格，其可能是市场价格，也可能高于或低于市场价格，其优惠的形式一般表现为现金。

(3)展厅报价：一般各个经销商为了促进销售，会在优惠价格的基础上再制定各种优惠政策(一般形式为赠品)在展厅中应用。展厅报价＝优惠价格(现金优惠)＋赠品(大礼包)。

(4)客户心理价位：任何一个客户在购买产品时几乎都不会知道该产品的进价(或成本价)，他们在充分了解并认同该产品的同时也形成了自己对该产品的价格取值，这就是客户心理价位。

(5)最终成交价：产品的最终成交价格，一般是展厅报价与客户心理价位之间的取值。

按照这个价格体系理论，销售的报价协商环节就是销售人员同客户在展厅报价与客户心理价位之间寻找平衡点，这个平衡点就是最终成交价。在汽车销售过程中，销售人员认识并掌握了这个理论以后，就能够顺利地解除一直以来纠缠他们的困惑。

2. 销售环节价格体系的意义

(1)按照销售价格体系理论，客户对销售人员的初次报价(展厅报价)不认同，这在报价协商环节是非常正常的现象。

销售人员不要为此产生急躁或不理解的情绪。在实践中，许多销售人员非常感慨地说：我们的报价总得不到客户的认可。这非常正确，客户在价格方面一般不可能接受你的初次报价(当然对于一些感性客户例外)。这是因为客户心理存在的问题：如底价是多少？最便宜了吗？不会上当吧？有可能你并没有为客户彻底解决。你怎么能指望客户这时就与你成交了呢？

(2)当客户对你的初次报价表示不认可时，按照这一理论，你并不会茫然，因为，你知道接下来该做什么——积极、巧妙、准确地探寻客户的心理价位。您的朋友、同事是以什么价格在哪买的？再送“一付脚垫”满足您的要求了吧？您说个价，我看能否满足您的要求？这些都是探寻客户心理价位的话术。

(3)在客户还没表露出其心理价位之前，销售人员应当十分清楚与客户关于价格的协商不可能很快结束。因此，销售行为上应该表现出不急、不躁、冷静、耐心。通过巧妙地探寻，耐心地等待客户表露出其心理价位。

（4）有时不需要探究客户的心理价位，但有时一定要客户给出这个价位，因为从客户给出这个价位的行为中，我们还能得出以下三个非常重要的结论：

1）该价位距离成交价很远，这时你应重新审度客户的购买意愿了。

2）该价位在成交价之内，那就抓紧成交。

3）该价位距离成交价很近，采用赠品促使客户成交。

二、价格商谈

1.正确认识价格商谈

汽车销售流程的第五个环节——价格商谈，经过给客户详细地进行产品说明之后，进入此环节。因此，要正确地认识“价格商谈”。

（1）顾客要求进行价格商谈，意味着顾客感兴趣，顾客有成交的可能；

（2）价格商谈是对一个销售人员素质的全面考验，绝不仅仅是“讨价还价”；

（3）价格商谈没有“常胜将军”，没有专家；

（4）价格商谈绝对有原则和技巧，通过不断的反复的学习、实践、交流和总结，一定可以提高成功率。

2.价格商谈的五大原则

（1）准确把握价格商谈的时机。

购买语言信号：

①谈及具体的支付条件、赠送品、车身颜色、交车时间；

②开始认真地杀价；

③提出有关售后服务、保修、上牌、保险等各种费用；

④提问第三者意见时。

购买表情信号：

①嘴巴微张，嘴边肌肉松弛时。

②表现出满意或者接受的表情。

③随着销售人员的话，表情微妙变动时。

（2）价格商谈的前提条件：取得顾客的“相对购买承诺”。

顾客如果没有承诺当场签单付款：

①不要进行实质性的“价格商谈”，不要受顾客的胁迫或诱惑（“底价你都不肯报，我就不到你这里买了”、“你价格便宜，我下午就过来订”……），不要怕因此而流失顾客。

②否则，成为牺牲品（垫背）几乎是注定的，因为顾客将拿你的底价再去压其他经销商给出更低的价格，或下次再来的时候在本次的基础上再压低。

③可告知公开的“促销活动”内容。

④如果顾客还没有最终确定车型，让顾客考虑成熟了再过来订车：“我这两天再提供一些信息和资料给您参考一下，您比较一下，定下来买我们这款车后，您过来订车，我保证给您最优惠的价格。”

⑤如果顾客已经确定了车型，但要比较几个经销商的价格，就给顾客一个“优惠价格承

诺”:“保证您满意我们的价格”、“除了价格让您满意之外,我们还有这么好的售后服务站”。

顾客如果承诺当场签单付款:

①“你价格合适,我今天就定下来。”

②确认顾客承诺的可信程度:顾客是否具备了签单付款的条件?如果不是,那么顾客的承诺极可能是虚假的!

顾客是否具备了“销售三要素”?(“MAN”,即:购买力+决策权+需求)

顾客是否已经“设定购买标准”?是否已经决定买车?(“想要购买”)是否决定了买什么样的车?(根据其需求“设定标准”)

③顾客是否已经发出了“购买信号”?他决定就买这款车吗?(购买意愿)他带钱了吗?

④只有确认顾客的承诺是诚心的,才是开始价格商谈的时候!

(3)价格商谈成功的重要因素:充分的准备。

①充分的准备会让价格商谈更轻松,正所谓“知己知彼,百战不殆”。

②了解顾客的背景:

a.顾客的购车经历;

b.顾客的决策行为类型。

③建立顾客的舒适感。

④取得顾客的信任和好感(专业、热情、亲和力)。

⑤关心顾客的需求——让顾客感觉到“我要帮你买到最合适你的车”,而不是“我要你买这款车,我要赚你的钱”。

(4)必须找到价格争议的真正原因。

①顾客想价钱付得越少越好,销售代表则想赚得越多越好。

②顾客认为不讨价还价就会被销售代表欺骗。

③顾客并不完全了解他将要购买产品和服务的全部价值。

④顾客可以从众多的经销商和销售代表那里买到产品。

(5)价格商谈的目标:双赢。

①顾客:以最便宜的价格买到最合适的车。

②销售顾问:以顾客能接受的最高的价格卖出车;同时,让顾客找到“赢”的感觉——“最便宜的价格买到最合适的车”。

8.2 价格商谈的技巧

一、报价的方法

1.三明治报价法

当客户进入成交阶段,销售顾问对销售价格进行说明称为报价。报价是最后促进客户购买决定的关键环节,如何做好报价说明,是销售顾问必须掌握的基本技能。

销售顾问在向客户说明价格的过程中一定要注意,不仅要说明车辆的零售价格,而且要在报价的同时，说明车辆带给客户的利益和产品价值。这在汽车销售中称为"三明治报价法"(如图 8-1 所示)。

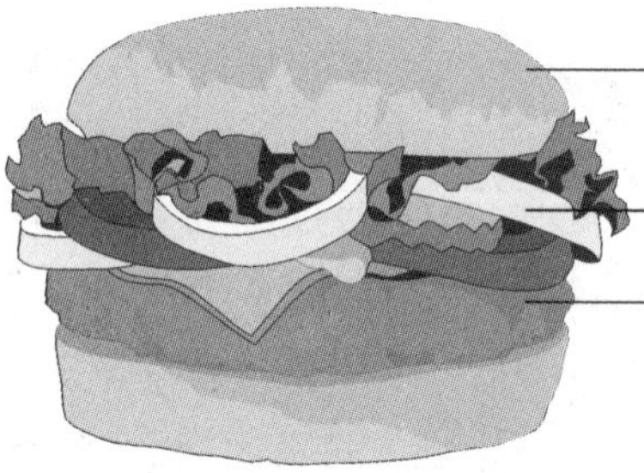

图 8-1 三明治报价法

一般来说，汽车销售大多采用三明治报价法。具体做法是总结出你认为最能激发客户热情的能够给客户带来利益的好处，这些东西都能够满足客户主要的购买需求，清楚地报出价格。如果客户还有异议，请给出一些你相信能超出客户期望的针对客户的益处，比如再赠送东西，或者在客户感兴趣的配置之余还有超过客户想象的其他配置，让客户觉得物超所值。

三明治报价法就是指先不急于报价，多宣传产品的价值，减轻客户敏感度的报价方法。例如，我们可以这样说："这辆车是我们今年最流行的车型，开上它您肯定会赢得不少回头率，让你面子十足。现在的报价是 18.8 万元，最近我们在搞店庆活动，现在买的话还可以送您价值 8000 元的大礼包。"

2. 比较报价法

客户购买产品一般都会货比三家，这个时候销售顾问就要用自己的产品优势与同行产品相比较，突出自己产品的优势。我们可以用比较法化解客户的价格异议。例如，"市场上现在装有这些配置的车型都要 20 万元以上，而我们的价格只有 18.8 万元，价格已经是非常到位了。"

常言道："不怕不识货，就怕货比货"。由于汽车价格的透明度非常高，客户一目了然，而汽车产品的优势在暗处，不易被客户识别。因此，销售顾问要把客户的视线转移到产品的优势上，这就要求销售顾问要非常熟悉自己的产品，也要了解市场上的主要竞争产品的特点。

另外，采用比较法时，销售顾问要站在公正、客观的立场上，一定不要恶意诋毁竞争对手的产品。否则，只能让客户反感，结果也会让销售顾问失去更多的销售机会。

3. 价格分割法

如果销售顾问把产品的价格按照产品的使用时间或其他计量单位分至最小，可以隐藏价格的昂贵性，这实际是将价格化整为零。这种方法的突出特点是细分之后没有改变客户的实际支出，到那时可以给客户一种不贵的感觉。

例如，销售顾问在给客户介绍完一款价值 10 万元的汽车时，销售人员可以这样说："您说的确实不错，10 万元是个大数目，但是您想过吗，您的汽车起码能开 10 年吧，这样算下来每天也就 20 多元，比打车还便宜呢。更何况打车既不方便也不安全，自己开车多舒服呀，您说是吧?"

4.优惠报价法

报价时可以将价格和达成协议的优惠条件联系起来。例如，“这款车原价 12.98 万元，现在正值十一黄金周，我们在搞促销活动，只需 12 万元就可以开回家了，10 月 8 日就要恢复原价，现在买最划算了。”

二、报价的时机

顾客要求进行价格商谈，意味着顾客感兴趣，顾客有成交的可能。价格商谈是对一个销售人员素质的全面考验，绝不仅仅是“讨价还价”。价格商谈的时机不对，往往是战败的最主要、最直接的因素。

1.客户刚进店就砍价

顾客第一次来店，刚进门不久，就开始询问底价。这时销售顾问不要立即报价，而是注意观察顾客询问的语气和神态，询问顾客几个问题：

您以前来过吧？

您以前在我们店或其他地方看过该车型没有？

您买车做什么用途？

您已经决定购买该车型了吗？

您为什么看中了这款车？

您打算什么时间买？

通过观察、询问后判断：顾客是认真的吗？顾客已经选定车型了吗？顾客能现场签单付款吗？顾客带钱了吗？

如果顾客不是真正的价格商谈，则应先了解顾客的购车需求，然后推荐合适的车型请顾客决定。销售顾问可以这样说：

“关键是您先选好车，价格方面保证让您满意。”

“选一部合适的车，对您是最重要的，要不然，得后悔好几年。”

“我们每款车都有一定的优惠，关键是您要根据您的用车要求，我帮您参谋选好车，然后给您一个理想的价格；要不然，谈了半天价，这款车并不适合您，那不是耽误您的工夫嘛。”

“这款车我就是给您再便宜，要是不适合您，那也没用啊！所以，我还是给您把几款车都介绍一下，结合您的要求，您看哪款比较适合，咱们再谈价格。您看好吗？”

“我做车好几年了，要不帮您做个参谋，根据您的要求推荐几款车？”

2.客户电话砍价

在电话中，我们无法判断顾客价格商谈的诚意。电话中的价格商谈是“没有结果的爱情”，因为我们即使满足了顾客的要求，也无法在电话中收款签单。电话砍价的处理原则：

1)电话中不让价、不讨价还价；

2)不答应也不拒绝顾客的要求；

3)对新顾客，我们的目标是“见面”；对老顾客，我们的目标是“约过来展厅成交”或“上门成交”。

如果打电话的是新客户，我们可以这样应对：

“价格方面包您满意。您总得来看看样车呀，实际感受一下。就像买鞋子，您总得试一下合不合脚呀！”

“您车看好了？价格不是问题。那买车呢，除了价格，您还得看看购车服务和以后用车时的售后服务，所以呀，我想邀请您先来我们公司参观一下我们的展厅、维修站，看看您满意不满意。”

“厂家要求我们都是统一报价，而且经常检查，查到我们让价的话要重罚的。所以，您要是有诚意的话，就到我们展厅来一趟，看看车，咱们见面都好谈。”

“再要么您忙的话，反正我经常在外边跑，哪天顺便过去一下，给您送点（车型、购车环节）资料介绍一下。”

如果打电话的是老客户，我们可以这样应对：

“顾客是上帝呀，我哪能让您大老远跑过来！这样，我马上到您那去一趟，耽误几分钟，您地址在哪儿？”

“再要么今天您忙的话，反正我经常在外边跑，哪天我顺便过去一下，耽误您几分钟，给您送点（车型、购车环节）资料，再聊一下。”

“别人的价格是怎么算的？车价只是其中的一个部分呀，这电话里也说不清楚，要不您过来，我帮您仔细算算？”

“您这个价格，我实在是很为难；要么这样，您跟我们经理（老总）谈一下？您哪天方便，我给您约一下？”

“我去问经理肯定没戏，像这种价格，准被他骂的。我倒觉得，您如果是亲自跟他见面谈的话，以您这水平，没准能成呢，我再在旁边敲一下边鼓，应该问题不大。”

3. 正确的报价时机

汽车销售顾问在接待客户的过程中，通过展厅的热情接待给客户树立了良好的印象，初步建立了客户对自己的信任；通过需求分析，挖掘客户的购车需求点；通过展厅六方位绕车介绍，有针对性地向客户介绍车子的性能特点，并且邀请客户进行试乘、试驾，客户已经对这款车子非常喜欢了，这时再进行价格商谈就是最合适的时机了（如图 8-2 所示）。

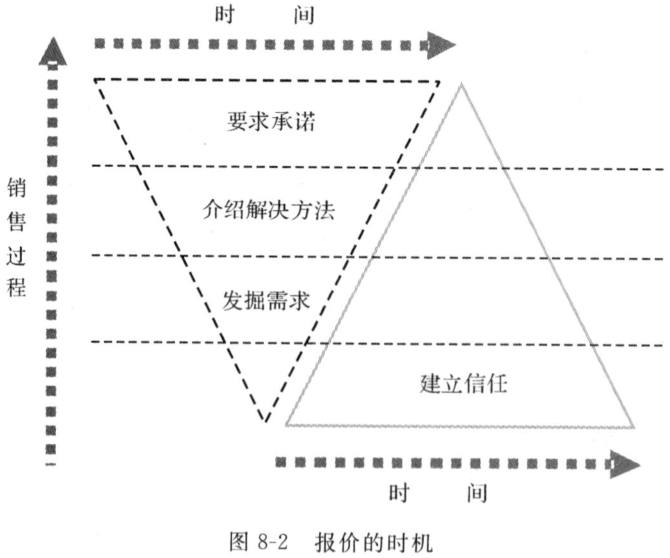

图 8-2　报价的时机

三、价格商谈的技巧

1.初期谈判技巧

(1)提出比你真正想要的价格还要高的价格(注意拿捏好分寸)。

①给自己一些谈判的空间;

②给客户一些还价的空间,避免产生僵局;

③说不定就能成交了;

④提升产品或者服务的价值感(4S店的服务等);

⑤让买主觉得赢得了谈判。

(2)报价的对半法则。

①探询买主期望的价格;

②在自己的报价和买主的最初期望中寻求中间点;

③应用对半法则让步,寻求双方接受的平衡点。

(3)千万不要接受对方的第一个提议。

①若对方要求的某一个期望买价高出你的心理买价,你也千万不能立即接受;

②否则,客户立即会产生"我可以拿到更好的价格"的想法;

③客户同样会觉得此事必有蹊跷;在后来的过程中会不停挑毛病和要求其他赠品。

(4)适当的时候表现出惊讶的态度。

①在客户提出议价时表示惊讶;(注:客户不会认为你马上就会接受他的提议,但是如果你不表示惊讶,等于告诉对方他的价格你愿意接受。)

②如果你毫无惊讶的神情,客户的态度会更加强硬,附加条件会更多。

(5)扮演勉为其难的销售人员。

①这是一个在谈判开始之前先压缩客户议价范围的绝佳技巧;

②当你使用这个技巧,客户会放弃一半的议价范围;

③小心提防勉为其难的买主。

(6)适当的时候要做到立场坚定、紧咬不放。

①以立场坚定的态度应对对方的杀价或超低报价,然后让客户给出一个更合适的报价;

②如果对方以同样的方法对付你,你应该反其道而制之。

2.中期谈判技巧

(1)借助公司高层的威力。

①如果客户要求的价格超出你想要成交的价格,你在两次让利之后客户还是要求再让,你可以借助高层的力量,表明自己实在无能为力,将决定权推到上面;

②取得客户的相对承诺,让客户表明他现在就有签单的权利。

(2)避免对抗性的谈判。

①如果客户一上来就反对你的说法,不要和他争辩,千万不可造成对抗的氛围;

②使用"了解、我明白、我同意、感受到、发现"等字眼来化解客户的敌意;

③用转化的方法消除客户的抗拒。

(3)抛回烫手的山芋。

①别让其他人把问题丢给你;

②当对方这么做的时候，你要探测这个问题的实际性，还是只是个幌子；

③永远记住怎样在不降低价格的情况下解决这个问题。

(4)交换条件法。

①在确认能够成交的基础上，如果客户提出更多的要求，你也要提出一些要求作为回报；

②可以避免客户再提更多的非分要求；

③牢记："如果我帮了您这个忙，那么您可以帮我一点忙吗?"

3.后期谈判技巧

(1)好人/坏人法(红脸/白脸法)。

①当你和两个以上的对象谈判时，对方可能采用这样的方法；

②当你和同事一起采用这样的方法的时候，可以有效地向你的对手施压，同时还可以避免局面尴尬。

(2)蚕食鲸吞法。

①当客户基本决定差不多的时候，让他同意之前不同意的事情；

②销售人员一定要在最后做出进一步的努力；

③成交后让客户购买更多的东西。

(3)取消之前的议价。

①如果客户要求一降再降的话，在最后环节，销售顾问要想方设法取消以前的议价；

②这个方法很冒险，只有在买主不停杀价的情况下使用；

③避免正面冲突，要捏造一个上级主管来当红脸。

(4)拟订合同法。

①在洽谈得差不多的时候，借给客户倒茶水的机会离开，再次回到位置上的时候顺便拿上一份合同在自己的手上；

②有意给客户解释合同上的条款，往有利的方向引导客户；

③让客户感觉不好意思不签合同。

四、成交技巧

销售人员如果要成功地完成销售，关键就是要全面地了解顾客的态度，以及顾客对于车辆说明和成交试探的反应，这就需要销售人员选择使用最恰当的成交技巧和成交方法。

1.直接法

销售人员得到客户的购买信号以后，直接提出建议购买的方法。直接法适应以下几种情况：

(1)销售人员比较熟悉的老客户或保有客户，或新的意向客户已经确认建立了互信的关系。

(2)客户在听完销售人员的相关汽车产品介绍后，没有表示异议，甚至对销售人员的介绍表示十分的赞同。

(3)客户对某一辆汽车已有好感，购车意向比较明显，但不愿主动提出成交建议。

(4)销售人员在处理完了客户的重大异议之后或成功地帮助客户解决了某些困难。

(5)当销售人员拿着合同做试探，而客户没有明显的拒绝反应。

2.假设成交法

假设成交法是指销售人员在假定客户已经接受销售建议，同意购买的基础上，通过提出一些具体的问题，直接要求客户购买的方法。如“看得出来您对这台车的各个方面都比较了解，也比较喜欢，您若购买，是喜欢红色还是白色的?”

3.二选一法

您是现金还是分期付款？车的颜色是红色还是银色？

注意：销售人员提供的选择方案要让客户从中得到一种肯定的答案。向客户提出选择时，应避免提供太多的方案，最好的方案就是两项。

4.诱导法

您现在购买车，我公司搞促销活动，从×月×日到×月×日，可以赠送前挡贴膜哦，数量有限。

如您现购买车，正好赶上后天节假日，您可以带着家人出门旅游，多方便啊，您看，现在天气多好啊，不冷不热，正是出游的好季节啊。

5.供应压力法

以该车型(颜色、数量等)紧张为由提示客户成交。

6.赞美法

该方法比较适合那些自诩为专家、十分自负的客户，让其内心接受你的赞扬，促其成交。

7.小恩小惠促进法

在公司允许或者得到授权的情况下，给客户一点折扣，促进成交。

“如果您今天就做出决定，我争取赠送您一副脚垫，或者增加免费保养的次数，或售后服务价格比较优惠等。”

8.利益总结法

当对客户购车的利益做出总结且让客户心动时，促进成交。

9.订单成交法

订单成交法是指当销售人员对客户进行产品介绍之前，可以预先准备一张设计好的订单，这张订单的内容可以是一些假设性的问题。例如，销售人员可以假设性地询问顾客：“您看，这款车子您是喜欢黑色还是红色呢?”并将这些问题从浅到深来进行排列。在产品介绍过程中，销售人员可以根据所罗列的问题不经意地对客户进行询问，等到产品介绍完成，客户心目中所确定的车型也已明确。此时，销售人员就可以抓住时机，促成顾客签约。同时，这张订单上要写上日期和客户姓名等基本资料，让客户感觉到这是根据他的需求而量身定做的一款车型。

五、汽车销售过程中的一些小技巧

(1)每天要保持一个良好的心态，俗话说态度决定一切，不要因为一些小事而有太大的情绪波动，不要把不良情绪表现在脸上。

(2)千万不要以貌取人，对待每一个客户都是公平的，能到店看车的人肯定会有买车的计划，无论他买什么车，一定要拿出最真诚的态度去接待他。

(3)要对自己所销售的车辆充满信心，坚信自己销售的车肯定比竞争品牌的车强，这样才能去说服客户，让他有机会去选你店里的车。

(4)要学会微笑,你对客户笑,客户才会对你笑,这样会给客户一个良好的印象。

(5)当客户进展厅以后,一定要用最短的时间判断出客户中哪个才是决策人物,而他又受谁的影响,这样你就知道了你的话重心要说给谁,对谁说才有说服力。

(6)消除顾客心中的抵触。

(7)多提问,控制主动权。

(8)处理价格方面的异议。

(9)当客户选中你所推荐的车,与你谈价的时候,客户的期望值往往比较高,你一定要拿出诚意来,并且表现出一副非常可怜的样子,让客户对你产生一点同情,这时候他的期望值会降低,从而促进销售成功。

(10)最后一点就是当客户把车款交完的时候,你一定不要把客户扔在一边不管,这时候你应该跟他再聊会天,对他进行一些安慰,从而拉近你与客户的关系,这样对以后的销售会有很大的好处。

总之,汽车销售是与人交流的过程,需要根据流程进行。以提问为主导,做好顾客购车的顾问,把握销售过程的主动权,把顾客购车与不购车的痛苦和快乐扩大,汽车销售就成功了。

【任务训练】

1.训练任务

通过讨论,给出下列客户对价格疑问的应对话术:

客户1:“别的车子都在降价,你们为啥不降?”

客户2:“同样的车子,在其他地方买能够多优惠3000元呢。”

客户3:“再降2000元我就买了。”

客户4:“你说送的导航值8000元,这样吧,导航我不要,你给优惠8000元现金吧。”

2.训练目的

通过小组讨论,写出客户对价格疑问的应对话术,锻炼学生对价格的应对技巧、对客户异议的处理能力及团队合作能力等。

3.训练所需工具及材料

洽谈桌椅、大白纸、记号笔等。

4.训练步骤

(1)训练:将学生分为若干团队,选出组长,以小组为单位进行讨论,经讨论后把结果写在纸上。

(2)展示:各小组将完成的应对话术进行集中展示,小组派代表进行总结汇报。

(3)评估:教师根据汇报结果,对每个小组的内容进行点评。

【思考与练习】

1. 简述汽车价格体系的组成。
2. 价格商谈的原则是什么？
3. 什么是三明治报价法？
4. 如果某位客户一进店就砍价，你会如何处理？
5. 促进汽车成交的技巧有哪些？

任务九 客户异议处理

【学习目标】

1. 了解客户异议产生的根源。
2. 了解客户异议的类型。
3. 掌握正确看待客户异议的心理。
4. 掌握处理客户异议的方法。

【任务分析】

在销售的过程中，会经常遇到客户异议，但只要我们敢于面对异议，懂得处理异议的方法和技巧，处理好了异议之后，让客户异议处理为签约成交铺平道路，最终让成交变得相对顺利，这是我们大家都希望看到的最佳结果。反之，如果异义处理不好，就可能引起客户的不满，甚至让成交离我们更加遥远。

本次任务是通过学习客户异议处理，让学生用正确的心态去面对客户异议，了解客户异义的类型，掌握客户异议处理的方法和技巧，为签约成交铺平道路。

【相关知识】

9.1 正确认识客户异议

一、客户异议产生的原因

在汽车销售的整个过程中，销售顾问从客户接待、需求分析、车辆展示介绍、试乘试驾到最后的签约成交，每一个环节都可能会遭遇客户的异议。客户异议是销售顾问在销售过程中的任何一个举动，客户所表示的不赞同、提出质疑或拒绝。比如，客户表示"真的是这样吗"、"我不这么想"、"我觉得应该是这个价格"、"我不喜欢这个型号"、"功能太复杂，用起来太麻烦了"等，这些都是异议。只要涉及人们的态度与思想的交流，就会产生异议，所以在销售过程中出现异议是常见的。客户一旦提出异议，基本上代表他对该汽车产生了兴趣。有句俗话说得好："嫌车才是买车人。"一般来说，当销售顾问告诉客户这款汽车安全性高、那款汽车性价比高时，客户就会对这些汽车产生浓厚的兴趣。往往越成熟的客户会提出越多的异议，一个成熟的消费者，提出异议是必然，异议是客户对产品产生兴趣的表现之一，有异议是好事而不是坏事，关键是销售员怎样去应对这一切。对汽车销售顾问来说，首先要正确地分析客户异议产生的原因。在通常情况下，客户异议主要来自以下两个方面：

1. 销售顾问方面的原因

(1)销售人员无法赢得客户的好感，如举止、态度让客户产生反感。

(2)做了夸大不实的陈述。比如，以不实的说辞哄骗客户，结果带来了更多的异议。

(3)使用过多的专业术语。如专业术语过多，客户觉得自己无法理解又不好意思深究。

(4)事实调查不正确。销售人员引用不正确的调查资料，引起了客户的怀疑。

(5)不当的沟通。说得太多或听得太少都无法把握客户的需求点，因而产生许多异议。

(6)展示失败。展示失败会立刻遭到客户的质疑。

(7)姿态过高，让客户理屈词穷，与客户发生争论、抬杠。比如，处处强势，客户感觉不愉快，提出主观异议。

(8)没有给予客户应有的尊重。

(9)不懂随机应变。销售顾问总认为自己是对的，让客户听从自己的建议、同意自己的看法，结果让客户心里不愉快进而提出更多的异议。

销售顾问在与客户交流的过程中，一旦让客户感到不愉快，客户会马上提出很多不同的意见，严重的马上离开，终止购买行为。因为客户担心在你这里购买了以后，在以后的售后服务上也会合作不愉快。如果销售顾问能够认清自我、尊重客户，可以减少很多客户异议的发生。

2. 客户方面的原因

(1)拒绝改变。多数人对改变都会习惯性地产生抵触情绪，因为销售人员的工作或多或少会给客户带来一些改变。例如，从目前心仪的低配车型转换成功能更丰富的高配车型；从目前预算充足的车型转化成需要动用更多积蓄或分期付款才能购买的车型，等等。

(2)情绪处于低潮。当客户的情绪正处于低潮时，可能没有心情商谈，也容易提出异议。

(3)没有意愿。客户的意愿没有被激发出来，没有引起他的注意及兴趣。

(4)无法满足客户的需求。客户的需要不能充分得到满足，因而无法认同你的产品。

(5)预算不足，因而产生价格上的异议。

(6)借口、推托。客户不想花时间来商谈。

(7)当客户抱有隐藏的异议时，会提出各式各样的异议。

(8)客户的期望未能满足。这可能是由于销售人员的服务态度不够专业，或是等待的时间过长，或是销售人员的粗心大意而致使的。客户的期望未能得到满足，自然而然地容易产生异议。

(9)客户对销售人员产生不信任。例如，当客户对产品了解得十分透彻，而销售人员所介绍的内容与客户所了解的信息却不对称时，客户就会对销售人员产生不信任。因为客户对销售人员所说的每一句话都会抱着审视的态度，如果销售人员提供的信息再与客户了解的信息相违背甚至是有误时，其结果可想而知。

二、客户异议的类型

客户提出的异议多种多样，不同的客户会有不同的异议。销售顾问必须观察判断这些异议的内容，把这些异议进行归类，从而更有利于找到应对方法。一般来说，客户异议主要体现在以下几个方面：第一，产品因素，这是解决客户需求和满意价值的主要因素；第二，服务因素，主要解决客户满意价值和成本适中的因素；第三，品牌因素，主要解决客户满意价值的因素；第四，人员因素，主要解决客户满意价值的因素；第五，价格因素，主要解决客户成本适中或产品性价比的因素；第六，时间因素，主要解决客户成本适中问题的因素。

客户异议可以说是销售人员在销售过程中碰到的最大障碍，也是最难以解答的问题。不过，如果了解客户通常有哪些异议，并把所有的异议归类的话，问题还是比较容易解决的。基于以上因素，我们把客户的异议分为真异议、假异议和隐藏的异议三种类型。

1. 真异议

客户认为目前没有需要，或对你的产品不满意，或对你的产品持有偏见，例如，客户从别人那里听说你的产品容易出故障。对于此类“真异议”，销售人员必须视情形考虑是立刻处理还是延后处理。

当客户的异议属于其关心的重点时，当你必须妥善处理后才可能继续进行销售时，当你处理异议后能立刻获得订单时，你应该立即处理异议。

反之，在以下情况下可以考虑延后处理：当碰到你权限以外或你不确定的事情时，先承认自己无法立刻回答，但保证会迅速找到答案并告诉他；当客户在还没有完全了解产品特性及利益前提出价格问题时；当客户的异议在后面可以更清楚地得到证明时……

2. 假异议

假异议通常可以分为两种：一种是指客户用借口、敷衍的方式应付销售人员，目的是不想诚意地和销售人员会谈，不想真心介入销售的活动；另一种是客户提出很多异议，但这些异议并不是他们真正在意的地方，如“这件衣服是去年流行的款式，已过了时”、“这车子的外观不够流线型”……虽然听起来也是异议，但不是客户真正的异议。

3. 隐藏的异议

隐藏的异议指客户并不把异议提出，而是提出各种真异议或假异议，目的是要借此假象造成隐藏异议解决的有利环境。例如，客户希望降价，但却提出其他如品质、外观、颜色等异议，以降低产品的价值，从而达到降价的目的。

(1)听说这款车油耗蛮大的，动力还不充足？

(2)如果买了以后不久又降价了怎么办呢？

(3)你的价格怎么比另一家的高呢？

(4)车身比人家短，空间怎么会大呢？

(5)在我们买车之前，每一个经销商都说自己的售后服务这也好那也好，其实，谁知道呢？

【案例 9-1】

客户：虽然喜欢这款车，但我买不起啊。

销售顾问：您放心，价格上我们肯定会尽量给您优惠，除了价格，您还有什么不满意的地方呢？

客户：我觉得红色有些招摇，如果有白色就好了。

销售顾问：那太好了，这款车有白色的，只是大部分客户都喜欢红色，我们就只进了红色的。如果您下单交了定金的话，我们可以帮您从厂家调一台白色的过来，而且比红色的还要优惠一千元呢，您现在就定下来吧？

客户：好的。

三、正确看待客户异议

客户提出异议说明他是潜在顾客，说明他对产品有兴趣。客户异议既是成交的障碍，也是成交的信号，不管是何种异议，你首先得对异议持正确的态度，如此才可能用正确的方法来处理好异议。因此，正确对待顾客的异议是妥善处理客户异议的前提。一般来说，在面对客户的异议时，最好能持以下态度：

异议是宣泄客户内心想法的最好指标。

异议经由处理能缩短销售周期，而争论则会拖延甚至葬送销售进程。

没有异议的客户才是最难应对的客户。

异议表示你提供的利益仍然不能满足对方的需求。

注意聆听，区分真异议、假异议及隐藏的异议。

不可用夸大不实的话来处理异议，当你不知道答案时，请说"我将尽快提供答案"。

将异议视为客户希望获得更多信息的信号。

异议表示客户仍有求于你。

1. 销售人员普遍害怕客户异议

不成熟的市场与不成熟的客户会产生很多的客户异议。对销售人员来说，大都是害怕客户异议。然而在汽车精品销售的过程中，影响成交的重要因素之一就是客户的异议。精品销售人员在销售过程中，经常会遇到客户提出的异议。销售人员要明白"挑货人才是买货人"的道理，客户没有问题才是销售过程中最大的问题。对待异议，销售人员首先要端正心态。此外，也要在处理异议的过程中找到自己的优势和不足，及时取长补短。

2. 销售人员的价值取决于产品的销售难度

判断一个销售人员有没有能力，不是看他背产品知识背得多好，而是看他解决问题的能力。解决客户异议正是销售人员个人价值的体现。4S 店老板雇用销售人员，就是帮忙解决顾客的问题。经理需要解决的问题，就是老板需要解决的问题，销售人员的能力就在解决问题的过程中体现出来。任何企业不可能没问题存在，顾客也不可能没问题存在。销售人员所要思考的就是：问题怎么解决、用什么方法来解决，解决的状况就代表了一个人的能力。所以说，一个好的销售人员，往往就是一个解决问题的高手，甚至他会将问题消灭在萌芽之中。

3. 有效预测客户异议

客户没有提出异议就达成的交易情形极其少见。客户在想什么，销售顾问要能预料到，并告诉客户自己的答案。能在异议萌芽之初消灭异议，是因为预先知道客户在想什么。防止因客户突然提出异议而使销售人员措手不及，从而失去促成销售成功的机会。

4. 以平常心对待客户异议

汽车销售顾问在处理客户异议时，首先必须认识到，客户产生异议是一件很正常的事情，提出问题的客户才是最有可能购买汽车的客户。因此，销售人员要控制好自己的情绪，正确对待客户异议，继续努力，说不定能使销售发生转机。其次，销售人员要明白，客户有拒绝购买的权利。遭到客户拒绝的时候，销售人员不应该自暴自弃或放弃继续努力。拒绝虽然会给汽车销售顾问带来一定的心理压力，但真正优秀的精品销售人员善于从拒绝中总结经验，尽快找到解决办法，为成功签约做好准备。

【案例 9-2】

客户：你所说的这个价格我无法接受。

销售顾问：我知道这辆车的价格比较贵，但它的性能真的很不错。根据我们的调查，这款车车主都反馈说很满意，也很少出现毛病，相对有的品牌来说，可以为您省下不少修理费用。与其买一辆经常需要"治疗"的汽车，不如买一辆不怎么"生病"的汽车，事实上它们的价格也相差不了多少，没多久，你就会把这些钱赚回来的。总体来说，这个价格还是很划算的。

客户：你说的也对。

9.2 客户异议的处理方法与技巧

一、处理客户异义的原则

1. 事前做好准备

"不打无准备之仗"是销售人员战胜客户异议应遵循的一个基本原则。销售人员应将客户可能会提出的各种异议列出来，然后考虑一个完善的答复。面对客户的异议，做一些事前准备可以做到心中有数、从容应对，反之，则可能惊慌失措、不知所措，或不能给客户一个圆满的答复以说服客户。国外的许多企业经常组织一些专家来收集客户的异议，制定标准应答用语，并要求销售人员牢记、运用。在实践中，编制标准应答用语是一种较有效的方法，具体程序如下：

步骤 1：把大家每天遇到的客户异议写下来。

步骤 2：做分类统计，依照出现频率排序，出现频率最高的异议排在最前面。

步骤 3：以集体讨论方式编制适当的应答用语，并编写、整理成文。

步骤 4：请大家熟记在心。

步骤5:由经验丰富的销售人员扮演客户,大家轮流练习标准应答用语。

步骤6:对在练习过程中发现的不足,通过讨论进行修改和完善。

步骤7:对修改过的应答用语进行再练习,并最后定稿备用。最好是印成小册子发给大家,以供随时翻阅,达到运用自如、脱口而出的程度。

2.选择适当时机

美国某权威机构通过对几千名销售人员的研究发现,优秀销售人员所遇到的客户严重反对的机会只是普通销售人员的十分之一,主要原因在于:优秀的销售人员对客户的异议不仅能给予一个比较圆满的答复,而且能选择恰当的时机进行答复。可以说,懂得在何时回答客户异议的销售人员会取得更大的成绩,销售人员对客户异议答复的时机选择有四种情况:

(1)在客户异议尚未提出时解答。防患于未然是消除客户异议的最好方法,销售人员觉察到客户会提出某种异议,最好在客户提出之前就主动提出并给予解释,这样可使销售人员争取主动,做到先发制人,避免因纠正客户看法或反驳客户的意见而引起不快。销售人员完全有可能预先揣摩客户异议并抢先处理,因为客户异议的发生有一定的规律性,如销售人员谈论产品的优点时,客户很可能会从最差的方面去琢磨问题;有时,客户没有提出异议,但其表情、动作及措辞和声调却可能有所流露,销售人员觉察到这种变化时可以抢先解答。

(2)在异议提出后立即回答。绝大多数异议需要立即回答,这样,既可以促使客户购买,又表示对客户的尊重。

(3)过一段时间再回答。以下异议需要销售人员暂时保持沉默:当异议显得模棱两可、含糊其辞、让人费解时;当异议显然站不住脚、不攻自破时;当异议不是三言两语就可以辩解得了时;当异议超过了销售人员的能力水平时;当异议涉及较深的专业知识,不易为客户马上理解时……急于回答客户的此类异议是不明智的。经验表明:与其仓促答错十题,不如从容答对一题。

(4)不回答。许多异议不需要回答,如无法回答的奇谈怪论、容易造成争论的话题、废话、可一笑置之的戏言、异议具有不可辩驳的正确性、明知故问的发难等。销售人员可以采取以下处理技巧:沉默;装作没听见,按自己的思路说下去;答非所问,悄悄扭转对方的话题;打趣幽默一番,最后不了了之。

3.争辩是销售的第一大忌

不管客户如何批评,销售人员永远不要与客户争辩,这是因为,争辩不是说服客户的好方法,正如一位哲人所说:"你无法凭争辩去说服一个人喜欢啤酒。"与客户争辩,失败的永远是销售人员。一句销售行话是:"占争论的便宜越多,吃销售的亏越大。"

4.给客户留"面子"

销售人员要尊重客户的意见。客户的意见无论是对还是错、深刻还是幼稚,销售人员都不能表现出轻视的样子(如不耐烦、轻蔑、走神、东张西望、绷着脸、耷拉着头等)。销售人员要双眼正视客户,面部略带微笑,表现出全神贯注的样子。而且,销售人员不能语气生硬地对客户说:"你错了"、"连这你也不懂";也不能显得比客户知道得更多:"让我给你解释一下……"、"你没搞懂我说的意思,我是说……"这些说法明显地抬高了自己,贬低了客户,会挫伤客户的自尊心。

【案例 9-3】

客户：我经常逛车市，等你们折扣低些再买。

销售顾问：您的心情我能理解，谁都希望用最少的钱买到自己喜欢的车子。但是天天看着自己喜欢的东西却不能拥有，这种感觉多难熬啊，还不如早买早享受。

客户：我的朋友半年前也买了这款车子，到现在已经降了 5000 元。你让我怎么买？

销售顾问：您说的没错，这款车的价格年前已经进行了大幅度的调整，但正因为如此，目前已经没有了降价的空间，继续降价的可能性几乎为零。而且这款车本身就是订单式供应，没预订的话，厂家就不会生产，当然就不可能出现库存，没有库存，经销商就没必要降价促销了。老实说，现在这款车的价格已经接近底线，是购买的最佳时机，您千万不能错失良机啊！

二、处理客户异议的方法

1. 忽视法

所谓"忽视法"，顾名思义，就是当客户提出一些反对意见，并不是真的想要获得解决或讨论时，这些意见和眼前的交易扯不上直接的关系，你只要面带笑容同意他就好了。对于一些"为反对而反对"或"只是想表现自己的看法高人一等"的客户意见，你如果认真地处理，不但费时，尚有旁生枝节的可能，因此，你只要让客户满足了表达的欲望，就可采用忽视法迅速引开话题。常用的"忽视法"有微笑点头（表示"同意"或表示"听了你的话"）、"你真幽默"、"嗯！高见！"等。

2. 补偿法

当客户提出异议且有事实依据时，你应该承认并欣然接受，强力否认事实是不明智的举动，但要设法给客户一些补偿，让他取得心理上的平衡，即让他产生两种感觉：产品的价值与售价一致；产品的优点对客户重要，产品没有的优点对客户而言较不重要。世界上没有一样十全十美的产品，人们会认为产品的优点越多越好，其实，真正影响客户购买决策的关键点并不多，补偿法能有效地弥补产品本身的弱点。补偿法的运用范围非常广泛，效果也很实际。例如，美国艾维士汽车出租公司一句有名的广告："我们是第二位，因此我们更努力！"就是一种补偿法。再比如，客户嫌车身过短时，汽车销售人员可以告诉客户"车身短有助于你方便地停车"。

3. 太极法

太极法取自太极拳中的借力使力。太极法用在销售上的基本做法是当客户提出某些不购买的异议时，销售人员可以立刻回复说："这正是我认为你要购买的理由！"也就是销售人员能立即将客户的反对意见，直接转换成为什么他必须购买的理由。我们在日常生活中也经常碰到类似太极法的说辞。例如，主管劝酒时，你说不会喝，主管立刻回答说："就是因为不会喝，才要多喝多练习。"你想邀请女朋友出去玩，女朋友推托心情不好，不想出去，你会说："就是心情不好，所以才需要出去散散心！"这些异议处理的方式，都可归类于太极法。太极法能处理的异议多半是客户通常并不十分坚持的异议，特别是客户的一些借口。太极法最大的目的是让销售人员能借处理异议而迅速地陈述它能带给客户的利益，以引起客户的注意。

4.询问法

询问法在处理异议中扮演着两个角色。

首先，透过询问，可以把握住客户真正的异议点。销售人员在没有确认客户异议重点及程度前，直接回答客户的异议可能会引出更多的异议，从而使销售人员自困愁城。在销售人员的字典中，有一个非常珍贵、价值无穷的字眼"为什么"，请不要轻易放弃这个利器，也不要过于自信，认为自己已能猜出客户为什么会这样或为什么会那样，要让客户自己说出来。当你问为什么的时候，客户必然会做出以下反应：他必须回答自己提出反对意见的理由，说出自己内心的想法；他必须再次检视他提出的反对意见是否妥当。此时，销售人员能听到客户真实的反对原因及明确地把握住反对的项目，他也能有较多的时间思考如何处理客户的反对意见。

其次，透过询问，直接化解客户的反对意见。有时，销售人员也能透过客户提出反问的技巧，直接化解客户的异议。

5."是的……如果"法

人有一个通性，不管有理没理，当自己的意见被别人直接反驳时，内心总会感到不快，甚至会很恼火，尤其是当他遭到一位素昧平生的销售人员的正面反驳时。屡次正面反驳客户会让客户恼羞成怒，就算你说的都对，而且也没有恶意，也会引起客户的反感，因此，销售人员最好不要开门见山地直接提出反对的意见。在表达不同意见时，尽量利用"是的……如果"的句法和软化不同意见的口语。

"是的……如果……"源自"是的……但是……"的句法，因为"但是"的字眼在转折时过于强烈，很容易让客户感觉到你说的"是的"并没有含着多大诚意，你强调的是"但是"后面的诉求，因此，若你使用"但是"时，要多加留意，以免失去了处理客户异议的原意。

6.直接反驳法

在"是的……如果"法的说明中，我们已强调不要直接反驳客户。直接反驳客户容易陷入与客户争辩而不自知，往往事后懊恼，但已很难挽回。但有些情况你必须直接反驳以纠正客户的错误观点。例如，当客户对企业的服务、诚信有所怀疑或当客户引用的资料不正确时，你就必须直接反驳，因为客户若对你企业的服务、诚信有所怀疑，你拿到订单的机会几乎是零。例如，当保险企业的理赔诚信被怀疑时，你还会去向这家企业投保吗？如果客户引用的资料不正确，你能以正确的资料佐证你的说法，客户会很容易接受，反而对你更信任。

使用直接反驳技巧时，在遣词造句方面要特别留意，态度要诚恳，本着对事不对人的原则，切勿伤害客户的自尊心，要让客户感受到你的专业与敬业。

【案例 9-4】

客户：我是你们老客户介绍过来的，可以优惠多少？

销售顾问：非常感谢您的支持和信赖，既然是老客户介绍过来的，我们肯定会给您最实惠的价格。请问介绍您过来的先生或女士是哪一位？我们要做好登记，事后会赠送一份保养服务给他，作为他为我们介绍客户的一份回报。（一方面可以防止以老客户介绍为借口要求降价，另一方面可以进一步维护与老客户的关系。）

客户：他是李伟。你们可以给我多少优惠？

销售顾问：您别急。本来您看中的这款车是目前最畅销的车型，价格上是没有优惠的。但是因为您是老客户介绍过来的，为了向您表达我们的诚意和感谢，我向经理申请额外赠送一份价值2000元的超值汽车精品大礼包，这是您的朋友买车的时候没有的，您今天就定下来吗？

三、处理客户异议的程序

针对不同的价格异议原因，销售人员具体的处理方式也有区别。但不同的处理方式却遵守一个共同的程序，即：弄清异议、商议异议和解答异议。

1.弄清异议

弄清异议就是面对客户提出的价格异议，销售人员首先要弄清客户价格异议的来龙去脉。通过倾听、询问，搞清客户认为价格高的理由以及客户提出价格异议的目的，以便销售人员调整策略，对症下药。在客户提出异议的一刻，不要急于答辩。应该坦然接受客户是有权提出异议的，并且表示自己乐意听取客户尽诉其心中疑惑；然后，细心倾听对方的说法。鼓励客户发言，表示与对方心意相通。设身处地地体会客户的感受，有助于缓解敌意和抗拒情绪，感染对方把对抗态度转化为乐意与你一起解决问题。“我明白你何以会为此感到忧虑，我明白”或者“可以告诉我更多您的想法吗”都是鼓励客户的话。不过，要注意，鼓励客户不等于同意客户的讲法，但你必须同意对方在异议会谈中是坦诚表达自己的感受。

2.商议异议

在弄清客户真正的异议之后，销售人员要缓和客户情绪。缓和是心理学中一种高明的应用手法。客户在提出价格异议时，总希望能够购买到更便宜的商品，其期望值很高。而销售人员不可能无限制地降低价格以满足客户的要求。为解决购买与销售之间的矛盾，销售人员需要缓和客户与自己的对立心态。先认同他的观点，重复他的意见，可以说“我能够理解您的心情”等缓和性的语言，然后发问。销售人员往往没法找出客户对某个问题的实际疑惑。很多时候，实际的异议与客户最初表达的有很大出入，对异议的商议可以找出客户具体的顾虑。譬如，你可以说：“您的顾虑在哪一方面”或“您最大的担心是什么”，在这个步骤中，必须谨记以下要点：不应立即假设自己明白对方提出的异议，必须确定自己听清楚实际的异议，才可以继续下一个步骤。切勿不断重复问题，或令客户有被盘问的感觉。

3.解答异议

当客户开始讲述异议的性质，而你认为自己确已明白，在回答前先查证自己是否真的了解问题所在。在继续下一步骤之前，必须清楚知道客户的想法，同时表明自己真的明白。实际的经验表示：提出解决办法之前，必须先确定自己了解对方的异议。尤其要注意，总结你听到的意见，同客户查证自己对事件的了解程度。在掌握了客户异议的性质后，你就可以解答对方的异议，答案要尽量具体，让客户满意。

四、处理客户异议的技巧

1. 正确对待

销售顾问做好被顾客拒绝的准备，才能坦然面对每一次销售。异议处理贯穿在汽车售前、售中和售后的每一个阶段。只有妥善处理了客户异议，销售才能够得以继续。作为汽车销售顾问只有正确认识和把握客户异议，采用恰当的方法、策略与技巧进行处理，才能最终说服客户，促成交易。客户异议并不都是消极的，有时它不但不会阻碍销售进程，反而是成交的前奏和信号，通过处理客户异议，使销售工作得以继续，需要销售顾问掌握丰富而娴熟的客户异议处理技巧。因此，正确对待和妥善处理客户异议是销售人员的必备基本功。

2. 避免争论

销售顾问在回答客户异议的时候常常会产生争论，这种现象在日常的销售活动中经常会发生。有时销售顾问突然发现自己不知不觉和客户争论起来，还不知道是怎样开的头，也不清楚到底是谁先开始争论的。与客户争论可以说有百害而无一利，客户一旦不高兴，就有可能终止买卖。所以，销售顾问必须牢牢记住，无论客户怎么挑你毛病、怎么反驳你，也不要与他争论。自己先要设法冷静下来，等客户平静下来再做解释。

3. 把握时机

客户经常为了证明自己信息的准确性，为了表达自己观点的正确性，或者没达到某种目的，会越说越多。在客户说的话中，有的是正确的，有的是自己编的、听说的、没有依据的。但你还是要让他说，在他说的过程中，及时发现那些不正确的异议，变被动为主动。

4. 重复问题，认同回应

面对客户的异议，不要紧张，更不要害怕。保持沉着、镇定，仔细听完客户异议的细节，重复问题，弄清原因。让客户在我们重复的过程中降降温，让客户感觉到我们在关注他所提到的问题，缩短我们与客户之间的距离，找到客户异议的真实来源和真实动机。弄清客户真实异议之后，再对异议进行处理。

5. 从容解答

依靠公司、专营店所具有的大量相关资料的支撑和对客户异议的真实了解，再加上强大的自信心，销售顾问要有理有据、从容不迫、不伤和气地向客户做出一一解答。

技巧固然能帮你提高效率，但前提是必须对异议持正确态度。只有正确、客观、积极地认识异议，你才能在面对客户异议时保持冷静、沉稳，也只有保持冷静、沉稳，你才可能辨别异议真伪，才可能从异议中发现客户需求，才能把异议转换成每一个销售机会。

【案例 9-5】

客户：同样是这款车，B 专卖店比你们便宜多了。

销售顾问：不会吧，这个品牌一向规定不准打折的，因为我们的汽车在质量上从来不打折扣的，所以价格上也很难让步，如果这样做，很容易影响我们品牌和我们 4S 店在消费者心目中的地位。

客户：我刚从 B 专卖店过来，那里的销售人员说我定下来就可以以 15 万元的价格卖给我，同样的型号，为什么你们要贵 3000 元呢？

销售顾问：看来您是有备而来的啊，您知道我们为什么在价格方面比他们贵吗？因为在我们这里购买会赠送一年的交强险、一年的免费洗车服务和一年的免费保养，这些价值超过6000元，而且样样都是买车后必须用到的。他们的车子便宜3000元，但据我所知他们并不赠送任何东西，总的来算我们比他们更优惠，不知道那边的销售顾问有没有跟你讲清楚呢？

客户：总之除了赠送的东西之外，您至少还要给我优惠1000元我才买。

销售顾问：我知道您是诚心想买这部车子，但也不可能优惠那么多啊，您得给我口饭吃是不是？要不这样，如果您今天就交定金，我壮着胆子给领导打电话，争取给您优惠500元，您看好不好？

客户：那好吧。

【任务训练】

1.训练任务

处理客户异议。客户说：赠品没什么用，直接换成现金给我吧。

2.训练目的

让学生了解客户异议处理的重要性，树立正确的态度去对待客户异议，用恰当的方法去处理客户异议。

3.训练所需工具及材料

谈话桌椅、车型资料等。

4.训练步骤

(1)训练：学生按分组进行角色模拟，运用课堂所学，进行客户需求咨询分析。

(2)考核：教师随机抽取1～2组现场展示，给出合理建议。

(3)小组展示结束后，通过学生自评、互评、教师点评来评估训练效果。

【思考与练习】

1.销售顾问应该如何看待客户异议？

2.客户异议的种类有哪些？

3.如何处理客户异议？

4.处理客户异议的方法有哪些？

5.处理客户异议的技巧有哪些？

任务十 新车交付

【学习目标】

1. 了解交车环节的重要性。
2. 掌握交车的基本流程及技巧，会完成一辆新车的交付工作。
3. 能够为客户策划一场隆重的交车仪式。

【任务分析】

在销售流程中，交车环节是客户最兴奋的时刻。按约定的时间交付给客户所预订的洁净、无缺陷的车是你的宗旨和目标，也将会提高客户满意度并强化他对专营店的信任感。如果客户有了愉快的交车体验之后，那么就为长期合作关系奠定了积极的基础。销售顾问要树立一个非常重要的观念：交车的服务过程就是与客户建立紧密的朋友关系，准备进入到新一轮客户开发的过程。

【相关知识】

10.1 交车前的准备

一、交车工作的重要意义

交车环节意味着汽车销售流程进入尾声，善始善终才能给客户留下深刻的印象。通过营造热情的交车氛围，激发客户的热情，感动客户，建立长期关系；通过规范交车环节，告知客户后续维护保养的相关内容，为客户解决后顾之忧，强化汽车销售顾问的形象。

交车过程是客户最为关注的环节，也是销售顾问最容易出现问题的环节。在车辆交付阶段，客户处在兴奋状态，达到整个购车过程中的最高兴奋度；与此相反，汽车销售顾问在该阶段的兴奋度已由签约成交阶段的最高点开始直线下降（如图 10-1 所示）。

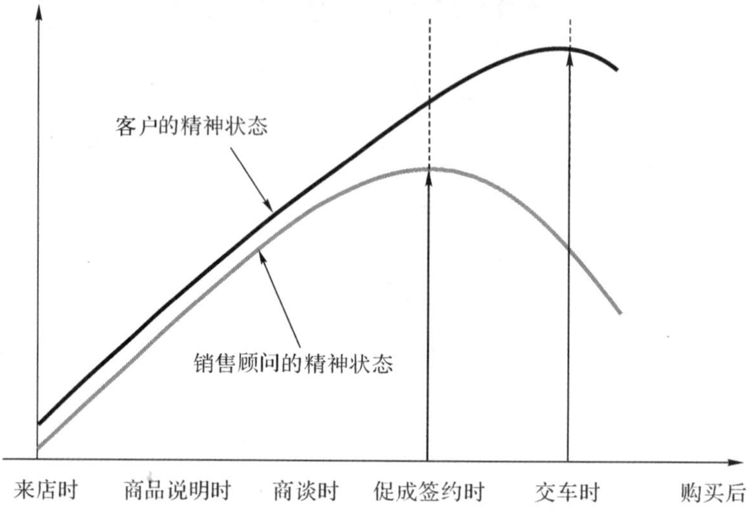

图 10-1 客户与销售顾问兴奋心理曲线图

从图 10-1 中可以看出，交车是客户最兴奋的时刻，在这一时刻，客户盼望已久的新车马上就能交付使用了，客户拥有汽车的梦想也即将实现，有车一族的生活也将开启，因此，客户都会满怀喜悦和激动的心情到 4S 店办理交车手续。而销售顾问在此刻的兴奋度已经开始下降，因此，在交车过程中，常常出现这样的现象：客户满怀喜悦，销售顾问毫无察觉。这样，客户会觉得销售顾问对自己的情感没有回应，会有一种被冷落的感觉，从而使客户产生反感和抱怨。

因此，交车环节是非常重要的，销售顾问要善于迎合客户的情绪，通过交车激发起客户的热情，感动客户，从而与之建立起长期的关系。

二、客户提车时的期望

客户在提车时，心情是兴奋而紧张的，如果发现有一点遗憾都有可能影响交车的顺利进行。客户在提车时的期望主要有以下几点：

（1）能够按照约定的时间如期交车。作为销售顾问一定要记住，最影响客户满意度的是能否按时交车，如果不能在客户预期的时间内交车，就会给客户带来极大的不满，不论采用什么样的解决方式都会使客户产生不愉快。

（2）能够真的如其所愿，交车期间不出问题，在得到承诺之后，汽车就已经准备好，随到随取。

（3）希望所提的汽车内外一尘不染，好像自己是第一个坐进汽车里的人。

（4）希望销售顾问对汽车非常了解，能够回答客户提出的问题，并愿意为客户查找答案。

（5）在提车当天希望经销商能够对汽车的保修和保养计划做完整的介绍，时刻体现对客户的关注和关怀。

(6)希望与负责维修服务的经理或相关人员见面并介绍维修服务程序。

(7)希望可以提供所应提供的材料和承诺附送的礼品，包括保修手册、客户使用说明书等。

三、交车前的准备工作

要做好交车工作，首先要做好交车准备工作，只有进行充分的准备，才能保证在交车过程中不出现差错。具体的交车前准备工作包括以下几个方面。

1.车辆的准备

当准备把一辆新车交付给客户前，汽车销售公司必须要自检该车是否合格，合格才能把它交给客户。在交车给客户前，销售顾问要对车辆做全面而细致的检查。

(1)车辆性能的检查和确认。在新车交车前，要委托售后服务部门对新车的各项性能进行检查，确保车辆性能优异、各种开关操作正常，还要校正时钟、调节收音机频道等，确保车子处于良好的状态。

(2)车辆的清洁。交车当天必须对新车进行清洁，要做到一尘不染(如图 10-2 所示)。在车内地板上铺上保护脚垫，车内工具、备胎摆放整齐，要让客户觉得这是一辆没有人开过的新车。

图 10-2　认真清洁车辆

2.销售顾问的准备

(1)交车前一天的工作。

1)确定客户来店提车的具体时间，并暗示客户遵守约定的时间。

2)确认客户的付款方式。询问客户是付现金还是刷卡，不同的付款方式可能会影响到交车的时间，最方便的是刷卡，因此，销售顾问要尽量说服客户采用刷卡的方式付款，这样可以提高交车效率。

3)告知客户交车的主要内容及所需时间，以便客户提前做好时间安排。很多销售人员在交车前没有提前告知客户所需时间，待客户来提车，由于没有安排出足够的时间，最后造成很多交车说明事项没有时间进行，导致客户在后期的使用过程中出现问题。

4）告知客户交车所需携带的资料，主要有订单、收据、身份证、驾驶证等，否则因客户在交车时未带齐资料而造成无法提车，就会影响客户的满意度。

（2）交车当天的工作。

1）销售顾问必须保证良好的交车环境。汽车 4S 店最好设置专门的新车交付区，销售顾问要保证新车交付区内整洁的环境（如图 10-3 所示）。另外，客户接待区也要干净整洁，给客户家一样的温馨感觉（如图 10-4 所示）

图 10-3　新车交付区环境

图 10-4　客户接待区环境

2）销售顾问准备好交车的资料和物品。包括随车资料、合格证、交车单等交车过程中用到的文件资料（如图 10-5 所示），以及交车仪式中用到的照相机、礼物、鲜花、礼炮等。

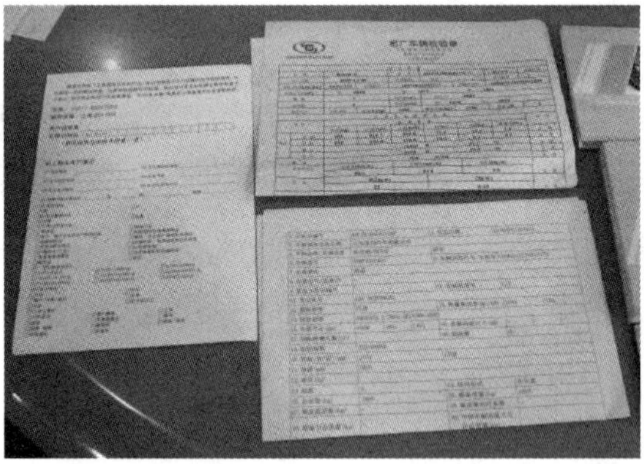

图 10-5　交车资料

3）通知销售经理、服务经理等相关人员，告知参加交车仪式的时间。

交车前与客户进行充分的沟通是十分必要的，客户在经历了几番周折后终于决定买车，而交车的日子对他们来说显然意义重大。如果能够在一个充分的时间内完成这一活动，客户显然会更加开心。所以，汽车销售顾问要从客户的角度出发，在交车前做好各种相关准备工作，以期为客户留下一个难忘的交车时刻。

10.2　交车流程与技巧

我们以别克汽车公司的交车流程为例，介绍交车的方法和技巧。别克汽车的交车流程如图 10-6所示。

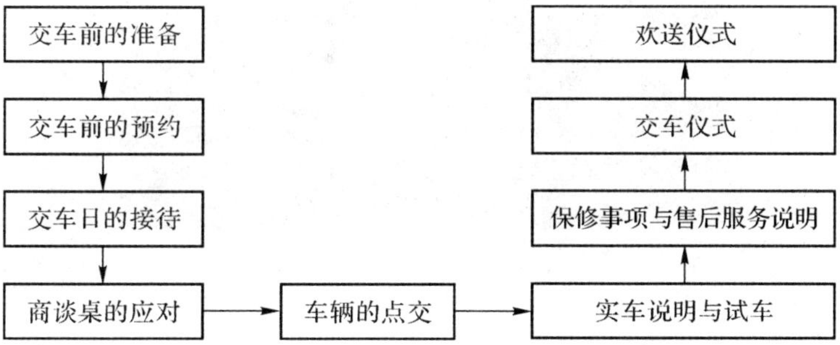

图 10-6　别克汽车交车流程

1. 交车前准备

在新车交车前一天，汽车销售顾问就要做好各项准备工作。除了环境准备、工具资料准备外，汽车销售顾问还要注意：

(1)在前一天的营业日报表上事先详细填写，并告知直接主管。

(2)前一日告知售后服务部门并邀请参与及协助。

(3)明确告知销售经理、服务经理、客户经理等相关人员预约的交车时间，让他们了解客户信息，如遇 VIP 客户，总经理要出席。

2. 交车前的预约

车辆到达 4S 店并经过 PDI 确认无问题后，销售顾问应及时和客户联系预约交车时间，预约时应提及以下事项：

(1)告知客户交车的流程和所需占用的时间，征得客户的同意，以客户方便的时间约定交车时间及地点。

(2)再次与客户确认一条龙服务/衍生服务的需求及完成状况。

(3)提醒客户带齐必要的文件、证件和尾款。

(4)询问顾客交车时将与谁同来，并鼓励顾客与亲友一起前来。

(5)前一日事先联系好售后服务部门、展厅经理、销售主管，做好准备迎接客户的到来。

(6)约定时间前 15 分钟再次确认，以利接待的准备。

(7)重要客户可安排车辆接送。

(8)交车期较长时，能让客户随时了解供货信息。

(9)预定交车日期发生延迟时，主动向客户说明原因及解决方案。

3. 交车日的接待

销售顾问要提前在展厅门口设立欢迎立牌，祝贺客户提车。在约定客户到来前，销售顾问(主管或经理有空时也可参与)到门口迎接，客户到来后，首先表示对客户的祝贺(如图

10-7所示)，然后引领客户至商谈桌(室)坐下，并提供饮料。同时，我们为客户挂上交车贵宾的识别标志。经销店每位员工见到带有交车贵宾识别标志的客户均应热情道贺。

图 10-7　交车日的接待

4. 商谈桌的应对

将客户引导入座后，销售顾问要向客户介绍交车的有关情况并办理手续，主要有：

(1)利用流程图或缩影文件(如图 10-8 所示)，向客户概述交车流程和所需的时间，并征询客户意见及认可。

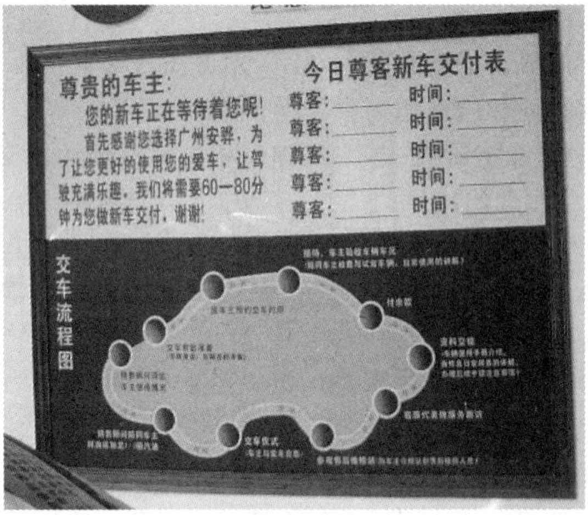

图 10-8　交车流程说明

(2)利用准备好的各项清单与客户结算各项费用。

(3)移交有关的物品:用户手册、保修保养手册、保险手续、行驶证、车辆钥匙等。

(4)文件手续工作应在最短时间内完成，如有必要，其他部门人员应到场协助以避免客户奔波及久等。

(5)用户手册结合车辆实车说明使用。其余各项文件皆应打开，逐项逐条说明，让客户了解，并提醒客户详细阅读(如图 10-9 所示)。

5. 车辆的点交

销售顾问带领客户来到新车交付区，进行车辆的点交，主要完成以下工作:

图 10-9 向客户逐条说明用户手册

(1)使用《交车检验表》逐项检查车辆(如图 10-10 所示)。销售顾问要和客户一起进行车辆的检验,让客户亲自查看,确保客户对车辆满意。

图 10-10 交车检验

(2)翻开使用手册对车辆的主要操作进行讲解(如图 10-11 所示)。在讲解时要注意和客户的沟通,及时询问客户有没有听明白,确保客户离店后能正确操作新车。

图 10-11 讲解车辆操作方法

(3)打开后备箱检查备胎及随车工具(如图 10-12 所示)。

图 10-12　检查后备箱

(4)打开引擎盖,陪同客户检查发动机(如图 10-13 所示)。销售顾问应告知客户发动机的维护保养周期,并且教会客户如何检查发动机机油量等日常维护的常识。

图 10-13　检查发动机

6.实车说明与试车

结合《用户使用手册》,针对要项,向客户介绍如何操作,每一个开关、每一个步骤需讲解清楚,切忌用“你自己回去慢慢找”、“用户手册上有说明的”等语句,并依据客户的了解程度进行说明。

如客户对车子的操作或功能仍不熟悉,应开车带客户行驶一段,边开边做介绍,然后换手让客户开一段。换手时应主动为客户开启车门,请客户坐上驾驶座,并协助调整座椅、方向盘、后视镜等。

7.保修事项与售后服务说明

销售顾问应该带领客户到售后服务部门,介绍服务经理或服务顾问给客户认识(如图 10-14所示)。售后服务人员应该明确告知客户该车的保修时间和里程,以及可保范围等内容。

图 10-14 .介绍售后服务人员

8.交车仪式

交车仪式力求简短、隆重、热烈。通过交车仪式让客户拥有一段难忘的经历，留下深刻的印象，从而提高客户的满意度。举行交车仪式应该注意以下几点：

(1)所交新车应该披挂红绸缎，销售顾问提前准备好车钥匙、鲜花等小礼品。

(2)销售顾问/销售经理/展厅经理、服务顾问/服务经理、客服经理等人员参加交车仪式，销售服务店内有空闲的人员都可到席参与交车仪式并向车主道贺。

(3)销售经理/展厅经理进行现场组织，指挥公司人员在车旁列队，尽可能多的人员参加交车仪式，营造隆重的气氛，让客户感到受尊重。

(4)由销售经理/展厅经理奉上鲜花，再将车钥匙交给车主。

(5)现场全体人员与新车合影留念，影毕全体鼓掌，并放鞭炮以表示热烈祝贺。

9.欢送仪式

交车仪式后，销售顾问应该告知客户将来可能收到销售或售后服务满意度电话或问卷调查，请客户予以支持；请客户推荐有望客户前来赏车试车；再次恭喜并感谢客户；微笑目送客户的车辆离去，挥手道别，一直到看不见为止。

衡量交车是否成功的标准是：

(1)在所承诺的时间内交车。

(2)确保车辆内外的清洁。

(3)确保车辆的所有装置均处于正常工作状态。

(4)向顾客详细说明车辆的性能以及各控制装置的操作方法。

(5)向顾客详细说明车辆的保修期及维护保养周期。

(6)确保顾客知晓如何在经销店进行车辆的维修，将顾客介绍给维修部门的人员。

(7)在一个合理的时间内，完成全部交车过程。

对大多数客户来说，车辆的移交是决定、等待和期望过程的高潮。对客户来说，车辆移交是一段值得纪念的经历。因此，经销商需要对交车环节给予足够的重视，热情、专业、细致地对待客户，使交车过程成为与客户建立终身联系并由客户帮助经销口碑营销的第一步。

【案例 10-1】

一客户来专营店买了车，很开心。客户说："我付全款给你都没问题，你给我做一下检查。什么时间可以拿，我出去绕一圈。"

销售人员说："两三个小时以后，我给你车。"

因为这个客户很兴奋，他想早点拿到车，所以不到两个小时他就回来了。在对车进行检查时发现了问题，起重机把这个新车抬起来以后发现变速箱漏油，而库房就剩这一台车了。了解到客户在三个小时之后才取车，以为还来得及，就把车拆了，换了油封，把变速箱也拆了下来。拆一个变速箱不是简单的事情，要拆很多零部件。没想到这个客户提前回来了。当时客户对拆车并没在意。

客户问道："你不是说两三个小时吗，现在已经两个小时了。"

销售人员回答说："还在做检查呢，您再等一会儿。"

这个客户有点不高兴了。三个小时后变速箱还没装好。销售人员又对他说："您再稍等一会儿，马上就好了。"

车子拆装完之后开了出来。客户一看，这个车不就是刚才在起重机上拆的那辆吗？他生气地说："你凭什么拆我的车啊？"

案例分析：

这个案例说明，PDI 检查在时间上一定要向客户说得保守一些，不能把时间说得太急。

有些汽车公司说，我们做新车检查个把小时就好，那肯定是骗人的。客户不懂没关系，但客户会跟别人说。这个车有成千成万个零部件，在做检查的时候要涉及机修的岗位、油漆的岗位、电工的岗位，还涉及其他的岗位，等等，怎么可能一个小时就好呢。在我们汽车销售流程里面不允许出现这样的情况，保守一点讲要三四个小时，还要看情况。这一款车如果库里边有两辆以上的话你可以这么说，因为实在不行另外调一辆来，这辆坏的拉到隐蔽的地方慢慢去修，修好了以后经过检查没问题了，入库，到时候再卖。可是你只有一辆车了，你跟客户讲两三个小时，这是对自己不负责任，同时会使矛盾闹大。

【任务训练】

1. 训练任务

客户张先生今天在某别克 4S 店预订了一辆英朗，销售顾问李雷和客户张先生约定好了三天后交车。如果你是李雷，你想为张先生举办一场隆重的交车仪式，你会怎么做？写出你的策划方案。

2. 训练目的

通过交车仪式方案的策划，考核学生对交车流程的掌握情况，并锻炼学生的策划能力。

3. 训练所需工具及材料

英朗车型资料、电脑、笔记本、笔等。

4. 训练步骤

(1)训练:将学生分为若干团队,选出组长,在组长带领下进行讨论,并写出交车仪式策划方案。

(2)考核:教师随机抽取小组汇报策划方案,听取汇报后,教师根据汇报结果进行提问,由小组成员回答。

(3)评估:根据方案撰写,通过小组答辩过程评定小组成绩。

【思考与练习】

1. 为什么说交车环节是最影响客户满意度的环节?
2. 在交车环节中,客户的期望是什么?
3. 交车的流程是什么?
4. 销售顾问在交车前要做好哪些准备工作?
5. 交车说明包括哪些内容?

11

任务十一 售后跟踪与服务

【学习目标】

1. 了解售后跟踪服务的基础知识，认识到售后跟踪服务的重要性。
2. 熟悉售后跟踪服务的工作流程和方法，会对客户进行售后跟踪。
3. 掌握电话跟踪的技巧，能够灵活应对客户的疑问。
4. 了解客户关系管理的基础知识，会操作客户关系管理系统。

【任务分析】

销售流程的后续跟踪环节的要点是在客户购买新车之后如何继续促进和发展双方的关系。通过定期跟踪服务，巩固与客户之间的良好关系，在此之后，不断地延续这种关系，从而不断地获得新的潜在意向客户。

本次任务是通过学习汽车销售流程中售后跟踪及客户关系管理等环节中的方法和技巧，使读者明了售后跟踪与客户关系管理的重要性及方法、技巧。

【相关知识】

11.1 售后跟踪与服务

一、售后跟踪与服务定义

汽车售后跟踪与服务是指销售顾问在汽车售出后所提供的各种服务活动。从汽车销售工作来看，售后服务本身也是一种促销手段。在跟踪阶段，销售顾问要采用各种形式的售后服务以提高客户满意度，维持客户忠诚。

对于一名汽车销售顾问来说，完善的汽车售后服务是保持老客户和发展新客户的最佳方法，能让客户对销售顾问产生强大的信任感，提高客户的满意度。

二、售后跟踪阶段客户的心理

(1)客户担心购车后会被汽车销售顾问忘掉，希望在离开后仍能感受到经销商对他的关心。

(2)在汽车使用过程中，客户希望汽车服务企业仍能适当关心他，不希望由购买前的热情服务变为购买后的不闻不问。

(3)客户希望汽车服务企业能继续提供持续的服务，让他安心、舒心地用车。

三、售后跟踪与服务的流程和方法

1. 售后跟踪服务的流程

在汽车销售与维修企业，客户跟踪服务是由客服人员和销售顾问共同完成的。销售顾问在客户跟踪中应做到将客户信息完整准确地归档，促进双方之间的长期关系，维持客户满意度，培养本品牌忠诚的客户，保证客户的回厂率和续保率，并发掘更多的商机，增进企业的效益。售后跟踪服务的流程如图 11-1 所示。

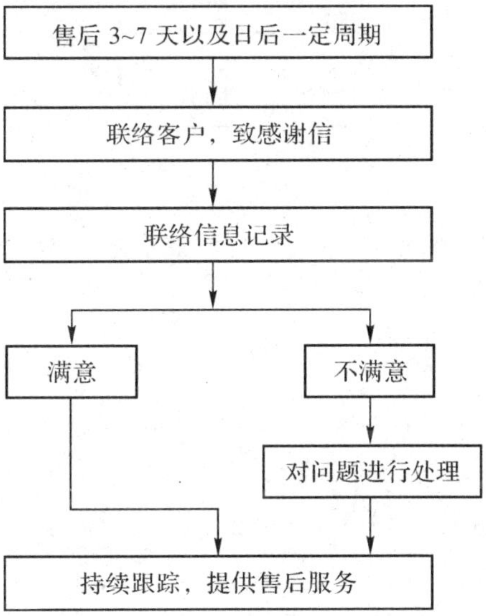

图 11-1　售后跟踪服务的流程

对于销售顾问来说，售后跟踪回访的时间点主要有四个：

(1)交车当天回访。销售顾问交车后，估计客户已经到家时拨打客户电话，主要是关心客户是否安全到家，并对客户购买我们的汽车表示感谢。

(2)交车后第三天回访。主要关心客户对车辆各项功能是否熟悉，并进行简单的客户购车满意度调查。

(3)交车后第七天回访。主要内容是车况问候、请客户介绍有购车意向的潜在客户、首次保养提醒。另外，销售顾问要给客户写一封感谢信，并且邮寄交车时为客户拍摄的照片。

(4)一个月内回访。主要是首次保养的再提醒、预约以及车况问候。

2.售后跟踪服务的方法

客户跟踪常用的三种方法是电话跟踪、短信或电子邮件跟踪、亲自拜访。

(1)电话跟踪。电话跟踪是日常工作中最常用的客户跟踪方法，在进行电话跟踪时，首先向顾客介绍自己和公司，一定要说出自己的名字和顾客的姓名，如："我是××公司的销售顾问×××，您是买了我们××车的××先生/女士吧。"提及顾客购买的汽车情况，表现出对顾客使用新车的兴趣；倾听顾客的担心，了解顾客新车的使用情况；邀请顾客再次参观销售服务店；感谢顾客购买汽车。电话跟踪基本的流程如图11-2所示。

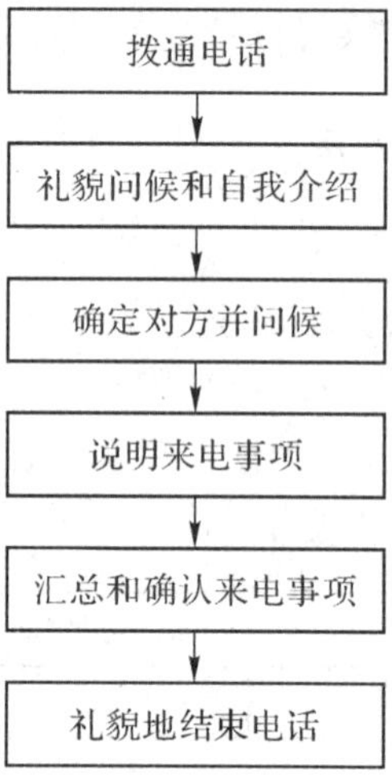

图11-2 电话跟踪流程

销售顾问在拨打电话时要遵守电话礼仪规范，注意事项有：

1)合理安排打电话的时间。

2)礼貌问候客户，并自我介绍。

3)打电话时要保持微笑。

4)通话时声音不要过大，话筒不要过近或过远。

5)交谈时要全神贯注，不可东张西望。

6)要记录谈话的重点内容。

7)说出客户名字进行告别。

8)重复或总结双方已同意的事情以便最后确认。

9)说再见后等客户先挂断电话。

(2)短信或电子邮件跟踪。短信或电子邮件跟踪方式在实际工作中用得也比较多，比如在客户个人、家庭及工作上有喜事出现时，致函示意，或者在一些节假日向客户表示祝贺等。另外，一些新资料或者企业的一些信息也可以通过短信或电子邮件向客户进行宣传介绍。

(3)亲自拜访。登门拜访一般用于重要客户，拜访不一定要推销，主要是让客户觉得销售顾问愿意对所销售的商品负责，愿意帮助客户提供他们所需要的服务。拜访不一定有任何目的，也许只是问好，也许只是顺道而访，但在行动上有一个原则，那就是尽可能把拜访做得自然些，不要让客户感觉你是故意讨好，或者有强烈的目的性，更不要因拜访而对客户的生活或工作造成干扰。

四、售后跟踪与服务的内容

为了更好地为客户服务，在进行售后跟踪时，汽车销售顾问应该准备好以下工作：查阅客户基本信息，确认重点内容，包括姓名、电话、购买车型及投诉等，从而制订跟踪计划。售后跟踪与服务主要是通过电话的方式进行的，进行电话跟踪主要涉及的内容有：

1.如果客户忙，没时间谈

(1)请问他什么时候方便，并安排一次确定日期和时间的电话回访。

(2)记下约定的时间，提醒你到时打电话给客户。

(3)遵照下面详细叙述的过程，进行双方认同的跟踪电话访谈。

(4)请问客户迄今为止对销售服务店服务的感受。

禁忌：如果客户表示不愿意联系，不要催促或纠缠他。

2.如果客户表示愿意进行这次交谈

(1)感谢客户花时间和你交谈。

(2)感谢客户购车。

(3)请问迄今为止对车的感受。

3.如果客户对销售服务店和车的感受均满意

(1)感谢客户的参与。

(2)请问客户是否还有什么问题，而你可以回答。

(3)提出今后可随时为其提供任何帮助。

(4)确认客户今后愿意进行联系的方式(电话、拜访、电子邮件)。

利用客户对所使用车辆有好感，请其推荐有购车意向的潜在客户。在客户介绍潜在客户后的 2～3 天内，将进展结果向介绍潜在客户的客户进行反馈，并告知我们会诚意地对待。

4.如果客户对车或销售服务店表示不满

(1)让客户随意地完全地说出自己的不满。

(2)为给客户带来的不便表示歉意。

(3)用你自己的话重述一遍客户对你所说的。

(4)请客户确认你的理解，以使客户相信你已理解他的意见。

(5)把客户的担忧或投诉作为第一优先事项加以处理，如有需要，寻求其他员工的帮助。

(6)弄清客户担忧或投诉的原因。

(7)提供解决方法来消除客户的担忧或投诉。

(8)询问客户解决方法是否可接受。

(9)如果你不能解决客户的担忧或投诉，就询问客户是否可以等你去寻求支援或是否可以在稍后再给他去电话。

(10)感谢客户的参与。

(11)提出今后可随时为其提供任何帮助。

(12)确认客户所喜欢的将来的联系方式(电话、拜访、电子邮件)。

禁忌：如果客户不愿意，就不要勉强他回应你提出的关于车或对销售服务店的意见的要求。不要承诺你办不到的事情,否则会破坏客户对你和销售服务店的信任感。

5.首保提示

(1)和客户进行联系,提醒他首保维护事宜。

(2)如果还没预约,就对客户的首保进行预约。

6.记录联系内容,归档

(1)销售顾问在与客户联系时或联系后记录下列事项,录入《保有客户管理卡》。

①联系人的姓名;

②联系时间;

③客户对销售过程和车是否满意;

④客户愿意选择的跟踪方法;

⑤其他任何的特殊意见;

⑥记录投诉个案;

⑦记录投诉的情况和结论(追踪投诉个案直至其解决);

⑧将所有投诉个案呈报主管人员。

(2)交车后每3个月亲自拜访或电话访问客户一次,以确保和客户建立持续发展的关系,并填写《营业活动访问日报表》,客户访问情况录入《保有客户管理卡》。

①向客户问候致意,关心客户生意的经营情形并问候其家庭状况。

②协助客户对车子使用问题的处理。

③提醒客户有关定期维护服务及预约。

④借客户对所使用车辆有好感时,请他推荐有购车意愿的潜在客户。

⑤视客户的需要,推荐公司现有的商品及配件。

(3)交车后第12、24个月亲自拜访或电话访问客户,维系客户关系,并填写《营业活动访问日报表》,客户访问情况录入《保有客户管理卡》。

①向客户问候致意,关心客户生意的经营情形并问候其家庭状况。

②协助客户对车子使用问题的处理。

③招揽续保。

④借客户对所使用车辆有好感时,请他推荐有购车意愿的潜在客户。

(4)交车后第36、48、60个月亲自拜访或电话访问客户,维系客户关系,并填写《营业活动访问日报表》,客户访问情况录入《保有客户管理卡》。

①向客户问候致意,关心客户生意的经营情形并问候其家庭状况。

②协助客户对车子使用问题的处理。

③邀请客户做车检前整备及续保之招揽。

④借客户对所使用车辆有好感时,请他推荐有购车意愿的潜在客户。

⑤引导客户换购新车的意愿,促进其购买新车。

⑥经常向客户提供最新和有附加值的信息(如新车、新产品信息,售后服务信息,精品、备件信息等),寻求各种机会促进客户来店,与客户保持持续的关系来促进客户购买新车。

⑦每年都向所有客户寄送生日卡。

⑧每年都向所有客户寄送节日卡(如春节、中秋等重要节日)。

⑨如果客户是潜在客户,则转向预约或客户开发。

【案例 11-1】

很多销售员都认为成交是销售的终端，以为成交就等于画了一个圆满的句号。其实不然，世界知名的销售员都不把成交看成是销售的终点站，他们认为“成交之后才是销售的开始”。

来看看美国汽车销售大王乔·吉拉德在成交之后是怎样做的：

销售成功之后，乔·吉拉德需要做的事情就是，将那些客户及其买车的相关信息记进卡片，同时，他向买过车的人寄出一张感谢卡，他认为这是理所当然的事。但是很多销售员并没有如此做，当乔·吉拉德特别对买主寄出感谢卡时，买主对感谢卡感到十分新奇，从而印象特别深刻。

不仅如此，乔·吉拉德在成交后依然站在客户的一边，他说：“一旦新车出了严重的问题，客户找上门来要求修理，修理部门的有关工作人员如果知道这辆车是我卖出去的，他们应该立刻通知我。我会马上赶到，设法安抚客户，让他先消消气，我会告诉他，我一定让人把修理工作做好，让他对汽车的每一个小地方都觉得特别满意，这也是我的工作。没有成功的维修服务，也就没有成功的销售员。如果客户仍觉得有严重的问题，我的责任就是要和客户站在一边，确保他的车能够正常运行。我会帮助客户要求进一步的维护和修理，我会同他共同战斗，一起去对付那些汽车修理技师，一起去对付汽车经销商，一起去对付汽车制造商。无论何时何地，我总是要和我的客户站在一起，与他们同呼吸、共命运。”

乔·吉拉德将客户当作是长期的投资，绝不卖一辆汽车后即置客户于不顾。他本着来日方长、后会有期的意念，希望他日客户为他辗转介绍亲朋好友来车行买车，或当客户的子女成年的时候，而将车卖给其子女。卖车之后，总希望让客户感到买到了一辆好车，而且能永生不忘。客户的亲戚朋友想买车时，首先便会考虑找他，这就是他卖车的最终目标。

乔·吉拉德将车卖给客户后，若客户没有任何联系的话，他就试着不断地与那位客户接触。打电话给老客户时，开门见山便问“以前买的车情况如何?”通常白天电话打到客户家里，来接电话的多半是客户的太太，她大多会回答：“汽车情况很好。”；他再问“有任何问题没有?”顺便向对方示意，在保修期内应该将车仔细检查一遍，并提醒她在这期间送到车行检修是免费的。他也常常对客户的太太说：“假如车辆震动厉害或有任何问题的话，请送到车行来修理，请您也提醒您先生一下。”乔·吉拉德说：“我不希望只销售给他这一辆车，我特别爱惜我的客户，我希望他以后所买的每一辆汽车都是由我销售出去的。”作为专业的销售人员，不要因为图回报而为老客户服务。给老客户提供全方位的服务，是销售员的义务。只有具备这种心态，服务才能尽善尽美。

11.2 客户关系管理

20 世纪 80 年代以来，一些汽车企业花大力气对每位客户进行研究。力求进行“一对一”的沟通，以此更好地了解客户，为客户提供其所需的个性化服务。加强同客户建立长期的关系，把客户当作一项资产来管理和研发。

一、认识客户关系管理

1. 客户关系管理的定义

客户关系管理(Customer Relationship Management，CRM)是一种通过专注于客户战略而持续增加企业价值的工具和手段，客户关系管理是一整套管理的哲学思想。如果把一个企业的所有员工每天都忙忙碌碌的那些具体活动抽象化，那么每个企业的经营目标就变得很简单：获得更多的客户，保留住客户，使客户得到增长。

客户关系管理是一个不断加强与客户交流，不断了解客户需求，并不断对产品及服务进行改进以满足客户需求的连续过程，从而使企业在开发新客户的同时，能够保留现有客户，挽回失去的客户，使客户的价值最大化和提升客户的忠诚度的同时增加企业的价值。

2. 客户关系管理的目的

客户关系管理的目的主要有以下三个方面：

(1)挖掘关键客户。根据 20/80 定律，20%的客户为企业创造了 80%的利润，因此企业应特别关注那些最能为企业创造利润的客户。要想取得事半功倍的效果，就不能把所有的精力分配给每一个客户，而应该将企业有限的精力分配到最能为企业带来利润的客户身上，提升其购买欲望，增加企业效益。

(2)留住现有客户。调查显示，企业用于留住一个老客户的费用比开发一个新客户的费用要低得多，因此，为了稳定现有客户，许多公司加强了对现有客户的管理，使得客户关系管理成为现代企业销售管理的一项重要内容。

(3)放弃回报低的客户。企业在客户身上的投资得不到应有的回报，就应该把这些客户列入放弃名单而另外去开发新客户。那么，哪些客户是应该放弃的呢？这就可以从客户关系管理系统中寻找。

因此，客户关系管理的目的就是最大限度地提高客户满意度及忠诚度，保留现有的客户，挽回失去的客户，不断发展新客户，发掘并牢牢把握住能给企业带来最大价值的客户群。

二、客户满意度管理

1. 客户满意度概念

客户满意是客户的一种心理感受，具体说就是客户的需求被满足后形成的一种愉悦感或状态。此处的“满意”不仅仅是客户对服务质量、服务态度、产品质量和产品价格等方面直观的满意，更深层的含义是企业所提供的产品或服务与客户期望的吻合程度如何。

客户满意度指客户满意程度的高低，为客户体验与客户期望之差。用公式表示为：

客户满意度＝客户体验－客户期望

客户满意度的高低主要取决于客户内心的期望和客户的实际体验两大因素。客户在购买某种产品或者享受某种服务时，不断地用自己的期望与实际感受进行对比，如果感知＞期望，客户就会满意，如果感知＜期望，客户就会不满意，甚至抱怨或者投诉，这就是客户满意的决定模型（如图 11-3 所示）。

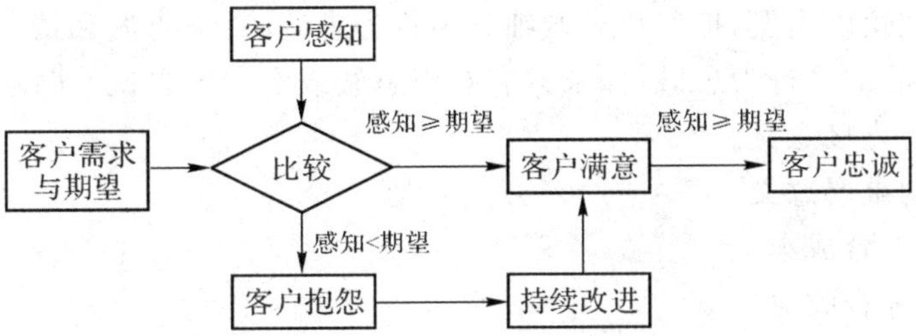

图 11-3　客户满意度决定模型

2. 客户满意的重要意义

(1)客户满意是企业战胜竞争对手的重要手段。

(2)客户满意是企业取得长期成功的必要条件。

(3)客户满意是实现客户忠诚的基础。

3. 客户满意度的衡量指标

(1)对产品的美誉度。

(2)对品牌的知名度。

(3)消费后的回头率。

(4)消费后的投诉率。

(5)单次交易的购买额。

(6)对价格变化的敏感度。

(7)其他人员的推荐率。

4. 提高客户满意度的措施

(1)把握客户的期望。

1)不过度承诺。

2)适时超越客户期望。

3)宣传留有余地。

(2)提高客户体验价值。

1)提升产品价值。

2)提升服务价值。

3)提升人员价值。

4)提升形象价值。

5)降低货币成本。

6)降低时间成本。

7)降低精神成本。

8)降低体力成本。

(3)以客户为中心,实现客户满意。

三、客户忠诚度管理

1.客户忠诚度的概念

客户忠诚是指客户对某企业产品或服务一种长久的忠心,并且一再指向性地重复购买。

有学者从研究角度出发,把客户忠诚细分为行为忠诚、意识忠诚和情感忠诚,但是,对企业来说,他们最关心的是行为忠诚,如果只有意识忠诚或者情感忠诚,却没有实际的行动,对于企业来说就没有直接意义。

2.客户忠诚的重要意义

(1)节省企业综合成本。

(2)增加企业综合收益。

(3)确保企业长久效益。

(4)降低企业经营风险。

(5)获得良好口碑效应。

(6)促进企业良性发展。

3.客户忠诚的衡量指标

(1)重复购买率。

(2)购买时间和购买频率。

(3)购买支出份额。

(4)挑选时间。

(5)情感上的信任与支持。

(6)潜在客户推荐数量。

(7)对企业竞争对手的态度。

(8)对价格或质量的态度。

4.提高客户忠诚度的措施

(1)想方设法,努力实现客户的完全满意。

(2)通过财务奖励措施,为忠诚客户提供特殊利益。

(3)采取多种有效措施,切实提高客户的转移成本。

(4)增加客户对企业的信任感与情感交流。

(5)加强企业内部管理,为客户忠诚提供基础保障。

(6)建立不同类型的客户组织,有效地稳定客户队伍。

5.客户忠诚的类型

对于客户的行为忠诚,可以划分为垄断忠诚、惰性忠诚、价格忠诚、激励忠诚、超值忠诚五种类型,每种类型的含义和特点如表11-1所示。

表 11-1　客户忠诚的类型

类　型	含　义	特　点	举　例
垄断忠诚	客户别无选择，该类企业通常为垄断经营	低依恋、高重复购买	坐火车外出办事者
惰性忠诚	客户由于惰性而不愿去寻找其他供应商	低依恋、高重复购买	上下班路途购物者
价格忠诚	指客户忠诚于提供最低价格的产品供应商	低依恋、低重复购买	对价格敏感的客户
激励忠诚	当企业有促销活动时会来购买；当活动结束，就会转向其他有促销活动的公司	低依恋、高重复购买	商务航空飞行者
超值忠诚	客户对企业有很深的感情，非常愿意购买企业的产品，自觉地为企业做正面宣传，不会总是等到打折时才购买，对企业的满意度很高，此类客户对企业最有价值	高依恋、高重复购买	购物俱乐部成员

6. 客户忠诚与客户满意的关系

客户忠诚和客户满意之间的关系既复杂，又微妙，主要有以下几种形式：

(1)满意才可能忠诚。

(2)满意也可能不忠诚。

(3)不满意一般不忠诚。

(4)不满意也有可能忠诚。

(5)只有在完全满意的情况下，客户忠诚的可能性才会最大(如图 11-4 所示)。

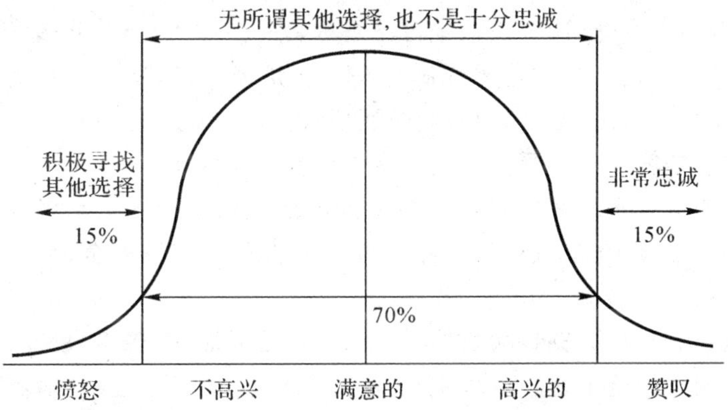

图 11-4　客户忠诚与客户满意的关系

四、客户关系的维系

1. 客户的顾虑

客户在购车之后，销售服务店是不是就撒手不管了？汽车遇到故障或有疑问时，不知道与谁联系；与顾客联系的销售人员已辞职，而不再有人帮助顾客解决并遵守承诺；会对所购汽车本身或价格条款等感到后悔。

2. 客户关系维系的定义

客户关系的维系是指客户买车后，在相当长的一段时间内不再来找销售人员，但销售人员应不停地跟客户联系，联系方式可采取发短信的方法，比方说今天天气预报说有雨、路滑，提醒客户开车小心一点；天气预报说冷空气马上要来了，提醒客户多穿一点衣服不要感冒等。

3.客户关系维系的原因

从以往的经验来看，车子卖给客户以后就万事大吉了，后来大家慢慢意识到客户维系非常重要。因为开发一个客户很难，但客户来帮你介绍新客户就容易得多。由此，销售人员就各显神通，开始重视与客户保持一种客户关系。

4.客户关系维系的关键技法

(1)感谢信。一般来说，感谢信应该在24小时之内，最好是客户提车的当天，销售人员马上就把感谢信寄出去。因为在同一个城市里边，这个客户开车还没到家呢，卡片就到家了，客户就会认为这家公司不错，就会向自己的朋友和同事进行推荐，从而起到最好的宣传效果。

(2)回访电话。在什么时间向客户打出第一个回访电话？应在24小时之内。有的销售人员在两三天之内打电话，其实是错误的。当三天之内再打这个电话的时候，该出什么事情全出了。客户拿到车以后不看说明书，他开车时遇到要使用哪个功能的时候，不知道在哪里，就开始乱摸了，这就容易出问题。因此，应注意以下几点：

①销售顾问应在24小时之内打电话。在交车后24小时内，销售顾问必须和客户进行联系，询问他对车的使用状况是否满意，解答客户在使用中遇到的问题。例如，“先生您这个车开得怎么样，有哪些还不清楚的请提出来”。可能客户会说，“有一个间歇性的雨刮器，但我不知道该怎么使用”。你就可以通过电话告诉他。这会使客户觉得，这个公司不错，没把我忘记，从而对你产生好感。

②交车一个星期内由经理打出电话。交车一个星期内由经理打出电话，询问客户在购车过程中的感受及用车感受，让客户感觉自己是尊贵的。作为经理，代表的是公司。打电话就是要问这个客户，“买这个车的过程你满意吗？我是经理，你有什么不满意的地方可以向我投诉”。这时客户心里肯定非常高兴，同时还要提醒客户做车保。

(3)销售顾问应按客户能接受的方式与客户保持长期联系。

(4)让保有客户替你介绍新的客户。乔·吉拉德是创造了汽车销售吉尼斯世界纪录的人，14年他卖出13001辆汽车，连续12年荣登世界吉尼斯纪录大全世界销售第一的宝座。他是怎么做的呢？

①一照、二卡、三邀请。一照，就是他卖车给客户之后照相；二卡，就是给客户建立档案；三邀请，就是他一年要请这个客户到他们公司来三次，包括忘年会，包括汽车文化的一些活动，包括“自驾游”，等等。

②四礼、五电、六经访。四礼，就是一年当中有四次从礼貌的角度出发去拜访客户，包括生日、节假日等；五电，就是一年当中要给客户最少打五次电话，问客户车况如何、什么时间该回来做维修保养，等等，同时打电话问候客户；六经访，就是一年当中基本上每两个月要去登门拜访一次，没事儿也没关系，就感谢他买了你的车，你路过他这儿就来看看他，这时客户会感动，就说谢谢你。你就说，“您别谢，您要想谢我，您给我多介绍一些客户来，这就是对我最大的感谢了”。你一般每两个月都要提示一下客户，有没有新客户来买车。这样，你的客户能不多吗？

禁忌：如果客户表示不愿意联系，不要催促或纠缠。

五、客户关系管理系统简单的操作介绍

本书以广州本田汽车某经销商的客户关系管理系统软件为例，该软件不仅仅提供了对客户档案、车辆档案、会员档案的详细记录，而且还实现了对新增客户、流失客户、新增车辆进厂率、流失率的分析功能。另外，还可实现对在册车辆档案中的年审提醒、定期保养提醒、维修跟踪提醒、生日关怀提醒、驾驶证年审提醒、质保到期提醒、续保提醒等全方位提醒服务。以下是对该客户关系管理系统简单的操作介绍：

1. 填写客户档案

(1)新建车辆档案。

1)进入【客户关系】→【车辆资料】，显示如图 11-5 所示的车辆资料档案界面。

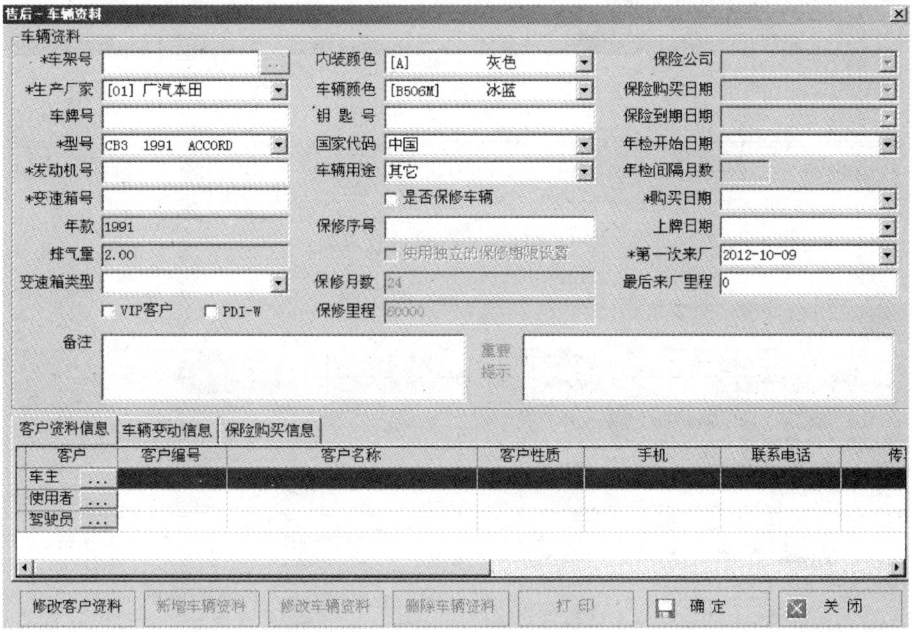

图 11-5　车辆资料档案界面

2)在车辆资料中输入车辆的信息，如车辆的 VIN 码、车牌号、型号、变速箱类型、发动机号等，点击【客户资料信息】则会在其下方显示出【车主】、【使用者】、【驾驶员】等子项目(如图 11-6所示)。

3)无论新建还是修改车主信息，都要先选中【车主】这个子项目，然后再点击【修改客户资料】按钮。输入车主的资料后，点击右下方的【保存】按钮即可(如图 11-7 所示)。

4)【使用者资料】和【驾驶员资料】的输入方法与【车主资料】类似。注意：车主、使用者、驾驶员可以是同一人。

5)当所有的资料都输入完成后，点击窗口右下方的【确定】按钮，将刚才输入的信息保存到 CRM 系统中。

图 11-6　客户资料信息界面

图 11-7　修改客户资料界面

(2)客户档案查询。

1)进入【客户关系】→【客户资料管理】,显示客户档案查询界面。

2)在查询窗口中,根据查询条件输入相应信息(可以输入一条或多条信息),点击【查询】按钮,显示如图 11-8 所示的客户档案查询界面。

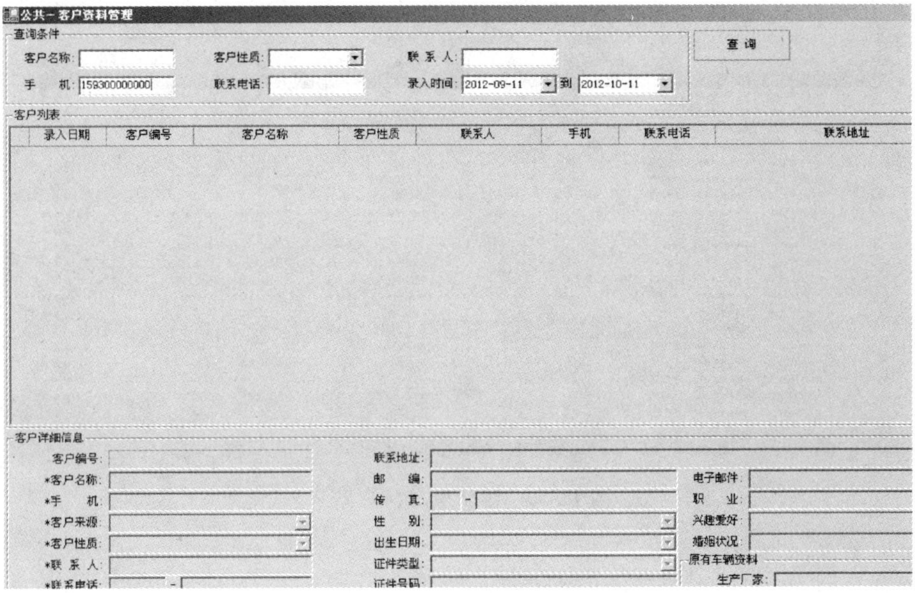

图 11-8　客户档案查询界面

3)如果车辆有进厂维修记录,可点击工具栏的【维修历史】进行查看,显示如图 11-9 所示的车辆维修历史查询界面。

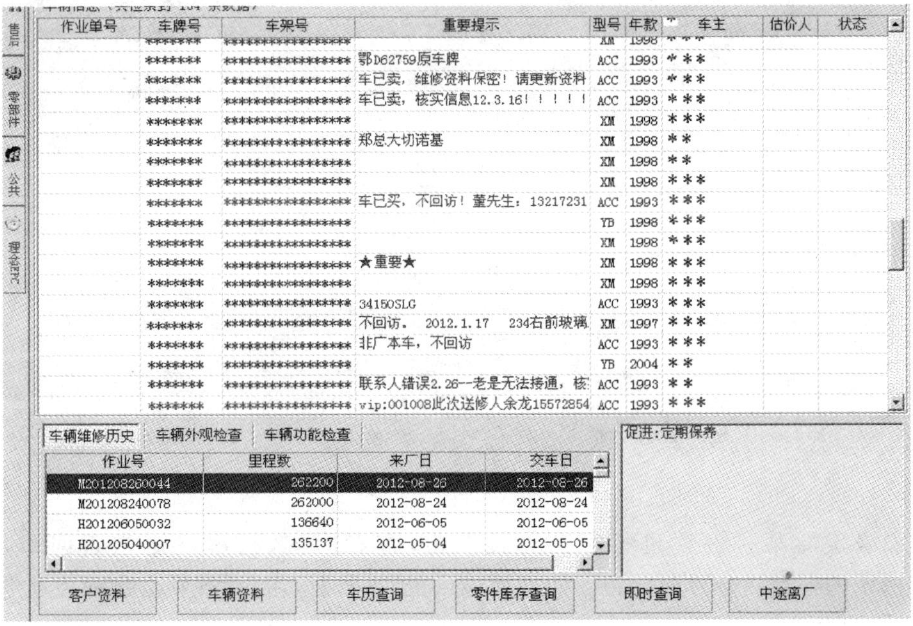

图 11-9　车辆维修历史查询界面

2.售后回访任务

(1)进入【客户管理】→【售后回访】,显示如图 11-10 所示的维修跟踪回访界面。

(2)如果确定要对某一条显示记录进行操作,那么直接双击该条记录即可跳转到相关模

图 11-10　维修跟踪回访界面

块进行详细跟进处理。

3.保养提醒

(1)进入【客户管理】→【定期保养】,显示如图 11-11 所示的保养提醒界面(一)。输入查找信息,点击【查找】按钮,找出相关需要做提醒的客户信息。

图 11-11　保养提醒界面(一)

(2)如确定对某一客户进行回访直接双击,查看内容,再次确定是否回访,显示如图 11-12所示的保养提醒界面(二)。如需回访点击【拨号】按钮,系统则会自动拨通电话。

4.客户生日关怀

(1)进入【客户管理】→【生日关怀】,如果电脑的日期正确,一般系统会自动生成当天需进行生日关怀的客户列表,显示如图 11-13 所示的客户生日关怀界面,也可以通过业务时间选择进行操作。

(2)直接双击要进行关怀的客户,点击【拨号】按钮,系统则会自动拨通客户电话。

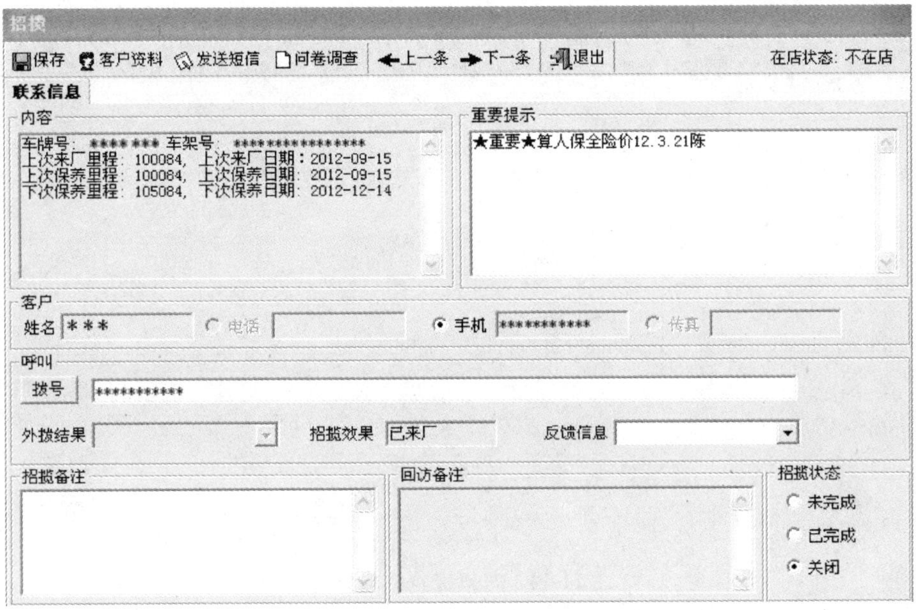

图 11-12　保养提醒界面(二)

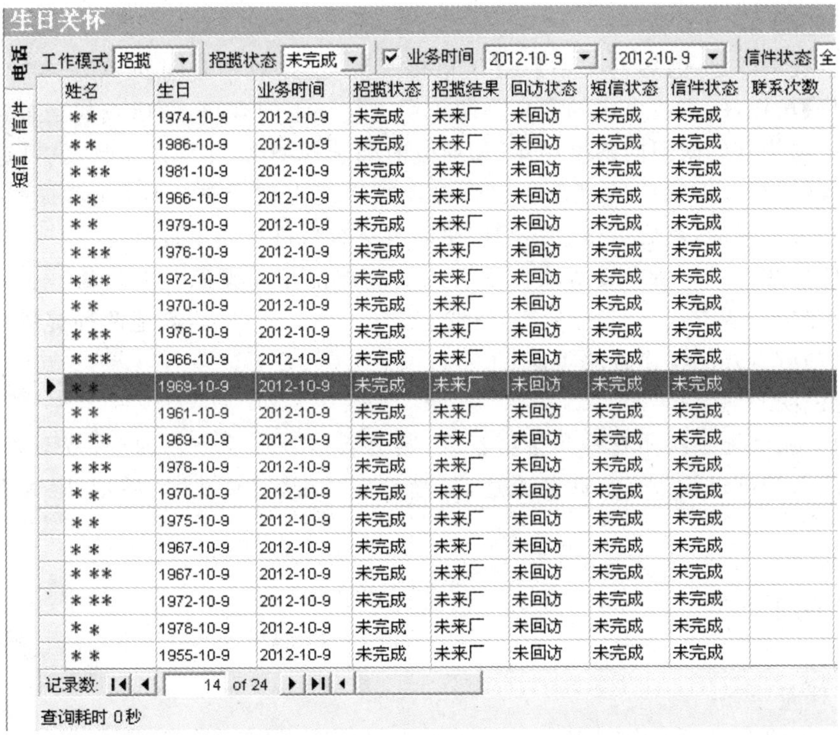

姓名	生日	业务时间	招揽状态	招揽结果	回访状态	短信状态	信件状态	联系次数
* *	1974-10-9	2012-10-9	未完成	未来厂	未回访	未完成	未完成	
* *	1986-10-9	2012-10-9	未完成	未来厂	未回访	未完成	未完成	
* **	1981-10-9	2012-10-9	未完成	未来厂	未回访	未完成	未完成	
* *	1966-10-9	2012-10-9	未完成	未来厂	未回访	未完成	未完成	
* *	1979-10-9	2012-10-9	未完成	未来厂	未回访	未完成	未完成	
* **	1976-10-9	2012-10-9	未完成	未来厂	未回访	未完成	未完成	
* **	1972-10-9	2012-10-9	未完成	未来厂	未回访	未完成	未完成	
* *	1970-10-9	2012-10-9	未完成	未来厂	未回访	未完成	未完成	
* **	1976-10-9	2012-10-9	未完成	未来厂	未回访	未完成	未完成	
* **	1966-10-9	2012-10-9	未完成	未来厂	未回访	未完成	未完成	
* *	1969-10-9	2012-10-9	未完成	未来厂	未回访	未完成	未完成	
* *	1961-10-9	2012-10-9	未完成	未来厂	未回访	未完成	未完成	
* **	1969-10-9	2012-10-9	未完成	未来厂	未回访	未完成	未完成	
* **	1978-10-9	2012-10-9	未完成	未来厂	未回访	未完成	未完成	
* *	1970-10-9	2012-10-9	未完成	未来厂	未回访	未完成	未完成	
* *	1975-10-9	2012-10-9	未完成	未来厂	未回访	未完成	未完成	
* *	1967-10-9	2012-10-9	未完成	未来厂	未回访	未完成	未完成	
* **	1967-10-9	2012-10-9	未完成	未来厂	未回访	未完成	未完成	
* **	1972-10-9	2012-10-9	未完成	未来厂	未回访	未完成	未完成	
* *	1978-10-9	2012-10-9	未完成	未来厂	未回访	未完成	未完成	
* *	1955-10-9	2012-10-9	未完成	未来厂	未回访	未完成	未完成	

图 11-13　客户生日关怀界面

5.车辆续保提醒

(1)进入【客户关系】→【保险提醒】,显示如图 11-14 所示的车辆保险提醒界面。

(2)选择续保提醒查询条件如业务时间,点击【查找】按钮。其下方就会显示符合条件的

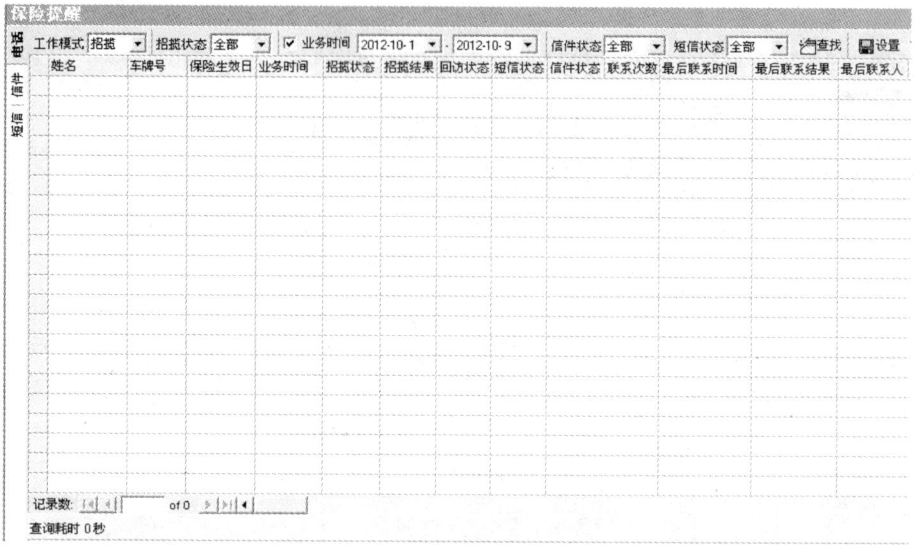

图 11-14　车辆保险提醒界面

客户，然后对选中客户双击就会进入和【保养提醒】、【生日关怀】双击后相似的界面，然后点击【拨号】按钮即可对客户进行车辆续保提醒。

6. 年审提醒

(1)年审提醒。进入【客户关系】→【年审提醒】。选择业务时间如 2012 年 9 月 1 日，然后点击【查找】按钮，所查找出来的客户是两年后进行年审的客户，所以查找当日进行年审提醒的客户，需将当日的时间向前推两年，如业务时间选择 2010 年 9 月 1 日，就可查找出 2012 年 9 月 1 日需进行年审提醒的客户。然后选中客户双击就会进入和【保养提醒】、【生日关怀】双击后相似的界面，然后点击【拨号】按钮即可对客户进行年审提醒。

(2)其他提醒方式。所有提醒项目都可以通过点击相应界面左上角的【电话】、【信件】、【短信】按钮选择提醒方式，一般系统默认的提醒方式是电话提醒，其他两种提醒方式的操作方法与电话提醒方式的操作方法类似。

7. 其他说明

该客户关系管理系统还有一些会员管理、紧急救援管理等项目内容，就不一一列举了。总之，通过该系统可以统一客户联系渠道，提高响应速度，实现成本、质量、服务和速度等方面的改善。

【任务训练】

1. 训练任务

任务一：你给客户李女士刚刚办理了新车交付手续，现在你估计李女士应该到家了，请你给她打个电话，表示祝贺和感谢。

任务二：客户王先生三天前在你店里购买了迈腾，请你作为客户代表对王先生进行售后回访，询问车辆使用情况，以及对销售顾问和产品的满意度、对企业的意见或建议等。

2. 训练目的

通过客户回访电话的拨打，考核学生对客户回访关键点的掌握情况，锻炼学生的表达沟通能力。

3. 训练所需工具及材料

电话、客户回访登记表、笔等。

4. 训练步骤

(1)训练：将学生分为若干团队，选出组长，在组长带领下进行任务练习。

(2)考核：教师随机抽取小组进行现场展示，通过角色扮演法展示电话回访的沟通过程。

(3)评估：小组展示结束后，通过学生自评、互评、教师点评来评估训练效果。

【思考与练习】

1. 售后跟踪服务的概念及流程是什么？

2. 售后跟踪服务主要有几种方法？

3. 汽车销售顾问在什么时候要对客户进行跟踪？

4. 如何拨打售后跟踪电话？

5. 什么是客户关系管理？有何作用？

6. 客户满意和客户忠诚是什么关系？

7. 乔·吉拉德曾说："我相信推销活动真正的开始在成交之后，而不是之前。"你如何理解这句话？

任务十二

12 汽车销售延伸服务

【学习目标】

1. 了解汽车保险服务的基本概念与相关知识，能够为客户推荐合适险种。

2. 了解汽车金融服务的基本概念与相关知识，能够为购车客户提供金融咨询并协助办理手续。

3. 了解二手车交易服务的流程与相关知识，能够计算二手车交易中的税额。

4. 了解汽车网络营销的基本方法，会选择合适的渠道进行汽车产品的网络推广。

【任务分析】

在汽车销售过程中，越来越多的客户选择按揭贷款买车，作为汽车销售顾问，我们必须懂得汽车金融服务的相关知识，为客户提供金融咨询并协助办理相关手续。客户购买了汽车之后，其用途各不相同，那么面临的事故风险各异，学习了汽车保险的相关知识以后，学生能对车主所面临的风险进行有效管理。车子用了几年之后，客户要换新车时，销售顾问要了解二手车市场、掌握二手车市场交易的流程，才能够更好地帮助客户。

【相关知识】

12.1 汽车保险服务

一、汽车保险的含义

汽车保险属于财产保险的一种，它是以汽车本身及汽车的第三者责任为保险标的的一种运输工具保险。它能够切实保障汽车的使用者和交通事故受害者在车辆发生保险责任事故，造成汽车本身损失及第三者人身伤亡和财产损失时，得到经济补偿，最大限度地减少事故所造成的损失；它能够促使交通事故损害赔偿纠纷的及时解决，促进社会的稳定。

汽车保险合同中承保的标的包括内燃机车、电车、蓄电池车、摩托车、拖拉机、各种专用机械车以及特种车。其中双燃料汽车（又称清洁燃料车辆）归属汽车范畴，如清洁燃料公共汽车；大型联合收割机属专用机械车；摩托车包括两轮或三轮摩托车，轻便摩托车，残疾人三轮、四轮摩托车；只有企业自行编号、仅在特定区域内使用的其他车辆，视其使用性质和车辆用途确定其是属于汽车还是专用机械车、特种车范畴。

汽车保险合同为不定值保险合同。不定值保险合同是指在保险合同中当事人双方事先不确定保险标的实际价值，而只确定保险金额作为最高赔偿限额的保险合同。

二、汽车保险的特点

1.保险标的出险率较高

汽车是陆地的主要交通工具，由于其经常处于运动状态，总是载着人或货物不断地从一个地方开往另一个地方，很容易发生碰撞及意外事故，造成人身伤亡或财产损失。由于汽车保有量的迅速增加，许多国家的一些交通设施和管理水平跟不上车辆的发展速度，再加上驾驶员的疏忽、过失等人为原因，使汽车出险率较高。

2.业务量大、投保率高

由于汽车出险率较高，汽车的所有者需要以保险方式转嫁风险。各国政府在不断改善交通设施、严格制定交通规章的同时，为了保障受害人的利益，对第三者责任保险实施强制保险。保险人为适应投保人转嫁风险的不同需要，为被保险人提供更全面的保障，在开展车辆损失险和第三者责任险的基础上，推出了系列附加险，使汽车保险成为财产保险中业务量较大、投保率较高的一个险种。

3.扩大保险利益

针对车辆的所有者与使用者不同的特点，汽车保险条款一般规定：不仅被保险人本人使用车辆时发生保险事故，保险人要承担赔偿责任，而且凡是被保险人允许的驾驶人员使用车辆时，也视为其对保险标的具有保险利益，如果发生保险单上约定的事故，保险人同样要承担事故造成的损失，保险人需说明汽车保险的规定以"从车"为主，凡经被保险人允许的驾驶人员驾驶被保险人的汽车造成保险事故的损失，保险人需对被保险人负赔偿责任。此规定是为了给被保险人提供更充分的保障，并非违背保险利益原则。但如果在保险合同有效期内，被保险人将保险车辆转卖、转让、赠送他人，被保险人应当书面通知保险人并申请办理批改。否则，若保险事故发生时，保险人对被保险人不承担赔偿责任。

4.被保险人自负责任与赔款优待

为了促使被保险人注意维护、养护车辆，使其保持安全行驶技术状态，并督促驾驶员注意安全行车，以减少交通事故，保险合同上一般规定：驾驶员在交通事故中所负责任，车辆损失险和第三者责任险在符合赔偿规定的金额内实行绝对免赔率；保险车辆在保险期限内无赔款，续保时可以按保险费的一定比例享受无赔款优待。以上两项规定，虽然分别是对被保险人的惩罚和优待，但要达到的目的是一致的。

三、汽车保险种类的发展

在保险实务上，汽车保险因保险标的及内容不同而被赋予不同的名称。汽车保险的设计随各国国情与社会需要的不同而不同。随着汽车保险业的发展，其保险标的除了最初的汽车以外，已经扩大到所有的机动车。世界上许多国家至今仍沿用汽车保险的名称。汽车保险是承担机动车由于自然灾害或意外事故所造成的人身伤亡或财产损失的赔偿责任的一种商业保险。

过去，汽车保险种类是根据保障范围的差异而制定的。无论细分市场相同与否，保险公司机动车辆保险的险种都由主险和附加险组成。全车盗抢险、玻璃单独破碎险、车辆停驶损失险、自燃损失险、新增加设备损失险等，作为车辆损失险的附加险，必须在投保人先投保车辆损失险后才能投保。车上人员责任险、无过失责任险、车载货物掉落责任险等，作为第三者责任险的附加险，必须在投保人先投保第三者责任险后才能投保。投保不计免赔特约险，必须在投保人先同时投保车辆损失险和第三者责任险之后才能投保。表 12-1 体现了 2000 年版汽车保险条款主险和附加险的关系。

表 12-1　2000 年版汽车保险条款主险和附加险适用关系表

<table>
<tr><th>主　险</th><th>车辆损失险</th><th>第三者责任保险</th></tr>
<tr><td rowspan="2">各主险可以附加的附加险</td><td>全车盗抢险
玻璃单独破碎险
车辆停驶损失险
自燃损失险
新增加设备损失险</td><td>车上人员责任险
无过失责任险
车载货物掉落责任险</td></tr>
<tr><td colspan="2">不计免赔特约险</td></tr>
</table>

对于车辆损失保险，不同国家之间的承保范围都有所不同。对于汽车责任保险，保险业发达的国家均在承保内容上力求扩张，以便所有交通事故受害人均能得到合理的赔偿，这是现代保险业发展的必然趋势。目前，绝大多数国家把第三者责任险作为机动车辆强制性投保险种，若不投保该险种，车辆就无法上牌和年检。对于车辆的拥有者和使用者，如果投保了车辆保险，在出险后则可获得保险责任范围内的赔偿，以减少或避免车祸带来的经济损失。

2006 年 7 月 1 日，机动车交通事故责任强制保险（以下简称“交强险”）开始实施。根据我国目前汽车保险的政策，在保险实务中，汽车保险因保险性质的不同，一般又分为汽车强制责任保险和汽车商业保险两大部分。虽然它们都属于商业保险公司经营，但汽车强制责任保险是强制性保险，而其他的险种则是建立在保险人和被保险人自愿基础上的汽车商业保险。

伴随着“交强险”的实施，车辆损失险和商业第三者责任险发生了重大变化。中国保险行业协会率先提出，各保险公司经营的商业车险应使用统一条款和费率，这一规定已于 2006 年 7 月 1 日起正式实行。中国保险行业协会为目前现有的财险公司制定了 A、B、C 三款商业险，各家保险公司从中进行选择，这样就告别了以前各家财险公司各自为政的局面。针对商业险的 A、B、C 三款，中国保险行业协会还推出了车辆损失险的基础保费和费率。此次同意的是车险中的主险部分，即车辆损失险和商业第三者责任险，条款以人保、平安、太平洋车险条款为基准，在此基础上有细微调整。而对于划痕险、玻璃单独破碎险等附加车险，仍允许保险公司进行差异化经营。2006 年版我国汽车保险产品的分类见表 12-2。

表 12-2　2006 年版我国汽车保险产品的种类

<table>
<tr><td>强制商业汽车保险</td><td colspan="3">非强制商业汽车保险</td></tr>
<tr><td rowspan="3">机动车交通事故责任强制保险</td><td>主　险</td><td>车辆损失险</td><td>第三者责任险</td></tr>
<tr><td>附加险</td><td>全车盗抢险、玻璃单独破碎险、自燃损失险、新增加设备损失险、车辆停驶损失险、车身划痕损失险、特约求助条款等</td><td>车上人员责任险、无过失责任险、车载货物掉落责任险等</td></tr>
<tr><td colspan="3">不计免赔特约险</td></tr>
</table>

当然，表 12-2 是较常见车险险种的分类方法。车险改革后，有的保险公司把全车盗抢险以及车上人员责任险也列为基本险。例如，中国保险行业协会根据人保制定的《机动车辆保险条款(A)》就把车上人员责任险作为基本险，并可单独投保；根据太平洋保险公司制定的《机动车辆保险条款(C)》把盗抢险及车上人员责任险同样作为基础险，也可单独投保。主要体现在主险的附加险方面，不同地区、不同的机动车保险产品都不尽相同，而且各保险公司根据市场情况的变化，会适时推出新的机动车保险品种。表 12-3 为 2009 年版我国汽车保险产品的种类。

表 12-3　2009 年版我国汽车保险产品的种类

<table>
<tr><td>强制商业汽车保险</td><td colspan="5">非强制商业汽车保险</td></tr>
<tr><td rowspan="4">机动车交通事故责任强制保险</td><td>基本险</td><td>车辆损失险</td><td>商业第三者责任险</td><td>车上人员责任险</td><td>全车盗抢险</td></tr>
<tr><td rowspan="2">附加险</td><td>玻璃单独破碎险、车身划痕损失险、车辆停驶损失险、自燃损失险、代步车费用险、新增加设备损失险、随车行李物品损失险、指定专修厂特约险、多次事故免赔特约险</td><td>车上货物责任险、车载货物掉落责任险和系安全带补偿特约险</td><td rowspan="2"></td><td rowspan="2">全车盗抢附加高尔夫球具盗窃险</td></tr>
<tr><td colspan="2">交通事故精神损害赔偿险、保险事故附随费用损失险</td></tr>
<tr><td colspan="5">基本险不计免赔率特约险、附加险基本险不计免赔率特约险</td></tr>
</table>

强制汽车责任保险与一般的商业性保险不同。强制汽车责任保险制度在各国实践中，所采用的模式也不完全相同，一般可分为两种模式：一种是将商业性汽车责任保险赋予强制险的使命与功能，使其承担法定的保险范围及金额，除此之外，没有别的汽车责任险，即一张保险单保到底的完全保障，如英国的无限额汽车责任险；另一种是除强制汽车责任险之外，还有任意汽车责任险可以弥补强制险的不足，如日本及中国台湾地区的限额保险制。强制部分的限额是最低保障的额度，所以又被称为基本保障型强制险。

四、我国汽车保险的起源发展与趋势

1.我国汽车保险的起源发展

我国汽车保险业务的发展经历了一个曲折的历程。汽车保险进入我国是在鸦片战争以后,但由于我国保险市场处于外国保险公司的垄断与控制之下,加之旧中国的工业不发达,我国的汽车保险实质上处于萌芽状态。

1950年,创建不久的中国人民保险公司开办了汽车保险,但是因宣传不够和人们认识的偏颇,不久就出现对此项保险的争议,有人认为汽车保险以及第三者责任保险对于肇事者予以经济补偿,会导致交通事故的增加,对社会产生负面影响。于是中国人民保险公司于1955年停止了汽车保险业务,直到20世纪70年代中期,为了满足各国驻华使领馆等外国人拥有汽车保险的需要,才开始办理以涉外业务为主的汽车保险业务。

1980年,中国人民保险公司逐步全面恢复了汽车保险业务,以适应国内企业和单位对于汽车保险的需要,适应公路交通运输业迅速发展、事故频繁发生的客观需要。但当时汽车保险仅占财产保险市场份额的2%。

随着改革开放的发展,社会经济和人民生活发生了巨大的变化,机动车辆迅速普及和发展,机动车辆保险业务也随之得到了迅速发展。1983年,我国将汽车保险改为机动车辆保险,使汽车保险具有更广泛的适应性,在此后的20多年中,机动车辆保险在我国保险市场,尤其在财产保险市场中始终发挥着重要的作用。到1988年,汽车保险的保费收入超过了20亿元,占财产保险份额的37.6%,第一次超过了企业财产险(35.99%)。此后,汽车保险一直是财产保险的第一大险种,并保持高增长率,我国的汽车保险业务进入了高速发展的时期。

与此同时,机动车辆保险条款、费率以及管理也日趋完善。尤其是中国保监会的成立,进一步完善了机动车辆保险中介市场,对全面规范市场、促进机动车辆保险业务的发展起到了积极的作用。

2.我国汽车保险的发展趋势

(1)险种多元化。我国地域广阔,保险产品的需要在不同地区、不同环境、不同类型的消费者中有着较大差异,为满足不同需求,需推进车险的险种多元化。险种的多元化是今后我国保险市场发展的趋势之一。

险种多元化主要针对特种车辆(如消防车、起重机、救护车、公交车、农林专用车等),专门针对特种车中的某类,开发适合的险种;也可针对特殊行业(如车行、修理厂、汽车制造厂、驾驶学校等经营业户),开发适合它们自身风险特征的专门保险产品。

(2)费率合理化。目前我国已放开对车险费率的监管,费率可由保险公司自行制定,报保险监督管理机构备案即可。但由于市场环境还不成熟,导致了保险产品大搞价格竞争的不良现象,在这种情况下的费率水平是不科学的。各公司的经营应以效益为首要条件,并展开理性竞争,随着保险市场逐步走向成熟,在通过统计分析的损失率确定出的费率标准才是合理的。

另外,我国虽然在费率管理模式上已由从车费率模式逐渐转变为从车和从人相结合的费率模式,但考虑人的因素非常简单,一般只考虑驾驶员的年龄、性别、驾龄等因素,而对其他因素还未制定风险修正系数。从发展趋势看,应增加对驾驶人员的因素考虑,同时合理拉开不同人员的费率档次，以进一步促进费率的人性化、合理化。

(3)无赔款优待明显化。无赔款优待制度是汽车保险业务中所特有的制度，其目的是解决由于风险的不均匀分布使保费与实际损失相联系的问题，使保险公司实际收取的保费能够更真实地反映风险的实际情况。这充分体现了经营中对于风险个性特征的考虑。

由于汽车风险受驾驶人员主观影响程度较大，所以在汽车保险中应用无赔款优待制度具有明显的优越性，主要表现为：一是可以使保险公司收取的保险费更接近于真正的单一和均匀的风险；二是可以鼓励被保险人增强安全意识，谨慎驾驶，以减少交通事故的发生；三是被保险人在损失小于折扣额时不会报案，可以减少保险公司小额赔款案的处理成本和管理费用。因此，在各国的汽车保险业务中均采用了无赔款优待制度。

我国各保险公司的汽车保险业务也采用了无赔款优待制度。一般的做法是每一连续无赔款年度可以享受10%的安全优待，并且逐年递增，多数公司的最高优待幅度为30%，少数公司为不超过50%，而国外保险公司的最大优待比例高达70%。可见，我国在该方面还有待提高。

(4)营销电子化。保险作为金融服务业的重要组成部分，可以最大限度地发挥网络优势，促进市场营销电子化，扩大客户群和业务量。网络保险作为一种全新模式，具有成本低、业务时间和空间不受约束的优越性。由于汽车保险的风险较为规范，相应的保险产品及其定价原理也较为简单，所有这些特点为车险开展营销电子化提供了有利条件。我国于2005年4月1日施行的《电子签名法》为保险的网上销售提供了保障。

目前，我国由于网络覆盖率低、相关法律法规不够健全、网上支付系统不完善、相关设施仍有待发展等问题的存在，保险的网络营销开展得还不是很好，多数保险公司网站的功能仍停留在发布险种条款、公司概况等信息方面，并未实际开展业务。但是，网络保险营销已成为一个潮流，我国的汽车保险营销模式也将面临一场革命性的转变。

五、汽车保险的作用

我国自1980年国内保险业务恢复以来，汽车保险业务已经取得了长足的进步，尤其是伴随着汽车进入百姓的日常生活，汽车保险正逐步成为与人们生活密切相关的经济活动，其重要性和社会性也逐步加强，作用越加明显。

1.扩大了对汽车的需求

从目前经济发展情况看，汽车工业已成为我国经济健康、稳定发展的重要动力之一。汽车产业政策在国家产业政策中的地位越来越重要。汽车产业政策要产生社会效益和经济效益，要成为中国经济发展的原动力，离不开汽车保险的配套服务。汽车保险业务自身的发展对于汽车工业的发展起到了有力的推动作用。汽车保险的出现，解除了企业与个人对使用汽车过程中可能出现的风险的担心，在一定程度上提高了消费者购买汽车的欲望，也在一定程度上扩大了社会对汽车的需求。

2.稳定了社会公共秩序

随着我国经济的发展和人民生活水平的提高，汽车作为重要的生产运输和代步的工具，成为社会经济及人民生活中不可或缺的一部分，其作用越来越重要。汽车作为一种保险标的，虽然单位保险金不是很高，但数量多而且分散，车辆所有者既有党政部门，也有工商企业和个人。车辆所有者为了转嫁使用汽车带来的风险，愿意支付一定的保险费投保，在汽车出险后，从保险公司获得经济补偿。由此可以看出，开展汽车保险既有利于社会稳定，又有利于保障保险合同当事人的合法权益。

3.促进了汽车安全性能的提高

在汽车保险业务中，经营管理与汽车维修行业及其价格水平密切相关。原因是在汽车保险的经营成本中，事故车辆的维修费用是其中重要的组成部分，同时车辆的维修质量在一定程度上体现了汽车保险产品的质量。保险公司出于有效控制经营成本和风险的需要，除了加强自身的经营业务管理外，必然会加大事故车辆修复工作的管理，这在一定程度上提高了汽车维修质量管理的水平。同时，汽车保险的保险人从自身和社会效益的角度出发，联合汽车生产厂家、汽车维修企业开展车辆事故原因的统计分析，研究汽车安全设计新技术，并为此投入大量的人力和财力，从而促进了汽车安全性能方面的提高。

4.汽车保险业务在财产保险中占有重要的地位

目前，大多数发达国家的汽车保险业务在整个财产保险业务中占有十分重要的地位。美国汽车保险保费收入，占财产保险总保费的45%左右，占全部保费的20%左右。亚洲的日本和中国台湾地区汽车保险的保费占整个财产保险总保费的比例更是高达58%左右。从我国情况来看，随着积极的财政政策的实施，道路交通建设的投入越来越多，汽车保有量逐年递增。过去的20多年，汽车保险业务保费收入每年都以较快的速度增长。在国内各保险公司中，汽车保险业务保费收入占其财产保险费收入的60%以上。汽车保险业务已经成为财产保险公司的重要险种。其经营的盈亏，直接关系到整个财产保险行业的经济效益。

【案例 12-1】

车辆进水赔付不一

肖先生假日结伴驾车一起去南方城市游玩，途中偶遇暴雨，不慎车辆进水，发动机受损。在理赔时，肖先生的保险公司拒绝理赔，但其朋友的车却获得一定赔偿，这令肖先生感到不平。

点评：每个公司对有关机动车涉水的险种名称不同。人民财产保险叫发动机特别损失险，华泰保险、太平洋保险叫涉水损失险，而平安保险则没有这个单独险种，是包含在机动车辆损失险里。每个公司的理赔范围是不同的，尤其要注意的是，华泰保险和太平洋保险虽然在名称上一样，但理赔范围却不同。所以，车主在购买保险时一定要看清险种条款，不要因为疏忽而造成经济损失。另外，虽然现在有些保险公司对汽车在水中再次启动的发动机进行理赔，但也不能“有恃无恐”，因为保险公司的最高保额只为5万元左右，一部好车的发动机可不是这5万元可以买到或可以修好的，而且这中间所浪费的时间、精力，保险公司也不会负责。

【案例 12-2】

自行修车费超出定损额

江先生驾车不幸发生碰撞事故，他驾驶的车辆左侧大面积受损。由于觉得车辆价格比较便宜，为了图方便，他随意把车开到附近一家维修店进行修理，花了930元。但事后，他找保险公司"埋单"，对方给出的定损金额只有570元。

点评：定损单上的维修价格，是保险公司依据汽车修理完好所需要的合理市场均价核价，而车主自行选择修理企业，则属个人行为。而且一般保险公司只认准二级以上资质的维修站，如果车主因为贪图方便省事，去达不到标准的维修站保养或修车，保险公司将会根据市场价格进行核价。

因此，出现事故后，车主如不能及时回到投保地维修，则可就地选择由信得过的定损员推荐的专业修理厂进行修理，此类修理厂往往修理水平较高，且与保险公司有合作协议，如此车主可减少多花冤枉钱的可能性。

【案例 12-3】

二手车难享足额赔付

陈小姐买了辆二手车，春节期间驱车到江西游玩，在返程时，她不慎与别人的车辆发生了擦碰。当她找保险公司索赔时，却得知只能得到一半的赔偿。原因是她在购买二手车保险时，并没有选择新车购置价投保。

同时，她还被告知，由于修复时使用的是新零件而非旧零件，发生事故后，保险公司只能按与新车购置价的比例减除不足额投保部分。

点评：这涉及一个比例赔付的问题。比例赔付，就是在车辆投保时，保额低于新车的购置价(即不足额投保)。如果车辆出险，保险公司就会按照保额与新车购置价的比例来计算赔款。比如说：消费者购买了一辆二手车，投保金额为15万元，若车辆意外受损，修理费用为2万元，保险公司根据投保金额(15万元)与新车购置价(设定30万元)的比例来进行计算，可以得出：2万元×15万元÷30万元＝1万元。由此可以得出，实际赔付金额仅为1万元。因此，建议投保时如果按照新车购置价格来确定保额(即足额投保)，车主获得的保障会大得多。

不可否认，对于新车而言，因其投保时实际价值、出险时的实际价值与投保时的新车购置价一致，所以无论采取何种方式确定保险金额，全损、分损时计算赔偿金额的基础是一致的，均是新车购置价。但二手车则显得相对复杂，当投保人选择按投保时的新车购置价确定保险金额时，如果发生部分损失，被保险人只能得到保险限度内全部修理费用的赔偿，但一旦发生全部损失，被保险人只能得到出险时实际价值的赔偿，全损与分损时赔偿数额计算基础的不同，容易产生纠纷。

【案例 12-4】

被爆竹炸伤也有免赔率

市民张先生的爱车在今年春节惨遭爆竹伤害，虽然事发后张先生第一时间赶到了现场，但肇事者早不知道跑到哪里去了。张先生拨打了保险公司的报案电话，心想自己投保了车损险，保险一定能获赔，可是当保险公司定损后却告诉张先生只能赔偿损失的70%，有30%的免赔率。张先生感到非常困惑：车辆被爆竹炸伤后，为什么有免赔率呢？

点评：在春节期间，停放车辆被鞭炮所伤的案例并不鲜见。与其他意外不同，这种被鞭炮所伤的理赔，并非如人们想象的那么简单。张先生的爱车被爆竹炸伤，多数保险公司在车损范围内会给予一定的赔偿，但会有一定免赔率，当然，也不排除个别保险公司会有拒赔的现象。那么，在保险公司可以赔偿的情况下，其免赔率又是怎么规定的呢？

首先，车主必须对汽车投有车损险，车损险里有一条规定：被保险车辆因火灾、爆炸等原因造成车辆损失，保险公司要负赔偿责任。烟花爆竹的伤害属于此类。但此项同样设了30%的免赔率。也就是说，保险车辆发生保险责任范围内的损失应当由第三方负责赔偿的，确实无法找到第三方的，保险公司予以赔偿，但在符合赔偿规定的范围内实行绝对免赔率。张先生所遇到的情况正属于无主肇事，找不到第三方，因此保险公司只赔给张先生损失的七成，张先生需要自己承担30%的费用。

【案例 12-5】

车上人员责任险未买不获赔

周先生虽然刚刚拿到驾照，但他对自己的车技很有自信，觉得没有必要花太多钱在车辆保险上。因此，除了交强险等少数车险外，其他的险种他都没有购买。结果，在春节期间，他驾驶刚买的新车载着全家出游，半路上由于转弯时车速过快，不小心撞到路边护栏，车上人员均有不同程度的受伤。事故发生后，他向保险公司报案，保险公司却告诉他：车辆损失和护栏损失可以赔付，但受伤人员的医药费却不能赔付，理由是他并没投保车上人员责任险。

点评：车险的两个主险——车损险和第三者责任险，都没有包含驾驶员责任在内，所以，车主们应补充投保人身意外伤害保险或车上人员责任险。以周先生为例的部分车主，一直以为投保了车损险、交强险、商业三者险以及不计免赔，应该就是“全保”了，发生事故后的所有损失都应由保险公司赔付。

但实际上，车损险保的只是车辆本身，而交强险和第三者责任险则保障在事故中受伤害的第三方，车上乘员则不在这两个险种的责任范围内。车险条款中，有专为车上乘坐人员设计的车上人员责任险，如果当初周先生投保了这个险种，遇到类似这次的受伤事故，就可以得到理赔。这种可省则省的心理，容易发生在一些自忖车技过关，购买的是经济型车，且平时喜欢精打细算的车主身上。

12.2　汽车金融服务

汽车金融服务是在汽车销售、使用过程中，由汽车金融服务机构向消费者或经销商提供的融资及其他金融服务，其内容包括对用户的汽车消费信贷及对经销商的库存融资和融资租贷等。汽车金融服务经过近百年的发展，在国外已成为位居房地产金融之后的第二大个人金融服务项目，是一个规模大、发展成熟的产业，每年的平均增长率在3%左右。目前在全世界每年的汽车销售总额中，现金销售额为30%左右，汽车金融服务融资约占70%。

一、汽车金融服务的定义

1.美国消费者银行家协会

美国消费者银行家协会对汽车金融公司的定义是：汽车金融服务公司以个人、公司、政府和其他消费群体为对象，以其获取未来收益的能力和历史信用为依据，通过提供利率市场化的各类金融融资和金融产品以及相关的服务，实现对交通工具的购买和使用。

2.福特信贷的定义

全球汽车融资行业的领头羊——福特汽车信贷公司对汽车金融的具体定义是：以专业化和资源化满足客户和经销商的需要，为经销商和客户提供金融产品和服务，包括为新车、旧车和租贷车辆提供融资以及提供批售融资、抵押融资、营运资金融资、汽车保险、库存融资保险等保险服务，同时围绕汽车销售提供金融投资服务。

3.中国银监会的定义

中国银监会对汽车金融公司的定义是：汽车金融公司是指依据《中华人民共和国公司法》等相关法律和本办法（指《汽车金融公司管理办法》——笔者注）规定设立的，为中国境内的汽车购买者提供贷款并从事相关金融业务的非金融机构，包括中资、中外合资和外资独资的汽车金融机构。

4.本书对汽车金融服务的定义

汽车金融服务是在汽车的生产、流通与消费环节中融通服务活动，包括为最终用户提供零售性消费贷款或融资租贷，为经销商提供批发性库存贷款，为各类汽车用户提供汽车保险，为汽车服务企业提供营运资金融资等活动。具有资金量大、周转期长、资金运动相对稳定和价值增值等特点，它是汽车制造业、流通业、服务维修业与金融业相互结合渗透的必然结果，并与政府有关法律、法规、政策，以及与金融保险等市场的相互配合，是一个复杂的大系统。

二、与汽车金融服务有关的各种因素

在上述几种定义的描述下，汽车金融活动就是在汽车生产、流通、消费的各个环节中所

涉及的资金融通的方式、路径，即资金在汽车领域是如何流动的。从广义上讲，汽车金融应该包括汽车金融资金在融通中所涉及的几个关键要素，即汽车金融机构(资金供应者)、汽车金融工具(融通媒介)、汽车金融市场(融通场所)、汽车供应者及汽车需求者。汽车金融应该是这几大要素所组成的一个完整的系统。当前一些对汽车金融的研究主要集中于对汽车需求者(个人)的汽车金融支持上，即金融是如何支持居民购买汽车的，而没有对汽车供应者(汽车生产商)的资金需求、资金融通模式进行系统研究，即使有对汽车生产商的资金需求进行的研究，也是与个人汽车金融分隔开来的。汽车金融作为一个完整的整体，其资金融通应是一个全方位的资金融通过程。作为汽车金融领域的资金需求者既应该有汽车需求者，又应该有汽车供应者；作为资金供应者，既应该有银行等金融机构，又应该有资本市场上的广大投资者，还应该有汽车投资基金等新的资金来源。

三、关于汽车金融服务范围的确定

从汽车的发展过程看，需要金融服务的不仅是购买汽车的消费者，也来自汽车经销商和汽车制造商。他们对金融服务内容的要求，也不仅仅限于资金的融通，还包括减少汽车制造厂的风险、提高用户购买力以及汽车制造商、经销商、用户在金融业的牵线下，保持长期稳定的关系等。从这方面来说，金融机构是“一手托三家”。由于以上原因，中国人民银行在2002年10月21日发布的《汽车金融机构管理办法》(征求意见稿)参照西方国家的经验，提出了汽车金融机构的概念。从服务上来看，汽车金融机构涵盖了汽车售前、售中、售后的全过程，除了提供汽车信贷服务以外，还包括以担保方式向金融机构借款、购车储蓄、融资租赁、汽车消费保险、信用卡、汽车旅游信贷等业务，可以说是以汽车信贷为中心的专业银行。具体来说，《汽车金融机构管理办法》中规定汽车金融机构可从事下列部分或全部汽车金融业务：发行公司债券及商业票据；以担保方式向金融机构借款；接受股东单位和贷款购车企业3个月以上期限的存款；办理汽车经销商采购车辆贷款和营运设备贷款；提供购车贷款和汽车租贷业务；为贷款购车提供担保；与前述购车融资活动相关的代理业务；经中国人民银行批准的其他业务。

四、汽车金融服务的具体作用

对制造商而言，汽车金融服务是实现生产和销售资金分离的主要途径；对经销商而言，汽车金融服务则是现代汽车销售体系中一个不可或缺的基本手段；对汽车营运机构而言，汽车金融服务是其扩大经营的有力依托；对消费者而言，汽车金融服务是汽车消费的理想方式。汽车金融服务在微观经济中的具体作用如下：

1.汽车金融服务对汽车生产商到促进销售、加快资金流转的作用

生产商要实现生产和销售资金的相互分离，必须有汽车金融服务的支持。否则，生产资金容易凝结于库存或客户的应收账款中，导致销售数量越多，生产资金越发枯竭。而有效地利用汽车金融服务，就会大大改善生产企业资金运营效率，提高厂家的劳动生产率。

2.汽车金融服务可帮助汽车销售商实现批发和零售环节资金的相互分离

批发资金是用于经销商库存周转的短期资金，零售资金是用于客户融资的中长期资金，两者性质不同。通过对经销商的库存融资和对客户的消费信贷，可以促进汽车销售过程中

批发资金和零售资金的相互分离，有利于汽车销售商开辟多种融资渠道，促销产品、扩大市场占有率。

3.汽车金融服务可以帮助汽车消费者实现提前消费

汽车金融服务提供消费信贷、租赁融资、维修融资、保险等业务，解决支付能力不足的问题，降低消费者资金运用的机会成本。同时，还可以享受到维修、咨询等汽车金融服务的一些附加服务。

4.汽车金融服务扩大了汽车消费规模

高折旧率是汽车消费的一个重要特点，因此，对消费者而言，汽车信贷不仅是解决支付能力不足的问题，更重要的是降低消费者资金运用的机会成本。正因如此，发达国家的消费者通常会利用金融服务方式消费汽车，并且其中融资租赁率一般较高。而伴随汽车生产技术的发展，汽车的重置价值不断降低，进一步加速了汽车的折旧过程。这样，汽车消费的高折旧特点无疑使消费者更加大了对汽车金融服务的依赖程度，因而完善的汽车金融服务体系可有效地扩大汽车消费规模。

5.汽车金融的发展能够完善金融服务体系，拓展个人消费信贷方式

汽车金融业发展不足，制约了个人汽车消费。我国通过消费信贷方式实现的整车销售不到新车销售的25%，远远低于欧美国家60%～80%的比例。而且汽车金融服务具有丰富的利润，按目前发达国家统计数据显示，汽车金融所赚取的利润是整个汽车链的30%以上，超过汽车制造本身。汽车金融服务不断扩大无疑为储蓄资金找到了一个高收益出口。因此，汽车金融业的发展将拓展我国个人消费信贷方式，也将进一步完善我国经济金融服务体系。

【案例 12-6】

李先生生活在某二线城市，和父母一起居住，大学毕业三年，在一家合资公司做业务员，月收入在4000～5000元，小有积蓄，有信用卡一张，使用2年，额度不高。因工作需要想贷款购车代步，价位约在七八万，初步选择雪佛兰车型。因目前市面的汽车贷款方案较多，他一时之间不知如何抉择。

解决方案一：

根据李先生的收入情况分析，建议首付和月供低一些，这样不至于太过降低生活水平。因其房产属于父母，个人名下并无房产，且持有信用卡，建议采用上汽通用汽车金融的别克、雪佛兰年轻人计划。其申请条件为有半年以上信用记录且信用良好、收入稳定。

还款方式一：等额还款。首付最低为25%，还款期限最长3年，本金和利息均摊在每月偿还。以雪佛兰斯帕可1.0SEMT为例，官方报价为77800元，如果首付23340元，分3年归还，则月供为1800元左右，还款金额占每月收入一半不到，除还月供外，李先生还可维持基本生活或做其他投资。

还款方式二：分段式还款。可根据自身情况调整每一段内的还款比例，比如李先生可以随着收入的增长将承担的贷款比例逐渐上调，这样能避免月供压力，等到年底分红时再支付较大比例的贷款金额。如车价为75000元，首付25%，分2年

期，则第一年1～11期只需每月还1000余元，第12期一次性支付8000多元；第二年每月承担比例上升到1700多元，到最后一个月再一次性付清2万多余款。贷款期限结束时可以选择全额付清尾款，也可以再申请12个月的展期或者参加二手车置换。

解决方案二：

因李先生个人有2年的信用卡使用记录，且父母在当地有房产可以提供担保，因此也可申请利息更低的雪佛兰新赛欧幸福一元计划。即首付50%，尾款50%，还款期限1年当中每月归还30多元的利息即可，也就是“日供一元”。这样，李先生每月的收入除去基本生活费用外可全部做其他投资，等到年底有收益时再一次结清剩余一半车款，不仅利息方面有较大优惠，更能用省下的资金合理理财从而获得额外收入。

解决方案三：

雪佛兰车系七八万元左右的爱唯欧也是候选车型，它的低利率活动要求与赛欧接近，即有良好信用记录和父母房产担保。以爱唯欧1.4SL MT为例，官方报价81800元，可以选择首付50%的5050金融购车专案，月供324元，也可以选择等额还款方式，如首付36810元，分48期归还则月供为1180元。

总结

汽车金融公司常见的还款方式有等额、等本、智慧、无忧智慧和分段式还款等，在汽车金融公司不定时推出一些特惠活动时，要根据自己的收入、申请条件、想买的车型等对产品进行巧妙的甄别和选择，才能进行最大化的利用。一般来说，每种活动都会有一定的时间限制，所以也应及时关注。还款方式虽多，但没有最好的，只有最适合自己的。

12.3 二手车交易服务

二手车交易近年来变得越来越“火”，仿佛有了比肩新车销售的势头，许多汽车销售公司都开展了二手车置换、交易的服务，甚至直接开设二手车4S店。究其原因，一方面是中国汽车市场经过20年的高速发展，逐渐过渡到现在的平稳发展时期，新车销售不再火爆，老百姓更看好性价比更高的二手车。另一方面，二手车交易以前在中国没有盛行，并不是因为中国人不喜欢价廉物美的旧车，而是还没有到达那个阶段。经过20年的发展，二手车市场无论从种类到数量都达到了媲美新车市场的程度，选择更多，价格更加实惠。这样，作为一个合格的汽车销售顾问，就必须了解二手车市场、掌握二手车市场交易的流程。

一、二手车交易概述

1.合法完备的二手车交易过程

在我国，二手车交易属于特殊商品的交易，它除了实现一般二手车物品产权交易属性外，还有完成交易后相关手续的转移属性。一个合法、完备的二手车交易过程应该包括车辆交易、所有权转移登记和税险变更三个环节。

(1)车辆交易。车辆交易完成了一般商品的交易过程，只实现了车辆使用权从卖方到买方的转移。从买卖双方角度看，已完成了“一手交钱一手交货”的商品交易，实现了车辆使用权的易主。车辆交易必须在规定的地点(二手车交易市场、二手车拍卖公司或二手车经营销售公司)完成，完成交易的标志是买方获得二手车销售统一发票。

(2)车辆所有权转移登记。从法律角度看，完成车辆交易的使用权易主并没有实现法律上的易主，因为在车辆管理所里存档的和车主手里的机动车登记证书上车辆所有权人信息还没有易主，如果此时买方使用车辆出现交通违法行为，交警会追究车主承担的法律责任。因此，只有办理了二手车所有权从卖方到买方的转移登记(即所有权过户)，才算是真正合法地完成了交易。

(3)税险变更。车辆购置税、车船税和保险凭证是汽车的附属属性，也是买方免费享受卖方原来为二手车购买的附加利益。车辆购置税完税凭证是新车注册登记前一次性购买获得的凭证；车船税和保险缴纳凭证则是车主每年缴纳获得的凭证。车船税只涉及车牌号，随车自然转移，因此不用变更；而车辆购置税和保险与车辆所有人和车牌号相对应，车辆易主后如果不及时变更会影响到车辆今后再次交易和保险期内车辆出现道路交通事故时的经济补偿。因此，在完成车辆所有权转移登记后应及时变更这些税、险凭证。

2.二手车交易市场经营者与二手车经营主体

二手车交易市场是指依法设立、为买卖双方提供二手车集中交易和相关服务的场所。市场管理者即是市场经营者，对市场内的交易活动负有监督、规范和管理的责任，保证良好的市场环境和交易秩序；此外，严格按国家有关法律、法规审查二手车交易的合法性，坚决杜绝盗抢车、走私车、非法拼装车和证照与规费凭证不全的车辆上市交易。

二手车经营主体是指经工商行政管理部门依法登记，从事二手车经销、拍卖、经纪、鉴定评估的企业。即是说，二手车经销企业、二手车拍卖公司、二手车经纪公司、二手车鉴定评估是二手车经营主体。

我国对二手车交易市场经营者和二手车经营主体实行备案制度。凡经工商行政管理部门依法登记，取得营业执照的二手车交易市场经营者和二手车经营主体，应当自取得营业执照之日起 2 个月内向上级商务主管部门备案。只有经过备案的二手车交易市场经营者和二手车经营主体才是合法的。

成熟的二手车交易市场应是聚集众多二手车经营主体的经营场所，这样有利于形成市场规模、活跃交易，带来公平竞争，容易形成二手车市场行情和公平市价，为二手车评估和交易提供丰富的参照车辆。

二、常见二手车交易模式

根据《二手车流通管理办法》和《二手车交易规范》的规定，二手车交易有直接交易、中介交易和二手车经营销售几种交易模式。

1.二手车购买渠道

二手车消费者可以从多种渠道购买二手车，常见的渠道有以下几种：

(1)直接向私人购买。消费者向私人购买二手车没有中介费，可以与车主讨价还价以获得较低的成交价格。这种购买方式要求消费者自己找到卖主，通常比较困难，且购买后需要办理的手续(如过户、办理保险、贷款等)都要亲自去办理。私人交易不能提供保修服务。

(2)到二手车交易市场选购。这是最常见的购车方式。二手车交易市场汇集众多从事二手车经营的企业,车源丰富,选购余地大且能货比三家。二手车交易市场有功能比较完善的交易服务平台,可以办理二手车交易的相关手续,方便、省事且保证能购买到合法的二手车。

(3)到品牌4S店购买品牌二手车。4S店对置换的二手车经过检测认证、出售,质量有保证并有一定的售后服务,可以放心购买。品牌二手车一般车型少、价格相对较高,对热衷品牌车的消费者来说是很好的选择。

(4)购买拍卖车辆。拍卖车辆的优点是来源绝对合法、底价低,缺点是不能试驾、无法详细地了解车况,车辆保持回收时的车况,完全没有经过整修。

(5)通过网上交易。网站逐渐成为购买二手车的一个重要的渠道,通过二手车专业网站可以快速了解二手车行情,快捷地搜索到自己的目标车型,其车辆来源可能是二手车经纪公司、品牌二手车公司、二手车经销商或者私人。

(6)到二手车典当行购买绝当车辆。绝当车辆也是一种二手车来源,但其车源较少。典当车辆一般都是市场认知度较高、畅销和保值率较高的品牌车。二手车典当是指二手车所有人将其拥有的、具有合法手续的车辆质押给典当公司,典当公司支付典当当金,封存质押车辆,双方约定在一定期限内由出典人(二手车所有人)结清典当本息、赎回车辆的一种贷款行为。所谓绝当是指过了约定赎回时间出典人不赎回典当车辆的情况。典当行可以依据典当协议自行处理绝当车辆,如出售。典当是一种很好的短期融资手段,比向商业银行申请贷款手续简便、方便快捷。利用二手车典当进行短期融资是解决燃眉之急的一个很好选择。

2.二手车直接交易

(1)直接交易概念。二手车直接交易是指二手车所有人不通过经销企业、拍卖企业和经济企业将车辆直接出售给买方的交易行为。换句话说,二手车直接交易是用户之间直接一对一的自己交易。

(2)直接交易的类型。二手车可以在任何身份的人群中交易。根据二手车买卖双方身份不同,二手车直接交易有以下四种类型:

①个人对个人交易。这种交易类型是:二手车所有权人为个人,二手车买受人也是个人。

②个人对单位交易。这种交易类型是:二手车所有权人为个人,二手车买受人是单位

③单位对个人交易。这种交易类型是:二手车所有权人为单位,二手车买受人是个人。

④单位对单位交易。这种交易类型是:二手车所有权人为单位,二手车买受人也是单位。

但这几种交易类型的定价规定是不同的,单位车辆如果涉及国有资产的,必须通过评估定价;如果是个人交易,则交易价格可由买卖双方商定。

(3)二手车直接交易的场所。根据《二手车流通管理办法》规定:二手车直接交易应当在二手车交易市场进行。这个规定含有两层含义:直接交易不能在交易双方之间直接完成;这里所说的“应当”不是强制性的,也就是说,直接交易也可以在其他地方完成。原因是不管哪一种直接交易类型,卖车方都不能给买车方开具二手车销售统一发票,所以二手车买卖双方要完成交易必须到有开票资格的企业完成最终交易过程。根据《国家税务总局关于统一二

手车销售发票式样问题的通知》规定，只有二手车交易市场、二手车销售企业、二手车拍卖公司才有开票资格。

二手车直接交易“应当在二手车交易市场进行”的理由如下：

1)付出代价最少。通过二手车销售企业和二手车拍卖公司开票完成交易的，企业相当于销售了一辆车，企业除了按规定所开发票要纳2%增值税外，还要缴纳营业所得税等，这笔费用肯定由直接交易方负担的；而由二手车交易市场开票，个人车主则是免税的，单位车主(小规模纳税人)只需缴纳发票额的2%增值税。可见，通过经营公司开票的价格高于在二手车交易市场过户开票的价格。

2)根据国家规定，二手车销售企业和二手车拍卖公司只能为本企业交易车辆开二手车销售发票，不得为其他企业及个人代开发票；二手车交易市场可以为直接交易和通过经纪公司中介交易的开票。

3)二手车交易市场是专业的二手车交易平台，负责对交易二手车的合法性进行把关，杜绝盗抢车、走私车、非法拼装车和证照与规费凭证不全的车辆上市交易。而且其功能齐全，包括二手车鉴定评估、收购、销售、寄售、代购代销、租赁、置换、拍卖、检测维修、配件供应、美容装饰、售后服务，以及为客户提供过户、转籍、上牌、保险等服务。这些优势和便利为二手车直接交易双方顺利完成交易提供了极大的方便和保证。

4)通过二手车交易市场统一开具二手车销售发票和代征增值税，有利于方便征收和管控，规范纳税程序。

(4)二手车直接交易的规范。在我国，二手车交易属于特殊商品交易，一直以来二手车交易都存在交易双方信息不对称问题，同时交易时又缺乏规范、有公信力的专业技术评估手段，因而二手车交易屡屡出现二手车消费者上当受骗的“诚信危机”，严重地制约了二手车市场的健康发展。为了改变这一局面，2006年3月国家商务部颁布了《二手车交易规范》，对二手车直接交易做出了相关规范：

1)二手车直接交易方为自然人的，应具有完全民事行为能力。无民事行为能力的，应由其法定代理人代为办理，法定代理人应提供相关证明。二手车直接交易委托代理人办理的，应签订具有法律效力的受托委托书。

这条规定强调了二手车直接交易卖方的合法性：卖方必须是对车辆具有处置权的二手车所有人(即车主)或委托代理人(有车主处置受托委托书)。只有合法卖方参与的直接交易才是合法有效的，否则买卖双方即使完成了“一手交钱一手交货”传统意义的商品交易，也因交易不合法而不能取得二手车销售统一发票，造成后续不能完成车辆转移登记手续的办理。

2)二手车直接交易双方或其代理人均应向二手车交易市场经营者提供其合法身份证明，并将车辆及真实、合法、有效的车辆号牌、机动车登记证书、机动车行驶证、机动车安全技术检验合格标志等送交二手车交易市场经营者进行合法性验证。

3)二手车直接交易双方应签订买卖合同，如实填写有关内容，并承担相应的法律责任。

4)二手车直接交易的买方按照合同支付车款后，卖方应按合同约定及时将车辆及真实合法、有效的车辆号牌、机动车登记证书、机动车行驶证、机动车安全技术检验合格标志等交付买方。车辆法定证明、凭证齐全合法，并完成交易，二手车交易市场经营者应当按照国家有关规定开具二手车销售统一发票，并如实填写成交价格。

3.二手车中介交易

(1)中介交易概念。中介交易是指二手车买卖双方通过中介方的帮助而实现交易,中介方收取约定佣金的一种交易行为。中介经营包括二手车经纪、二手车拍卖等。

(2)二手车经纪。二手车经纪是指二手车经纪机构以收取佣金为目的,为促成他人交易二手车而从事居间、行纪或者代理等经营活动。

实现直接交易的难点在于买卖需求不容易得到满足,即卖车方找不到需求方,需求方不知哪里有所想购买的车辆出售。二手车经纪正是为满足这一市场需求而应运而生的。《二手车交易规范》规定从事二手车经纪活动不得以二手车经纪人个人名义参与,而必须以有固定经营场所的二手车经纪机构进行;消费者购买或出售二手车可以委托二手车经纪机构(公司)办理,其完成的交易是一种委托交易。委托交易的最大特征是二手车经纪机构不拥有车辆的所有权。

1)二手车经纪的主要形式及经营场所。二手车经纪的形式主要有代购、代销、买卖信息中介服务等。其中代销(也叫寄卖、委托销售等)是最常见形式。二手车寄卖,就是把二手车委托给二手车经纪公司进行出售的一种方式。买主和二手车经纪公司达成交易意向后,二手车经纪公司通知车主到市场办理过户手续。车主将二手车委托给经纪公司进行出售,可以省去自己寻找客户所耗费的时间、精力以及由于对市场行情或过户手续缺乏了解可能造成的不必要的损失。

二手车经纪公司以二手车交易市场为经营场所,是我国现阶段二手车交易市场的主力军。众多二手车经纪公司的参与给二手车交易市场带来了公平竞争,使得市场交易活跃,容易形成二手车市场行情和公平市价,也为二手车评估和交易提供了丰富的参照车辆。

2)二手车经纪的车辆来源。二手车交易市场里二手车经纪公司数量多、从业人员多,掌握大量的二手车资源信息,很多个人消费者都是通过二手车经纪公司购买到二手车的。二手车经纪公司的车源主要有以下几个方面:

①车主主动委托销售。一些个人或单位车主由于对二手车交易信息不了解,自行寻找买者比较困难,此时,委托市场内的二手车经纪公司代销是比较方便和省事的。

②二手车经纪公司的主动到社会上收购车辆。拥有代销车源是二手车经纪公司的生命线,但市场内二手车经纪公司众多,竞争激烈,靠守株待兔式的等待车主自动委托代销是无法获得稳定车源的,大多数经纪公司主要依靠在社会上广泛收集卖车信息(包括到二手车网络信息平台获得车辆信息)甚至将车辆买下补充代销车源。这是现阶段主导二手车市场的经纪公司的主要交易模式。但二手车经纪公司这种收车买车的变相经营行为是不符合《二手车交易规范》规定的。

③与品牌4S店联手获得置换车辆。二手车经纪公司和4S店新车置换业务形成一种互补关系。对品牌4S店来说,主营的是新车业务,处置消费者置换后的旧车是比较发憷的事情,二手车经纪公司经营二手车业务是其强项。两者结合既补充了二手车经纪公司的车源,也推动了4S店新车置换业务的增长。

④通过二手车拍卖会获得车辆。

(3)二手车拍卖。二手车拍卖是指二手车拍卖企业以公开竞价的形式将二手车转让给最高应价者的经营活动。

二手车拍卖建立在公开透明、公正交易的原则上,买卖双方信息沟通比较畅通,通过一个平等互信的中介平台,完成二手车的交易。二手车竞价拍卖以其直观、交易周期短、兑现快以及成交价最贴近市场真实价格等优势赢得消费者的青睐。对于买卖双方,拍卖都是一种非常理想的处理二手车交易的方式。

二手车拍卖有现场拍卖会和网上拍卖两种拍卖形式。

1)二手车现场拍卖会。二手车拍卖会是在现场公开的环境下进行的,其特点:一是直观,能够现场看车、现场竞价成交;二是有拍卖师喊价与成交确认;三是过程公开、透明。

拍卖会竞买流程为:看车咨询→竞买登记→付保证金→参加竞买→结清车款→提取车辆→办理过户。过户手续由二手车拍卖公司业务人员代办。

通过二手车现场拍卖会形式处置车辆是政府机关、大型团体、租赁公司等集团用户进行车辆更新换代的有效途径,可有效防止人为因素导致的不正常交易行为。

2)网上拍卖。网上拍卖是指二手车拍卖公司利用互联网发布拍卖信息,公布拍卖车辆技术参数和直观图片,通过网上竞价,网下交接,将二手车转让给超过拍卖底价的最高应价者的经营活动。网上拍卖过程及手续应与现场拍卖相同。只有取得二手车拍卖人资质的企业,才能开展和从事网上拍卖活动。

网上拍卖的特点:一是在虚拟网络化的环境下进行,竞价者通过网络远程竞价,不受地域限制;二是竞价者不受现场竞价气氛的影响,自由竞价;三是在设定的截止时间自动结束竞价,成交便捷、迅速;四是扩大二手车交易范围;五是成交成本低。

网上拍卖过程及手续应与现场拍卖相同。网上拍卖竞买流程为:注册→浏览商品,确认拍卖标的→在指定的账号存入保证金→参加网上竞拍,若最后以最高价竞拍成功→拍卖方以电话等多种形式进行通知确认→进行标的车辆和车款的交接以及办理车辆交易的相关手续→没有竞拍成功的参拍者退回保证金。

4.二手车经营销售

(1)二手车经销。二手车经销是指二手车销售企业收购、销售二手车的经营活动。汽车品牌经销商开展二手车和新车置换,销售置换下来的二手车也是一种二手车经销行为。二手车来源主要包括社会个人私家车、拍卖二手车、4S店置换二手车。

(2)二手车收购与销售规定。

1)二手车经销企业在收购二手车时必须核实卖方身份以及交易车辆的所有权和处置权,并检验车辆的合法性。

2)二手车经销企业将二手车销售给买方之前,应对车辆进行检测和整备。

3)二手车经销企业应与买方签订销售合同,并向买方开具二手车销售统一发票。

4)二手车经销企业向最终用户销售使用年限在3年以内或行驶里程在6万千米以内的车辆(以先到者为准,营运车除外),应向用户提供不少于3个月或5000千米(以先到者为准)的质量保证,并建立售后服务技术档案。

上述规定保证了买方能买到合法、放心的二手车。

(3)汽车置换和品牌二手车。汽车置换(也称二手车置换)是指客户在汽车销售公司购买新车时,将目前在用的汽车经过该公司的检测估价后以一定的折价抵扣部分新车款的一种交易方式。二手车置换强调以旧换新。二手车置换业务主要是在同品牌车型中开展,汽车品牌经销商将置换的汽车经过一定的检测、维修后,作为一辆认证二手车卖给消费者。汽车品牌经销商按照厂家技术标准检测认证及质保的二手车称为品牌二手车(Brand Used

Car)。品牌二手车由于有汽车品牌信誉、技术作保证,而且售后服务也比较周到,因此得到消费者的青睐和信赖。目前,我国大部分汽车品牌都开展了认证二手车销售业务,表 12-4 所列是国内知名汽车品牌设立的品牌二手车。

表 12-4　汽车品牌与品牌二手车

汽车厂家/品牌	品牌二手车名称	认证项目/项
上海通用	诚新二手车	106
上海大众	特选二手车(Techcare)	36
一汽大众	奥迪品荐二手车	110
广州本田	喜悦二手车	203
奔驰	星睿二手车(StarElite)	158
宝马	尊选二手车	100
一汽丰田	心悦二手车	203
一汽丰田	SMILE 认证二手车	170
东风标致	诚狮二手车	245
东风雪铁龙	龙信二手车	107
东风悦达起亚	至诚二手车	108
东风日产	认证二手车	128

品牌二手车的最大优势是品牌和质量担保。4S 店在置换二手车时都要推行 100 多项严格检测,制定严格的操作流程及技术规范,二手车交易后可提供一定公里数的质量保修,同时提供一站式服务和 24 小时紧急救援等服务。以上海通用诚新二手车为例,置换的二手车必须经过 106 项全面检测并合格,满足上述标准,上海通用将提供原厂 6 个月或 10000 千米的质保期。如此就相当于消费者用较低的价格购买了一款品质较高的车辆,且享受等同于新车的服务及保障。品牌二手车的优点是购买者购买放心和实惠,其缺点是消费者对车辆选择范围相对较小。

汽车销售商开展品牌二手车经营的目的有三个:一是为了促进新车销售;二是稳定新车价格;三是带动售后业务的增长,如维修、保养和保险等业务。

(4)二手车销售与二手车经纪的区别。

1)车辆所有权和处置权不同。二手车经营公司收购车辆时已完成了商品的买卖过程,并签订了收购合同,实际上拥有了车辆所有权和处置权;而二手车经纪公司只是二手车交易的中介,对交易车辆没有所有权和约定外的处置权。

2)纳税性质不同。二手车经营公司从事二手车交易是经营行为,要按照交易车辆销售价格的 2%缴纳增值税;而二手车经纪公司从事的中介活动,不需缴纳增值税。

三、二手车交易的相关规定及意义

根据《二手车流通管理办法》和《二手车交易规范》,有如下的规定:

1.二手车交易地点

二手车应在车辆注册登记所在地交易，也就是说，二手车不允许在异地交易。允许交易的地点包括：二手车交易市场、二手车经销企业和二手车拍卖公司。二手车经纪机构和消费者之间的二手车交易要求在二手车交易市场内进行。

2.二手车办理转移登记手续地点

二手车转移登记手续应按照公安部门有关规定，在原车辆注册登记所在地公安机关交通管理部门办理。需要进行异地转移登记的，由车辆原属地公安机关交通管理部门办理车辆转出手续，在接受地公安机关交通管理部门办理车辆转入手续。

3.禁止交易的车辆

下列车辆禁止经销、买卖、拍卖和经纪：

1)已报废或者达到国家强制报废标准的车辆；

2)在抵押期间或者未经海关批准交易的海关监管车辆；

3)在人民法院、人民检察院、行政执法部门依法查封、扣押期间的车辆；

4)通过盗窃、抢劫、诈骗等违法犯罪手段获得的车辆；

5)发动机号码、车辆识别代号或者车架号码与登记号码不相符，或者有凿改迹象的车辆；

6)走私、非法拼(组)装的车辆；

7)不具有车辆法定证明、凭证的车辆；

8)在本行政辖区以外的公安机关交通管理部门注册登记的车辆；

9)国家法律、行政法规禁止经营的车辆。

上述7)所述的法定证明包括：《机动车登记证书》、《机动车行驶证》和有效的机动车安全技术检验合格标志；所述的凭证包括车辆购置税证明、车船税缴付凭证和车辆保险单。

4.二手车交易各方的行为规范

1)二手车卖方行为规范：

①二手车卖方应该拥有车辆的所有权或者处置权。

②二手车卖方出售、拍卖无所有权或者处置权车辆的，应承担相应的法律责任。

③二手车交易完成后，卖方应当及时向买方交付车辆、车辆法定证明文件和税、险等相关凭证。

2)二手车交易市场经营者和二手车经营主体行为规范：

①确认卖方身份以及交易车辆所有权或处置权合法、有效。

②验证车辆的号牌、《机动车登记证书》、《机动车行驶证》、机动车安全技术检验合格标志真实、合法、有效。

③对交易违法车辆的，二手车交易市场经营者和二手车经营主体应当承担连带赔偿责任和其他相应的法律责任。这个规定有效保护了买方的权益，保证买到合法车辆，因此，购买二手车应当到二手车交易市场、合法经营的二手车经销企业、拍卖公司购买。

④完成交易后，二手车交易市场经营者、二手车经销企业和二手车拍卖公司应当按照国家有关规定给二手车买方开具二手车销售统一发票。

⑤二手车交易市场经营者和二手车经营主体，应当建立完整的二手车交易拍卖、经纪以及鉴定评估档案。

3)二手车买方行为规范:

①向二手车交易市场经营者和二手车经营主体提供其合法身份证明。

②与二手车卖方签订二手车交易合同,按合同支付车款,并承担相应的法律责任。

5.建立二手车交易档案

交易后,二手车交易市场经营者、经销企业、拍卖公司应建立交易档案,交易档案主要包括以下内容:

1)法定证明、凭证复印件(主要包括车辆号牌、机动车登记证书、机动车行驶证、机动车安全技术检验合格标志、车辆购置税、车船税和保险缴费凭证)。

2)购车原始发票或者最近一次交易发票复印件。

3)买卖双方身份证明或者机构代码证书复印件。

4)委托人及授权代理人身份证或者机构代码证书以及授权委托书复印件。

5)交易合同原件。

6)二手车经销企业的《车辆信息表》,二手车拍卖公司的《拍卖车辆信息》和《二手车拍卖成交确认书》。

7)其他需要存档的有关资料。

交易档案保留期限不少于3年。

6.二手车销售统一发票和纳税规定

(1)二手车销售统一发票。为了适应二手车交易方式变化和强化税收征收管理的需要,国家税务总局规定了二手车销售发票购买和开票的企业资格,并统一了发票的式样。

二手车销售统一发票为一式五联计算机机打发票:第一联为发票联,印色为棕色;第二联为转移登记联(公安车辆管理部门留存),印色为蓝色;第三联为出入库联,印色为紫色;第四联为记账联,印色为红色;第五联为存根联,印色为黑色。规格为241毫米×178毫米。

具有二手车销售发票开票资格的企业有:二手车交易市场;二手车经销企业,包括从事二手车交易的汽车生产和销售企业;从事二手车拍卖活动的拍卖公司。这些企业只有在税务部门备案登记后才能有资格购买发票。

二手车经纪公司和消费者个人之间直接交易不具有开票资格,应由二手车交易市场统一开具。

(2)二手车交易纳税规定。根据财政部、国家税务总局《关于部分货物适用增值税低税率和简易办法征收增值税政策的通知》(财税〔2009〕号)规定,二手车交易市场、二手车经营销售和二手车拍卖中二手车经营主体交易的二手车需要缴纳增值税(二手车经纪公司和二手车交易市场不需要缴纳增值税),具体征税规定如下:

1)个人车主在二手车交易市场内销售自己使用过的二手车免征增值税。

2)单位车主在二手车交易市场内销售自己使用过的二手车分以下两种情况征收增值税:一般纳税人(年销售额在规定标准以上的增值税纳税人)销售自己使用过的机动车,按4%征收率减半征收增值税。应开具普通发票,不得开具增值税专用发票;小规模纳税人(包括除一般纳税人外的其他单位,不包括其他个人)销售自己使用过的机动车,按2%征收率征收增值税。应开具普通发票,不得由税务机关代开增值税专用发票。

主管税务机关根据有利于税收控管和方便纳税的原则,按照有关规定委托二手车市场经营者代征增值税。从事二手车交易的经销企业(包括从事二手车交易的汽车生产和销售企业)销售二手车,一律按照简易办法依照4%征收率减半(即2%)征收增值税。从事二手车拍卖活动的拍卖公司受托拍卖二手车,向买方收取全部价款和价外费用的,应按照4%的征收率征收增值税。

纳税计算方法如下:

小规模纳税人:

销售额=含税销售额(开票额)/(1+3%)

应纳税额=销售额×4%/2

一般纳税人:

销售额=含税销售额(开票额)/(1+4%)

应纳税额=销售额×4%/2

【案例12-7】

二手车交易的六大陷阱

二手车交易市场并不是一个完全透明的市场,虽然二手车的价格便宜实惠,但是正所谓一分价钱一分货,世上绝不会有凭空掉馅饼的好事。对于不懂行的消费者来说,很容易被一些表象所迷惑。为了防止大家在今后的二手车交易中上当受骗,第一车网小编特意整理了一些消费者被骗的真实案例,希望通过这些惨痛的教训给大家提个醒。

陷阱一:花钱买“病”车

南昌市民黄先生于2006年2月初在二手车行里相中了一辆面包车,最终以7000元成交。当时,老板向他口头承诺,半年之内车子出现任何毛病,可以免费到车行的汽修厂维修。可是车子开了不到一个月,发动机就出现了烧机油现象,并且刹车也不断出毛病,当他找到卖车的老板后,对方却以无书面承诺为由拒绝为其免费维修。最后自认倒霉的黄先生只能掏了3000元钱才将车修好,但是开了不久,“体弱多病”的面包车又接二连三地出毛病。这令黄先生苦恼不已。

陷阱二:被朋友“忽悠”

从事多年二手车买卖的周先生怎么也没想到,自己平时总教别人如何识别二手车的好坏,现在自己居然买到一辆被涂改了发动机号及车架号的被盗车辆。不久前,有一位朋友要卖一辆国产越野车,几经还价,他以6.6万元价格买下来。因为对方是多年的朋友,他当时只绕车看了一下外观,再看了一下车辆手续齐全,没有打开发动机盖看车架号及发动机号。后来有人看好这辆车,周先生就把车转卖了。哪知道,去过户时被告知,行驶证上的发动机号和车架号与车管所的资料对不上,他这才恍然大悟,原来这是被改过的被盗车辆。

陷阱三:坑人的里程数

最近,徐先生花13万元买了一辆行驶了8万公里的二手2.0排量手动挡帕萨特,他逢人便夸他的车买得划算,还属于使用三四年的准新车。然而,朋友借用他的车后提醒他,车子极可能被调过里程数,原车主应该不止才开了8万公里。后来，徐先生请来一位老师傅程先生检验。师傅看后，指出有被调过里程的疑点，并通过车况，推算原车有可能行驶了13万公里。而如果车子真正行驶了13万公里的话，大约只需10万元就可买下来，徐先生听后郁闷极了。

陷阱四：花高价钱买到营运车辆

2008年4月，郑先生因工作单位搬迁，急需一辆汽车代步，但考虑到新车价格高、贬值快，就有了买二手车的念头。当时，郑先生去二手车市场花费5万元购买了一辆里程表显示为3万公里的大众捷达。半年后，郑先生考虑将此前购买的二手车卖掉，以购买一辆新车。但来到市场中，各车商均以此车为营运车辆为由，最高只给出3万元的价格，在了解到营运车辆价格要便宜的事实后，郑先生大呼此前上了当。

陷阱五：打款后再无音讯

网友胡先生曾在淘宝上看中一款八九成新的“走私车”，原价10万元左右，而卖家只卖3万元，并自称是上海某汽车贸易有限公司，保证交易安全。一番询问之后，对方提出需要胡先生先支付油费，然后他们便可把车开过来过户，而在胡先生先后给对方账户打入油费、定金、上牌费后，对方却再无音讯。

陷阱六：图省事惹麻烦

杜先生因业务需要，于9月份在二手车市场购买了一辆宝马5系，因和二手车商相识，付过款后许多手续也没急着去办理。但就在购买后不久的一天，杜先生开着爱车却被沿途的交警拦下，怀疑车辆牌照造假。杜先生很迷惑，刚购买的二手车怎会是假牌照？但最终经过确定，牌照确系套牌。在事实面前，杜先生无奈地接受了惩罚。事后，杜先生感慨，不该轻信车商包年检的谎言，原以为省了事，现在却惹了麻烦。

12.4 汽车网络营销服务

一、汽车网络营销的渠道

汽车4S店已经成为汽车市场的主流渠道。近年来，随着信息科技的发展，尤其是网络的普及，大大拓宽了人们获取信息的渠道，而网络几乎成为消费者了解汽车产品和品牌的主要渠道，消费者通过网络来了解车市行情、选择车型和商家等。之后，汽车经销商开始大胆采取网络营销这一新的营销方式。网络营销能充分发挥企业与客户的互相交流优势，而且企业可以为客户提供个性化的服务，是一种新型的、互动的、更加人性化的营销模式。

1. 汽车销售B2C渠道

B2C是Business-to-Customer的缩写，而其中文简称为“商对客”。“商对客”是电子商务的一种模式，也就是通常说的商业零售，直接面向消费者销售产品和服务。这种形式的电子商务一般以网络零售业为主，主要借助于互联网开展在线销售活动。B2C即企业通过互联网为消费者提供一个新型的购物环境——网上商店，消费者通过网络在网上购物、在网上支付。

与传统的汽车营销模式相比，B2C 网上商店的最大的优势就在于它整合了文字、图片、音频、视频和网络等技术，为汽车品牌的推广和宣传提供了创新的“数字化”营销平台，让消费者可以不受时间和空间的限制，随时登录网上旗舰店看车、评车，更可以通过与销售人员的在线音频、视频交流，了解关于汽车品牌各款产品和购车环节中的详情，让汽车购销双方在足不出户的条件下即可享受网上选车、咨询及订单生成的体验。同时，网络营销的成本低、时效性强，也成了最大的优势(如图 12-1 所示)。

图 12-1　上海大众汽车大众品牌天猫官方旗舰店

2. 网上 4S 店(如图 12-2 所示)

网上 4S 店是汽车销售企业推出的一种全新的网页购车工具。它运用 Webex 强大的协同功能，通过整合文字、图片、视频、音频、互动、网络导航等多种演示手段，使消费者足不出户却仿佛置身于汽车 4S 店中享受周到的服务。网上 4S 店必将为汽车终端销售市场带来一场全新的变革。

2008 年 11 月 13 日，中国首个网上汽车 4S 店模式在“新浪汽车”开启。

网上 4S 店从功能上来讲，它通过三维展示的形式对车型进行多方位的、亮点的介绍，用户通过在网上点击进入网上 4S 店，可以 360°欣赏车型的内饰、外观，还可以有 4S 店销售人员的介绍。同时对车型有关内容进行了整合，包括试车报告、汽车图解以及通过新浪汽车口碑榜进行点评，用户可以了解这个车的特点，看看其他网友对这个车如何评价，也可以看新浪编辑对这个车主观测试的情况，这些都是对车的介绍和展示。同时引入了网上售车的功能，用户可以了解 4S 店的联系方式、报价方式，并和销售员进行沟通，最后如果对这个车感兴趣，可以网上下单，在网上提交购车订单，最后通过实体店购买车辆。

3. 汽车销售 O2O 渠道(如图 12-3 所示)

(1)O2O 模式的概念。O2O 即 Online To Offline(从线上到线下)，是指将线下的商务机会与互联网结合，让互联网成为线下交易的前台。一家企业能兼备网上商城及线下实体店两者，并且网上商城与线下实体店全品类价格相同，即可称为 O2O。

O2O 线上线下营销模式把线下商务的机会与互联网结合在了一起，线上销售、线下服务，最终达到产品销售的目的。例如，置车网平台率先提出了汽车电子商务化理念，全面整合了生产厂家和区域经销商优势资源，结合 O2O 模式给汽车商城网站提供新颖的盈利模式。O2O 模式一开始被运用于团购电商，鉴于盈利模式的可操控性、效果的可检测性，汽车

图 12-2　帝豪网上 4S 店展厅一角

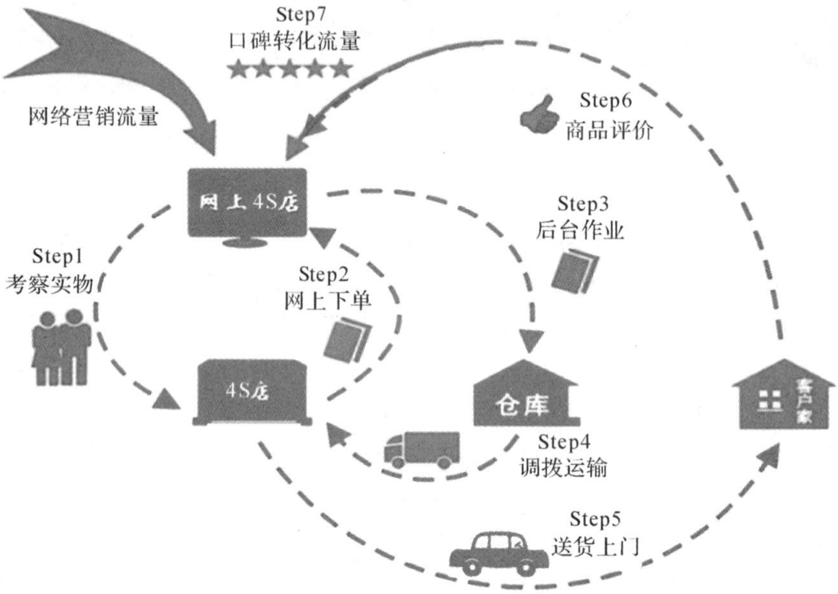

图 12-3　集成社会化网络营销的汽车营销 O2O 模型

电商网站也可借鉴使用，线下了解汽车运营商的产品信息，线上给用户提供准确的产品参数咨询，同时建立线上订单系统，让用户在线上直接产生销量。

(2)汽车销售 O2O 模式的流程。汽车销售 O2O 模式流程共分 8 步：

Step0：企业通过网络营销(微博营销、搜索引擎营销)手段，吸引用户到网上 4S 店看车。

Step1-Step2：消费者在网上 4S 店下单后去 4S 店考察，或直接去 4S 店考察后再去网上 4S 店下单。

Step3-Step4：企业后台处理。下单后的后台处理与商品运输调拨。

Step5：4S 店对订货消费者送货上门，附带相关手续，使顾客可以直接使用。

Step6-Step7：消费者对网上 4S 店进行评价，评价转化成网络口碑。

Step0：形成的网络口碑帮助企业在搜索引擎中占据有利排名，使企业通过网络营销手段促使用户去网上4S店看车变得容易。

【案例 12-8】

悦悦是一款因为超前的设计而导致滞销的车，江淮汽车大胆采用网络营销战略，将悦悦直接放到网上进行直销，2012年前11个月，江淮悦悦销量达到11437辆，同比增长328.2%。悦悦实实在在地在网店起死回生了。

与以往出现的网络售车模式不同，江淮悦悦是国内第一款真正在网络上进行常态销售的车型。据了解，江淮汽车已经确定将江淮悦悦完全在网络上销售，线下4S店的职能转变为专注对客户进行服务，并通过增值服务来实现客户价值。

网络直销减去了中间经销商的利润，使汽车售价大大降低，不仅提升了销量，也赚足了人气，悦悦网络销售的“起死回生”标志着汽车网上营销时代的开始。

二、汽车网络营销方法

1. 微信公众平台促销

(1)微信公众平台的定义。微信公众平台（也就是微信公共平台）是腾讯公司在微信基础平台上新增的功能模块，通过这一平台，每一个人都可以用一部手机或QQ号码，打造自己的一个微信的公众号，并在微信平台上实现和特定群体的文字、图片、语音的全方位沟通、互动。用公众账号平台进行自媒体活动，简单来说就是进行一对多的媒体性行为活动，如商家通过申请公众微信服务号，通过二次开发，如对接微信会员云营销系统展示商家微官网、微会员、微推送、微支付、微活动、微报名、微分享、微名片等，形成一种主流的线上线下微信互动营销方式（如图12-4所示）。

图 12-4　宝马微信二维码

(2)公众平台的类型。微信公众平台共分为服务号、订阅号和企业号三种类型的账号。

1)服务号功能。公众平台服务号，是公众平台的一种账号类型，旨在为用户提供服务。

①1个月（自然月）内仅可以发送4条群发消息。

②发给订阅用户（粉丝）的消息，会显示在对方的聊天列表中，相对应微信的首页。

③服务号会在订阅用户（粉丝）的通讯录中。通讯录中有一个服务号的文件夹，点开可以查看所有服务号。

④服务号可申请自定义菜单。

2）订阅号功能。公众平台订阅号，是公众平台的一种账号类型，旨在为用户提供信息。

①每天（24 小时内）可以发送 1 条群发消息。

②发给订阅用户（粉丝）的消息，将会显示在对方的“订阅号”文件夹中，点击两次才可以打开。

③在订阅用户（粉丝）的通讯录中，订阅号将被放入订阅号文件夹中。

3）企业号功能。公众平台企业号，是公众平台的一种账号类型，旨在帮助企业、政府机关、学校、医院等事业单位和非政府组织建立与员工、上下游合作伙伴及内部 IT 系统间的连接，并能有效地简化管理流程、提高信息的沟通和协同效率、提升对一线员工的服务及管理能力。

2. 微博营销

（1）微博介绍。微博，即微博客（MicroBlog）的简称，是一个基于用户关系的信息分享、传播以及获取平台，用户可以通过 WEB、WAP 以及各种客户端组建个人社区，以最多 140 个的文字更新信息，并实现即时分享。

其最大的特点就是集成化和开放化，你可以通过手机、IM 软件（gtalk、MSN、QQ、skype）和外部 API 接口等途径向你的微博客发布消息（如图 12-5 所示）。

相比较博客的“被动”关注，微博的关注则更为“主动”，只要轻点“follow”，即表示你愿意接受某位用户的即时更新信息；从这个角度上来说，对于商业推广、明星效应的传播更有研究价值。

最早也是最著名的微博是美国的 Twitter（推特），根据相关公开数据，截至 2010 年 1 月份，该产品在全球已经拥有 7500 万注册用户。国内微博企业绝大多数把学习的榜样都锁定在了 Twitter 身上（唯一一个例外是 Follow5），由于是本土中文服务，与其他网站互通性更强，自然比 Twitter 更能吸引国内用户。

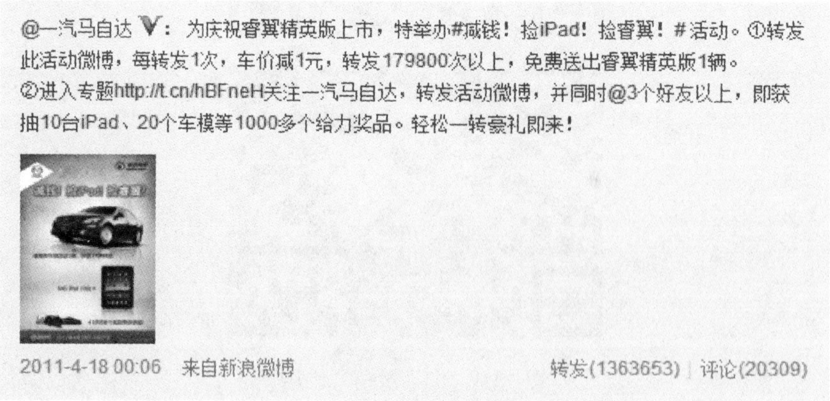

图 12-5 一汽马自达的新浪微博

（2）微博营销的特点。

1）立体化：微博营销可以借助先进的多媒体技术手段，利用文字、图片、视频等展现形式对产品进行描述，从而使潜在消费者更形象更直接地接受信息。

2)便捷性：微博营销优于传统的广告行业，发布信息的主体无需经过繁复的行政审批，从而节约了大量的时间和成本。

【案例 12-9】

汽车之家的微博抽奖

汽车之家是国内较早开展网络营销的汽车资讯类网站，为了吸引粉丝，扩大影响力，汽车之家曾经多次开展了微博投奖的活动。例如，其官方微博就与开学季结合，发起了送汽车安全座椅的活动。还有，为庆祝微博粉丝成功突破 40 万，发起送苹果 iPod Touch 的活动，活动推出 4 天，转发量超过了 3 万(如图 12-6 所示)。

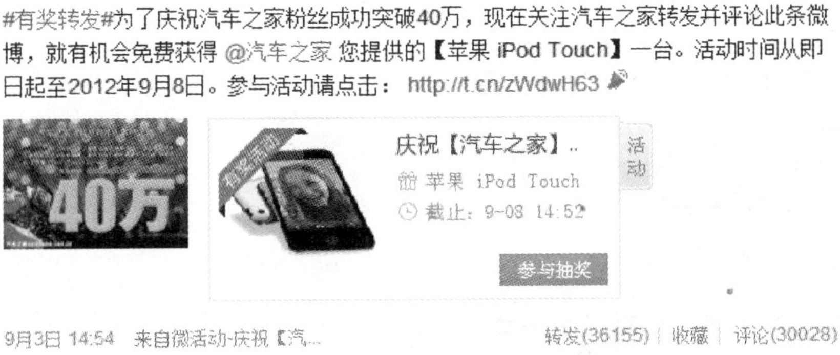

图 12-6　汽车之家微博抽奖活动

3. BBS 营销

(1)BBS 营销简介。BBS 是互联网诞生之初就存在的形式，历经多年洗礼，论坛作为一种网络平台，不仅没有消失，论坛营销反而越来越焕发出它巨大的活力。

BBS 营销就是“利用论坛这种网络交流的平台，通过文字、图片、视频等方式发布企业的产品和服务的信息，从而让目标客户更加深刻地了解企业的产品和服务，最终达到企业宣传企业的品牌、加深市场认知度的网络营销活动”。

(2)BBS 营销的特点。

1)利用论坛的超高人气，可以有效地为企业提供营销传播服务。而由于论坛话题的开放性，几乎企业所有论坛营销在现阶段的展现形式的营销诉求都可以通过论坛传播得到有效的实现。

2)专业的论坛帖子策划、撰写、发放、监测、汇报流程，在论坛空间提供高效传播，包括各种置顶帖、普通帖、连环帖、论战帖、多图帖、视频帖等。

3)论坛活动具有强大的聚众能力，利用论坛作为平台举办各类踩楼、灌水、贴图、视频等活动，调动网友与品牌之间的互动。

4)事件炒作，通过策划网民感兴趣的活动，将企业的品牌、产品、活动内容植入传播，并展开持续的传播效应，引发新闻事件，导致传播的连锁反应。

5)运用搜索引擎内容编辑技术，不仅使内容能在论坛上有好的表现，在主流搜索引擎上也能够快速寻找到发布的帖子。

6)适用于商业企业的论坛营销分析，对长期网络投资项目组合应用，精确地预估未来企业投资回报率以及资本价值。

4.搜索引擎营销

(1)搜索引擎营销简介。搜索引擎营销的基本思想是让用户发现信息，并通过(搜索引擎)搜索点击进入网站/网页进一步了解所需要的信息。在介绍搜索引擎策略时，一般认为，搜索引擎优化设计主要目标有两个层次：被搜索引擎收录、在搜索结果中排名靠前。这已经是常识问题，多数网络营销人员和专业服务商对搜索引擎的目标设定也基本处于这个水平。但从实际情况来看，仅仅做到被搜索引擎收录并且在搜索结果中排名靠前还很不够，因为取得这样的效果实际上并不一定能增加用户的点击率，更不能保证将访问者转化为顾客或者潜在顾客，因此只能说是搜索引擎营销策略中两个最基本的目标。

(2)搜索引擎营销的特点：

1)使用广泛；

2)用户主动查询；

3)获取新客户；

4)竞争性强；

5)动态更新，随时调整；

6)投资回报率高。

三、社会化汽车网络营销整合平台

1.社会化网络营销的定义

本书把基于互联网时代，在渠道设计、营促销方案等方面高度依赖互联网，不用或极少使用实体渠道，利用互联网用户的口耳相传、自发传播为主要产品促销方式的一整套相互联系的营销方法称为社会化网络营销。它主要具备两个特点：一是产品基本不通过传统实体渠道，通过 B2C、C2C 等电商形式与线下快递实现货款的支付与产品的交付；二是企业促销的主要战线集中在以微博、QQ 空间、互联网社区等具备交流与传播性的 Web2.0 产品之上，不求助于四大媒体等传统传媒。

社会化网络营销建立在传统营销理论基础之上，在传播方式、主导权与成本等多方面与传统营销存在区别。社会化营销、传统网络营销与传统营销的区别如表 12-5 所示。

表 12-5　社会化营销、传统网络营销与传统营销的区别

	传统营销	传统网络营销	社会化营销
时间	20 世纪 90 年代前	20 世纪 90 年代至 2009 年新浪微博成立	2009 年以后
受众	顾客	网民	青年网民 微博人群 部分社会群众

续表

	传统营销	传统网络营销	社会化营销
传播载体	传统广告载体	门户网站 视频网站等广告载体	社交网络的用户 微博 社区
传播方式	一对一、一对多	从一到多	从多到多
销售渠道	传统实体渠道	B2B、B2C 等	O2O 模式
理论基础	4Ps	直复营销 关系营销	六度空间 长尾理论
典型传播模式	电视广告	网站条幅广告 网络 Flsah 广告等	微博@好友抽奖
互动性	差	互动性有增加	很强
主导权	企业	企业	企业无法控制，一经发出，主导权转移至网民
成本	高	较低	很低

社会化网络营销的出现，是解决扩大市场份额带来的成本增长与利润增长的这一对矛盾而产生的，即企业为了赚取更多利润，就必须扩大市场份额，同时又产生成本的扩大。这一对矛盾的存在使企业在扩大市场份额时难以保持相对的稳定，过高的增长将带来成本的激增。

而社会化网络营销的出现，解决了这一问题，增加客户的边际成本可以忽略不计，最适合渠道成本高昂的汽车行业。同时，网络营销作为一种新的营销模式，应市场需要而产生，发展网络营销，更可以带动搞活实体经济，为汽车销售市场的再次繁荣奠定了基础。

2.社会化汽车网络营销平台的搭建

社会化汽车网络营销平台的搭建，既要做好内容、情势、视觉表示、广告知求的创意，同时也要摸索技术上的立异。同时，准确的市场服务定位是营销网站取得胜利并不断进步的枢纽因素。在中国广告业网络媒体中，要让网站在相当长的时间内坚持在行业中的领先地位，这就需要一个有着立足现在、放眼未来的完全构架，网站服务的目的不但要定位在广告公司、广告媒体、广告主及广告相干行业，而且要对发展目的和服务功效进行正确定位，以全面拓展其市场容量和收益空间。

(1)完美网站的服务系统。服务永远是网站吸引顾客的手腕。放眼我国专业汽车网站的长远发展，不但要把网站构架完善，对行业的服务与业内交换工作也必须做到位，这样才会使自己的品牌与内涵得到更好地传播。同时，还要注重汽车网络服务的差别化。在内容宣布、信息互动等方面要形成自己的作风，在设计以及创意上应当有独到之处，和其他网站比较要有光鲜的特点。在网络的推广上，企业和网站双方应共同尽力。在深化信息的服务方面多下工夫，有效应用信息分类、媒体监测、市场调研等服务内容，把信息资讯和广告整合成多套计划打包提供给消费者。完美网站的服务系统还要注重有效互动，可以与一些国内著名网站的汽车频道和专业的汽车网站进行广告互换，网站互通友谊链接，紧密合作，资源共享，与汽车产业协会、行业协会等多家机构强强结合，共同发展与报纸、电视、电台等主流媒体形成战略合作伙伴关系，这样不但可以提高自身的服务质量，而且这种互动目标性强而又行之有效，同时节俭了大量的营销成本和时间。

(2)树立专业队伍。网站要有一支精英营销队伍。在如今的关系营销环境中，营销职员要成为解决客户标题和与客户树立良好关系的高手，能及时了解客户需求并准确向公司反映，不断更新信息，全方位获知客户需求。客户关系营销使公司通过有效的适用个人账户信息，与每位有价值的客户建立关系，从而可以提供优异的实时客户服务。一支精英队伍不但是一支专业的队伍，而且是一支有企业文化的队伍，这支队伍代表着企业的形象和信用，是经销商和客户直接沟通的桥梁，这支队伍的素质如何，将决定着汽车营销的成败。

(3)充分利用有效资源。一是要利用好网络资源，利用网络自身的资源为网站做宣传，在自己的站点上或是在别人的站点上发布网站的形象广告，提高网站的知名度和信用度。二是要应用好传统媒体资源。不同的媒体有不同的特点及功效，网站要打出自己的品牌，还应当充分利用传统媒体资源。电视是视听综合的媒体，不但可以在屏幕上完全地显示出网站的网址，而且还能用声音播出网址，可以从多种感官强化受众的记忆度。同时，因为电视这一媒体具有受众面广、适用性高的特色，本土网站可以应用本地域的电视频道做网站品牌广告。三是有效利用会展，近年来车展已成为各大城市争相举行的大型活动，车展是一种低成本、针对性极强的促销手段。汽车营销网站应充分利用车展的丰富内容形成网络和展会的互动，对一些经销商现场做采访，在展会期间做好直播。

【案例 12-10】

汽车行业网络营销五大经典案例

一、奔驰 smart：电商营销 89 分钟卖出 300 辆

奔驰 smart 流光灰 2012 特别版选择电商平台，采用在线销售形式，149888 元的价格和诱人的大礼包使 300 辆奔驰 smart 在 89 分钟内销售一空，几千个销售线索在活动中被搜集并传给经销商，平均每 18 秒卖出一辆的速度创造了网络销售汽车的奇迹。

奔驰选择网上销售，采用刺激营销：限时限量、特价、大礼包等刺激消费者的神经。首先是电视户外网络预热，借用微博线上活动寻找“灰”常 smart 男为活动造势、线下院线活动将 smart 开进 5 个重要销售城市影院展出、借助电视优势传播等线上线下整合营销传播方式极大地提高了受众对奔驰的关注度。

简评：奔驰 smart 借助电商平台，跳出传统销售模式，成功实现汽车网络销售，并且取得惊人效果——300 辆奔驰 smart 在 89 分钟内销售一空，几千个销售线索在活动中被搜集并传给经销商，再一次证明了汽车营销的多样性。

二、沃尔沃：明星效应微博先行互动人次超 1.5 亿

沃尔沃签约林书豪，打造 Volvo-林书豪中国行，借用新媒体优势，掀起一股传播热潮，实现了 1550119 人次的有效互动，而实际达到的人次超过了 1.5 亿。整个传播期间，与 Volvo 相关的众多关键词的百度搜索指数上升了 234%～600%。

沃尔沃选择华裔球星林书豪，源于他是美国 NBA 联赛中近 50 年来首位拥有

哈佛大学经济学专业背景的睿智精英，并且在本赛季 NBA 创造了由诸多巨星保持的多项 NBA 纪录本身关注度就极高。再辅以新媒体宣传，通过官方微博第一时间独家发送信息，掀起第一轮传播热潮。继而推出了林书豪与李书福微访谈，与众多网友进行实时互动，并带动门户、平媒等的主动跟进。线下落地活动通过 BBS、SNS 及微博等渠道传播，通过电视植入，掀起了新一轮的传播热潮。

简评：沃尔沃打造的 Volvo-林书豪中国行利用新媒体优势，实现新媒体与传统媒体的无缝链接，不仅有效地扩大了传播量，而且使得沃尔沃的品牌内涵及产品特质得到一个提升。

三、大众汽车："蓝色驱动"APP 下载人数超 30 万

"蓝色驱动"是大众中国设计的中国首个车载移动应用，是国内为数不多的通过 APP 进行品牌营销的尝试，在整个营销过程中，活动总 PV 达到了 10 万次，逾 30 多万人下载了 APP，社交网络上共评论、分享 22 万次。

大众为这一活动设立了专门的网站，用丰厚的奖品和奖励激励下载者使用，整个活动除了通过大众汽车官方主页、大众汽车等网站，还通过社交网络上的主页、部分手机网页广告进行传播，使大众的品牌和活动都得到了良好的宣传推广。

简评：大众中国"蓝色驱动"APP 既符合企业核心价值，又有利于品牌推广，摆脱了传统营销理念，把传统的销售提高到品牌理念的宣传，使保持良好驾驶习惯和节油等当今热门话题和企业核心价值无缝衔接，让人眼前一亮。

四、江淮汽车：网络直销同比销量增长 328.2%

悦悦是一款因为超前的设计而导致滞销的车，江淮汽车大胆采用网络营销战略，将悦悦直接放到网上进行直销，2012 年前 11 个月，江淮悦悦销量达到 11437 辆，同比增长 328.2%。悦悦实实在在地在网店起死回生了。

与以往出现的网络售车模式不同，江淮悦悦是国内第一款真正在网络上进行常态销售的车型。据了解，江淮汽车已经确定将江淮悦悦完全在网络上销售，线下 4S 店的职能转变为专注对客户进行服务，并通过增值服务来实现客户价值。

简评：网络直销减去了中间经销商的利润，使汽车售价大大降低，不仅提升了销量，也赚足了人气，悦悦网络销售的"起死回生"标志着汽车网上营销时代的开始。

五、北京现代：朗动借助新媒体，网民互动超 5 万人次

北京现代朗动上市以来，与视频、SNS 等社会化媒体和网络媒体深度合作，打造"无所不能的小朗"、"邪恶哥"等热门话题，总曝光量约 1000 万余次，网民互动参与 55000 余次。

北京现代打造形象代言人"小朗"，配合互动打造话题亮点，通过论坛合作、微博、新闻媒体宣传等传播，引导受众参与互动，同时导流至官网，品牌宣传效果显著。

简评：北京现代采用互动式娱乐营销，很好地调动了用户的参与积极性，并且极大地扩散了品牌影响力，朗动上市以来，销量飘红。

【任务训练】

1. 训练任务

45 岁的王先生，驾龄 10 年，购买了一辆 2.0T 的豪华版迈腾轿车，购车费用 25 万元。王先生平时不喝酒，从事教师工作，私家车平时停在地下车库。

请问哪种汽车保险比较适合王先生？请为王先生推荐一家保险公司并计算保费。

2. 训练目的

通过保险方案的设计以及保费的计算，考核学生对汽车保险知识的掌握程度，并锻炼学生根据实际情况解决问题的能力。

3. 训练所需工具及材料

保险费率表、白纸、记号笔、胶带等。

4. 训练步骤

(1)训练：将学生分为若干团队，选出组长，在组长带领下进行保险方案的设计。

(2)考核：每小组将保险方案及计算的保费写在纸上，并粘贴出来，小组派代表进行方案的说明。

(3)评估：教师分析对比各组方案，给出最合理的方案及正确的计算方法。

【思考与练习】

1. 什么是汽车保险？如何分类？
2. 汽车保险有何种特点？
3. 汽车金融服务有什么作用？
4. 二手车交易中税款如何计算？
5. 二手车交易模式有哪些？
6. 汽车网络营销方法有哪些？各有何特点？

参考文献

[1]刘建伟.汽车销售实务[M].北京:北京理工大学出版社,2012.
[2]李津津.汽车营销技术[M].北京:中国铁道出版社,2010.
[3]腾仙娟.汽车及配件营销[M].北京:人民邮电出版社,2013.
[4]刘春月,厉超.汽车营销实务[M].上海:华东师范大学出版社,2014.
[5]李幸福,王怀玲.汽车及配件营销[M].西安:西北工业大学出版社,2012.
[6]彭朝晖.汽车配件管理与营销[M].北京:人民交通出版社,2013.

图书在版编目（CIP）数据

汽车销售技术 / 李金艳，李玉婷主编. —杭州：浙江大学出版社，2016.1

ISBN 978-7-308-15589-2

Ⅰ.①汽… Ⅱ.①李…②李… Ⅲ.①汽车—销售管理—高等职业教育—教材 Ⅳ.①F766

中国版本图书馆 CIP 数据核字（2016）第 020277 号

汽车销售技术

主　编　李金艳　李玉婷

副主编　涂志军　王钰斌

责任编辑　何　瑜

责任校对　王　波

封面设计　晨　宇

出版发行　浙江大学出版社

（杭州市天目山路 148 号　邮政编码 310007）

（网址：http://www.zjupress.com）

排　　版　杭州中大图文设计有限公司

印　　刷　浙江新华数码印务有限公司

开　　本　787mm×1092mm　1/16

印　　张　12.75

字　　数　318 千

版 印 次　2016 年 1 月第 1 版　2016 年 1 月第 1 次印刷

书　　号　ISBN 978-7-308-15589-2

定　　价　29.00 元
